21世纪
通识课系列教材

U0873666

大学生
心理健康

侯瑞鹤 著

中国人民大学出版社
·北京·

图书在版编目（CIP）数据

大学生心理健康 / 侯瑞鹤著 . -- 北京：中国人民大学出版社，2025. 1. --（21 世纪通识课系列教材）.
ISBN 978-7-300-33189-8

Ⅰ. G444

中国国家版本馆 CIP 数据核字第 20241EF428 号

21 世纪通识课系列教材

大学生心理健康

侯瑞鹤　著

Daxuesheng Xinli Jiankang

出版发行	中国人民大学出版社		
社　　址	北京中关村大街 31 号	**邮政编码**	100080
电　　话	010－62511242（总编室）		010－62511770（质管部）
	010－82501766（邮购部）		010－62514148（门市部）
	010－62511173（发行公司）		010－62515275（盗版举报）
网　　址	http://www.crup.com.cn		
经　　销	新华书店		
印　　刷	北京市鑫霸印务有限公司		
开　　本	787 mm×1092 mm　1/16	**版　　次**	2025 年 1 月第 1 版
印　　张	17.75 插页 1	**印　　次**	2025 年 8 月第 2 次印刷
字　　数	395 000	**定　　价**	49.00 元

内容简介

本书从作者近 20 年大学生心理健康的教学与咨询实践出发，基于大学生日常学习与生活，共设计了 10 个主题，涉及准备自己的状态、读懂心理地图、联结情绪和理性、在爱情中遇见自己、人际关系的密码与非暴力沟通、人格底色与成熟、化解压力、学习与使用时间、面对生涯的不确定、生命与成长等。每个主题包括 2～3 讲，涉及专业知识、理解与运用、练习与拓展等。本书以主题内容呈现作为切入点的同时，将觉察当下的体验作为一条暗线贯穿全书，引导学生在行动和反思中为自己做出有意识的选择，从而推动改变和成长。

本书的内容设计着眼于与学生建立联结，以此为前提进行理论知识的阐释与方法、技能的学习。本书既可以作为大学生心理健康课程的教材，也可以作为学生的心理自助读物，同时适合心理工作者、教育工作者、心理学爱好者，以及任何想要自我成长的读者阅读参考。

作者简介

侯瑞鹤，中国人民大学心理健康教育与咨询中心副教授，中国科学院心理研究所发展与教育心理学博士，中国心理学会注册心理师，华人心理分析联合会沙盘游戏师，萨提亚家庭治疗项目受训导师。

拥有 18 年一线大学生心理健康教学、咨询与危机干预的经历，曾获中国人民大学青年教师教学基本功大赛一等奖。超星学习通"大学生心理健康教育"主讲老师，2020 年《CC 讲坛》第 38 期演讲嘉宾。

著有《接纳孩子，接纳不完美的自己》《路特心理健康思想解析》等著作，在《心理学报》《教育研究》《心理科学进展》《心理科学》《中国心理卫生杂志》《心理技术与应用》等发表多篇与情绪和心理健康等相关的论文和研究报告。

前　言

Foreword

——让光进来，黑暗就自然减少了

本教材得以成书与出版，首先要感谢中国人民大学出版社的策划编辑张宏学女士的邀请。她的热情犹如阳光雨露，催化了我内心深处埋藏的种子。我从事大学生心理健康教育与咨询工作已经17载，多年前曾萌生一个想法：我要写一本突破传统教材风格的大学生心理健康教材，但一直未能付诸行动。直到有一次，中国人民大学出版社邀请我举办一场面向公众的公益讲座，我与张宏学女士就大学生心理健康教育问题进行了深入交流，没想到我们的想法竟然不谋而合，于是就有了今天这本别具一格的大学生心理健康教材。

本书试图突破传统教材的写作风格，给同学们提供沉浸式、代入感强烈的阅读和学习体验。我们不仅仅是要介绍学习的内容，更是要首先看到学生这个个体，邀请学生向内探索，觉察自己，理解自己，在当下进行觉察、学习和转化。此外，学生成为学习的主角，在这个基础上，本教材才展开相关的理论知识、方法和技能等内容的介绍。因为只有当学生准备好时，老师才会出现，否则，即使是圣人出现在眼前，人们也未必能够认出来。显然，从这个意义来说，至少在心理健康课程中，学生作为主体的准备状态要比学习的内容更为重要。

本教材深刻体现了习近平新时代中国特色社会主义思想及党的二十大精神。习近平总书记在党的二十大报告中提出要“重视心理健康和精神卫生”，把心理健康工作提到了国家战略的高度。在此之前，大学生作为一个特殊的群体，其心理健康受到了社会和国家层面的关注。教育部于2018年7月4日印发了《高等学校学生心理健康教育指导纲要》，明确提出把心理健康教育课程纳入学校整体教学计划。2023年教育部等十七个部门印发了《全面加强和改进新时代学生心理健康工作专项行动计划（2023—2025年）》，再次强调了心理健康课程在心理健康教育中的重要地位，并明确提出了2个学分的设置。两个文件均对大学生心理健康教育教材的专业性、可读性、思想性、成长性提出了要求。心理健康教育是思想政治教育的有机组成部分，二者在许多方面存在高度的重叠，比如，正确的价值观、对他人和环境的态度、社会情感、信念、道德养成等，这也是人自身发展中天然的内在需要。二者是人内在系统中的两个层面，共同促进人的健康发展和成长。当个体能够突破“小我”世界里的挣扎和冲突时，就会跃入更开阔的“大我”空间。打开心理格局和精神境界既是个人心理健康的保护神，也是事业发展的助推器。本教材将心理学和思想政治教育有机结合起来，融入不同的主题，比如人格主题、危机与成长主题等，在学生真实的体验和观察生活的基础上深入阐述，犹如春风化雨，润物无声，给学生提供了一种自下而上的体验式学习机会。此外，中国传统文化和医学思想博大精深，历久弥新，其中蕴含的人生智慧是滋养我们身心的宝藏。本教材结合个体的感受自然融入了相应的思想和内容，对于理解人的身心健康提供了智慧的视角和途径，同时也与积极心理学的基础理念不谋而合。身体、心理、精神和思想共同构成了人的系统。只有当我们把自己看成一个完整的人，而不是某些表现、标签或概念的组合时，我们才可能真正地亲近、认识、发展和创造自己。

本教材的内容组织具有独有的特点。首先，在《高等学校学生心理健康教育指导纲要》的指导下，本教材围绕大学生的实际生活设计了 10 个主题内容。从准备自己到自我探索、从情绪到爱情、从关系到人格、从压力到学习与时间管理、从生涯到生命中的危机与成长。每个主题包括两到三讲，涉及专业知识、理解与运用、练习与拓展等内容。其次，本教材以主题内容作为切入点，延展到学生全面的真实生活，不仅实现了传统的课内课外有效衔接，而且进一步打破了课内课外的界限。其实，课堂本身就是学生真实生活的一部分，练习和改变不在别处，而是在每一个当下的生活场景。最后，在教材内容的呈现过程中，我们邀请学生联结当下体验，在行动和反思中推动改变和成长，凸显学生作为学习主体的特征，同时强调了他们作为学习对象的重要性，即“对自己的一些学习、发现和了解”。例如，主题 1 从在课程中准备自己的意识，拓展到生活的每个当下，提醒大家觉察自己的状态，并且做出有意识的选择与调整。

本教材综合了以下多种视角进行写作。即以系统的哲学观、本自具足的人性观和积极心理学为指导，把人看成一个完整的系统。问题或症状是生命力展现的另一种形式，是人试图自我救赎、寻求整合的潜意识尝试。基于此，本教材的着眼点并非在于如何消除问题或症状，而是唤醒、转化人本自具足的资源和力量。当人们更有力量时，问题可能就不存在了。因此，本书并没有在焦虑、抑郁、强迫、拖延、人格障碍等问题上花费太多笔墨，而是绕到问题背后，主要理解产生问题时人的内在心理以及身心运作过程。例如情绪主题，学生结合自己的体验来学习如何读懂感知情绪，了解情绪的运作过程、情绪与身体的关系等。当人们能够和情绪建立正确的关系，学会运用情绪的智能，就可能逐渐化解焦虑、抑郁等情绪困扰，或者不再需要这些症状来表达被忽视的内在部分。退一步而言，即使没有完全化解，个体也会因为在体验的基础上改变对情绪的认知，减少对抗，提升容纳情绪的能力。事实上，情绪处理能力强的人并非没有痛苦，而是更加能够容纳痛苦、接纳痛苦。你不必和黑暗对抗，而是选择让光进来，那么黑暗就自然减少了。这些观点也得到了科学研究的支持（斯奈德，洛佩斯，2013；侯瑞鹤，2024）。

本教材的编写以积极心理学为理念，将积极心理学全方位融入教材内容，体现在每一个主题、每一讲的标题以及每一行文字中。这就像在一杯水中放入了糖，每一口水都能品尝到甜美的滋味，但你在杯中却看不见糖，而放入杯中的糖正是本书积极心理学的原味。主题“了解人格底色，推动命运齿轮的积极转向”“学习与时间使用：拿回人生主动权”“专注你的优势，面对生涯的不确定”等均呈现出积极心理学的导向。此外，本教材还融入了源于健康心理学的基于资源沟通的理念。研究发现，资源沟通对个体改变行为的效果显著优于风险沟通（荆其诚，2006）。知道更多的风险并不能让一个人活得更健康，但发现和联结心理资源可以让我们做得更好。当然，积极心理学绝不是回避痛苦，只讲积极的事情，相反，恰恰是接纳和允许生命中痛苦的存在。事实上，当我们能够允许痛苦存在时，才有可能更乐观地生活。

本书除了作为大学生心理健康教育的教材，也同样适合心理工作者、教育工作者、心理学爱好者以及任何想要实现自我成长的人。本书不专注于症状和问题的处理，而是探索生命如何表达自我、成长过程中可能经历的阻碍，以及如何移开阻碍，感受到自己的生命资源和力量。心灵的养护是每个人的需要，相信不同的人都可以从本书中找到属于自己的独特感悟。

最后隆重感谢我的学生和来访者，你们的信任、分享和存在本身就是我学习和成长的资源，在支持你们的同时，我甚至收获了更多。你们的生命故事让我一次次惊叹于生命的韧性和力量，你们或许看到的是自身的问题或创伤，然而我却透过问题或创伤看到你们曾经在不健康的系统中创造出了那个当下最适合的应对、生存策略和智慧，同时也见证了人们一旦联结自己的生命资源，所呈现出的蓬勃旺盛的生命力。我也试着把这份看见带入本书，期待读者能够透过文字联结自己的生命资源和力量。

本书是一次教材写作的大胆尝试和探索，同时也是我二十多年来对心理学领域研究、教学和咨询工作的总结。欢迎读者朋友提出反馈建议，帮助本书不断完善，更好地支持广大学子的成长。

侯瑞鹤

2024 年 6 月

于中国人民大学 林园

目　录

Contents

主题1

心理健康课：送给自己大学生活的礼物

心理健康课，是一场与自己的相遇。

当你听到“心理健康课”时，你的头脑里浮现出了什么想法呢？

有的同学或许会有以下这些想法：“我心理挺健康的，不需要上这门课”，“我过得挺好的，心理课与我关系不大”，“心理课是一门水课，鸡汤而已”，“我们中学时就上过心理课，我们都懂”，“心理课就是做做活动，玩一玩，放松一下”；当然也可能是“我好期待”，“终于有心理课了”，“心理课就是……”

这些想法是对的，也是不对的。

说是对的，是因为我们对某一事物的认知往往是基于过去的经历和经验来做出判断，所以，你的第一联想非常忠实地反映了你对心理健康课的第一感觉。然而，如果你对自己负面的准备状态没有觉察，那么很可能开启一种负向的关系和结果。

说不对，是因为当你带有觉知地观察自己的思维和情绪反应模式时，当你带着开放和好奇看向自己的内心时，你可能会发现一个新的自己、新的世界。

张雁很生气，因为今天下了晚课后，她发现外面下雨，就在宿舍微信群里喊了一声：“下雨了，谁能给我送把伞？”结果，群里没有人回应自己。张雁既生气又难过，想起前几天下雨，自己还主动给宿舍小A去送伞，而今天自己需要时，她竟然没有回应。

"真是好姐妹啊！看来是我太傻、太天真了。"张雁的心情特别郁闷。

其实，这件事呈现了心理学上被称为责任分散的心理效应，也叫旁观者效应。它是指当发生某一件事情时，单个人的责任感更强，而集体中的个人责任感最弱。因此，张雁的舍友也并非如其所认为的塑料花姐妹。如果张雁私聊某一位同学，或者在群里单独向某位同学提出请求，相信一定不会是这个结果。

因此，张雁只是基于自己的经验感受做出行为反应和判断，这很容易使其困在自己的认知和情绪里，最终必然会影响舍友之间的关系。当张雁觉察到自己的局限，跳出自己的视角，看到更多的可能性时，她面对同学的准备状态就会更加积极主动。之后，如果张雁再有事需要用微信请求帮助时，要么私聊，要么特别指定一个人，那么就会发现每次都可以得到积极的回应。同样，当我们看到别人需要帮助时，也可以突破自己的无意识反应，有意识地伸出援助之手。

显然，心理学不能帮助我们直接改变外部世界，然而，可以通过拓宽认知、调节情绪、更好地面对自己的学习和生活，进而影响外部世界。退一步而言，即使外部世界无法改变，内在的改变也是有可能的。

事实上，面对心理健康课的准备状态，只是我们生活中的一个例子而已。在每个当下，面对不同的事，我们又何尝不是拥有不同的准备状态呢？

第1讲 准备自己

大家在面对一门课程时，最常想到的可能是老师要备课，那么你可曾想过，其实开始一门课程时，你能做的不只是老生常谈的事情，如课前预习等，更重要的是要有意识地准备自己。

● 觉察照亮生活

此刻，请你把注意力放到自己的身上，体验一下当提到准备自己时，你的头脑里会冒出哪些想法、情绪或画面，不要评价好坏对错，只要像拍照一样记录下来即可。

与同伴分享你的记录，看看有哪些新的发现和启发。

记录：

一、准备自己，开启掌管自己的第一步

我们对准备自己可能并不熟悉，其实就像备课备考一样，只不过准备的对象不是知识内容，而是自身的心理状态。事实上，不管你是否意识到，在面对任何事情时，你都处于某种准备状态。比如，面对一门不喜欢的课，你一打开书甚至一想到要学习这门课，你的内心就升起了抵触感，头脑里无意识地产生以下类似的心理状态：好烦呀，为什么要学习这门课，我不喜欢这门课，我学不好，等等。这样的心理状态就像被迫与一个人谈恋爱一样，你会在见对方之前关闭心门，亦如你想往一个瓶子里倒水，瓶口却紧紧地盖着盖子。

然而，由于没有觉知，我们会因为什么都没有学到而抱怨、失望。相反，当你面对喜欢的课程时，则会带着期待、喜悦，就像把瓶子的盖子打开，随时准备着接收倒进来的水一样，你会让自己处于参与和积极的状态，自然就会有大的收获。

当然，准备自己的状态并不代表内容不重要，而是强调大家通常没有意识到准备自己一样重要，甚至准备自己有时比内容本身更重要。

假如你走进心理健康课的教室，或者打开一本心理课的书，你一定会带着自己的想法和认知。在没有觉知的情况下，你会自然地寻找支持自己想法的证据，并且在大多数情况下，你都可以找到相应的证据，然后说“哈，怎么样，果然如我所料。”诚然，这样的结果，如果是积极的预期，当然很好。但如果是消极的预期，你是该高兴还是沮丧呢？虽然你是“对”的，但同时，你再次让自己重复了昨天，通过这种没有觉知的想法让自己的今天和昨天一样，然后再延续到明天。只有发生特殊的事情，才可能中断这个过程。这就是心理学中被称为“自证预言”（self-fulfilling prophecy）（高景轩，2011；霍克，2010）的现象，意指人们会不自觉地按照已知的预言来行事，最终令预言发生。比如，一名学生自认为不是读书的料，那么即使有时间也不会用来读书，因为他认为读了也不会懂，结果考得一塌糊涂，从而用实际行动证明了自己的预言“我果然不是读书的料”。显然，自证预言通常是在无意识、无觉知的情况下发生的。然而，一旦人们能够对这个过程有所觉知，就可以决定是否切断昨天、今天和明天之间的自动化链条，开启主动选择并创造自己的生活，从而就有可能发现每天可以因为自己的选择而感受到不一样，感受到掌管自己生活的信心，而不再是作为一个被影响者，无可奈何地过着一成不变的生活。

二、如何准备自己

当我们有意识地去准备自己时，要从哪些方面开始呢？简单而言，可以从想要什么和付出什么方面问问自己，也就是运用因果思维，学习为自己的需要负责。以心理健康课为例，可以问自己以下几个问题。

1. 我现在的准备状态是怎样的？

对这个问题的回答本身其实不重要，无论是积极还是消极，期待还是排斥，都是可以

的。即使你意识到是消极的，也并不意味着你一定要变成积极的，而是要意识到这样的开始大概率会带来一个怎样的结果，并且知道对于未来可能的结果，自己负有主要责任。这样，我们就能减少随后的抱怨，避免推卸责任，从而拒绝成为一个受害者的角色。因此，最关键的不是将积极或消极作为开始的状态，而是有意识地做出选择并承担可能的结果。

在心理咨询中，一位来访者问道："老师，我一定要改变吗？我为什么一定要改变？我不改变不行吗？"老师回应道："你当然可以选择不改变，那选择不改变，选择受苦就好了。"来访者愣了一下，因为自己从来没有想过这个问题，虽然自己不想改变，但也不想受苦，过了一会儿，来访者回应说："老师，我想要改变。"

在现实生活中，有的同学可能无意识地带着消极的态度面对生活，当结果不如自己所愿时，很容易感觉到无力，认为自己是一个受害者，这一切主要是他人或环境导致的，自己不用对结果负责。事实上，自己肯定要负部分责任。看到自己的责任并非要指出谁对谁错，而是当我们意识到自己的责任时，就同时拥有了改变的权利。从一个无力的抱怨者转向一个主动的改变者，你自然就会拥有更多的掌控感和信心，生活才可能开始发生真正的改变。

2. 我的期待是什么？我想要什么？

当人们对自己的准备状态有所意识时，在通常情况下，正如前面心理咨询中的来访者一样，人们会更愿意从内心深处选择改变。接下来就要问自己：我的期待是什么？我希望通过课程获得什么？这个问题澄清的是你想要去的方向和你的目标。只有明确自己想要去哪里，才可以选择如何去，需要带些什么才有可能帮助我们到达。

- 写下你对课程的期待，以及想要的收获。

- 与同学分享并讨论哪些期待是在课程中可能实现的，哪些期待是难以实现的，并总结一下原因。澄清课程目标。

在课程中可能实现的期待	在课程中难以实现的期待

3. 我需要带些什么，以达成期待或目标？

当你明确自己想要从课程中得到什么时，接下来就要问自己：为了达成这些期待，我需要带些什么到课程学习中。或许很少有人想过这个问题，因为我们平时大多是时间到了去上课就行。此处所指的要带到课程学习中的不是物质方面的内容，而是指你的投入度。这可以简单分为以下三种情况：一是如果你想要积极的结果，那么你可能需要把自己的人和心带到，真诚分享、热情参与、积极主动、按时上课、不旷课、不迟到、不早退、认真完成作业等。这些内容听起来是不是很熟悉？相信大家从小到大都听过无数遍类似的提醒。然而，那个声音是来自外部的，是要求同学们遵守的规范，我们也只是听到了声音而已，内心却很难有些许的触动。然而，当真正地和自己的需求结合起来，考虑需要带些什么到课程学习中时，就是从"要我做"转变成"我要做"，这样的学习效率和情绪状态肯定会有所不同。二是没什么期待，不期待能学到什么，只想拿到学分而已。三是保持开放的心态，不做设定。以上三种决定只要是在有所觉知的状态下做出的，均是主动的、负责任的选择。

想一想，在生活中，我们是不是经常会有这样的想法：看看吧，没关系的，碰碰运气吧……结果是怎样的呢？事实上，在大多数情况下，我们只有充分准备自己，才能得到自己想要的结果。人生之路漫长，我们并不能预测将来会发生什么、面对什么，我们当下唯一能做的就是对当下的自己保持觉察，做好此刻能做的，唯有如此，当机会到来的时候，才不至于失之交臂。

● 反思与分享

结合上文思考：你属于哪一种情况？接下来，你打算带些什么到课程学习中？和小伙伴分享并讨论在这个过程中有哪些感受和启发。

三、你要"为自己而来"

很多同学上课时考虑较多的通常是这位老师严格吗、考勤吗、给分高不高等，然后根据老师的特点决定面对课程的状态，这样的心理状态显然是"为老师而来"上课。如果处于这样的心理状态，那么你就会不自觉地将你的学习和生活交由外界主导，学习的过程自然会被动辛苦，效果也会和实际的时间投入不匹配。那么，换一个更能带来自主和控制感的逻辑，"老师为我们而来，我们要为自己而来"，想一想，这样一个逻辑是否更符合事实呢？

当你为老师而来时，上课就成为一项需要完成的任务。当你为自己而来时，上课就是一件你送给自己的礼物。感受一下，完成任务和送给自己的礼物这两种心态有什么不同。当然，心理健康课确实是大学课程中比较特殊的一门课，它不只是关注知识和专业内容，更是围绕我们自己这个人的课程，目标是帮助我们更好地了解自己和成长。只有我们与自己的关系积极，内在和谐稳定，人际才可能更和谐，从而减少内耗，把心理资源集中运用在学习和工作上，做更有建设性的事情。

体验台

感受“为老师而来”和“为自己而来”两种心态有什么异同。与小伙伴交流，看看有哪些新的发现。

四、学生准备好了，老师才会出现

人们常提到空杯心态，即一种准备好学习接收的状态。如果杯子里装满了自己的想法，又怎么可能真正倾听他人呢？此外，我们和手机都处在同一个有网络信号的环境中，为何手机能收到信号，我们却收不到信号呢？我们收不到信号显然与信号无关，而关乎我们自己。因为我们没有把自己设计成一部等待或者搜索信号的手机。因此，即使你买了最好的书，选了最受欢迎的课，这个行为本身并不能让你学有所成。你需要把自己调整到一种准备接收的状态。

一个人自身的状态决定了他可以听到什么样的声音。孔子有云“三人行，必有我师焉”，意思是说，几个人在一起，其中一定有（人可以做）我的老师。其实孔子所说的这种状态，即此处谈到的准备状态。如果一个人善于学习，自己准备好了，那么一定可以随时随地找到老师，而这与老师的年龄、学识、经历、资质等无关。如果你没有准备好学习接收的状态，即使孔子在世，站在你的面前，你也未必能够认出来。

这个世界的真知其实随时在敲我们的心门，敲啊敲，一遍遍地问：“你准备好了吗？你准备好了吗？我可以进来吗？我可以进来吗？”真知不知疲倦地在等你准备好，一旦你的心门打开一条缝隙，它们就能把光洒进来。当我们准备好自己时，世间万物都可以成为我们的良师。

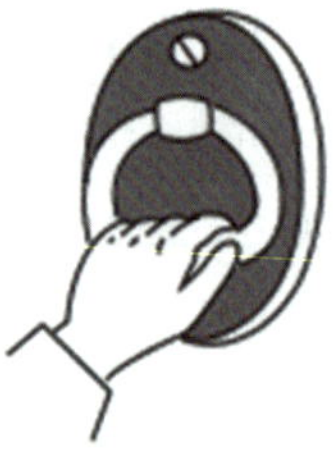

学会为自己的学习负责，为自己的生活负责，看到自己在生活中所扮演的重要角色

和作用。你会发现，当你能够负责时，你就拥有了随时随地改变的权利。在这个意义上，生活才更有可能被自己掌握在手中。

小活动大效果

- 准备自己，不是准备自己的知识状态，而是准备自己内心的状态。
- 想一想一些你学不好的课程，感受一下你面对这些课程时内心的冲突情绪，看看是什么在阻碍你，试着记录下来，看看你有哪些新发现。和小伙伴交流，如何更好地准备自己当下的状态。

第 2 讲 觉察力和心智化：助你成长的两把金钥匙

想象一个画面：在黑暗中，你走着走着，撞上了一块石头，你感觉到了疼痛，觉得自己实在太倒霉了，怎么又撞上了这块可恶的石头，你记得之前也撞上过类似的石头。你很愤怒却也无能为力，因为你也不知道下次什么时候还会撞上。有时，你又会掉进坑里，你感到害怕，觉得自己没有能力走出去，最可怕的是你不知道前面是否还是这样的路，你的内心因为恐惧、不确定而痛苦得难以忍受……

事实上，我们大多数人从出生就无意识地走在这条路上，每个人都有自己不同的经验，又基于自己过去的经验来决定接下来如何走。大部分时候，我们习惯自动化地走下去，以为生活本来就是这样，偶尔审视自己的生活，又因为理不出头绪而更加混乱，因此很少有意识地去审视自己的生活。直到不断地撞头或跌倒而备感痛苦煎熬时，才有可能想要努力摆脱痛苦而开启自我成长之路。

心理健康课在你足够痛苦想要寻求突围之路之前，就被安排到对你的培养计划里而不请自来。好处是你不用经历太多痛苦才能遇见它，坏处是你或许不觉得自己需要，从而不在乎，更不会珍惜它的到来。当然，还有一种可能是基于成长的需要主动寻求它。然而，遗憾的是，大部分人的成长动力都来自痛苦和无聊。

请你继续联结上面开头的画面。

这时，一道光照了进来，打破了黑暗，你向后看了看，知道了为何会撞上石头、跌落坑里。你的心里有了一丝释然："哦，我并不是可怜的倒霉蛋，而是因为我没有看见。"紧接着，你继续向前走，虽然你心中也会有一些不确定，但因为你能够看见，所以有了更多选择的可能性。即使再次撞上或跌落，或许仍然会疼痛，但因为知道如何绕开石头和从坑里爬出，痛苦开始变得可以忍受。此时，你已经开始觉醒，踏上了成长之路。

心理健康课助你成长的两把金钥匙均在这幅画面中，那道照进黑暗的光，就是觉察力，即按照体验原本的样子，开放和富有同情心地觉知。路上的东西在你眼中从混乱变得有序和有意义，这就是心智化，即变得可以理解和讲得通。

一、觉察力：让你在现有条件下拥有更多的自由和主动性

黑暗中照进来的那道光，就是心理健康课可以使你成长的第一把钥匙，它的名字叫觉察或者觉知，也可以称为觉察者自我（Wallin，2014）或真我（托利，2007）。就像不同的语种写下的指路牌，名字可能不同，但所指的对象都是同一个。

古希腊哲学家苏格拉底曾说，未经省察的人生不值得过。这里的省察即觉察。觉察是意识到自己的状态和自我感知，即对自己的行为、想法或念头、情绪等保持觉知。即知道自己是谁，当下在做什么。自我觉察意味着一个人开始超越自己的心智，让觉察的自我从心智中解放出来，把自己的心智作为对象来加以认识。觉有醒觉、清醒的意思，因此，觉察就像一个人突然睁开双眼或者从混沌中醒过来一样，像一道光照亮了黑暗的生活。

觉察力对我们的生活与成长非常重要，拥有较高的觉察力，也就拥有较大的人生主动权，因此，你的觉察力决定了你内在的自由程度。

（一）觉察力帮你克服习惯性反应，从自动化、无意识的反应到有意识的回应

假如你正在和一个人聊天，对方皱了下眉头，你心中立刻冒出这样的声音：是不是我的讲话很无趣，是不是我刚才讲错了，他不高兴了，等等。伴随着这些自动化的想法，根据关系的不同，你可能会感觉到焦虑、担心或者生气。为了应对这种压力，你的行为可能是退缩而沉默，或者赶紧转移话题，抑或感觉到生气而指责对方太挑剔，等等。这些反应就是一套习惯化的行为模式，犹如行走在黑暗中撞上的石头或跌落的坑。如果缺少觉察力，你就可能信以为真，而看不到有别的可能，感觉到受伤害、倒霉等。然后不断重复，直到某一天，觉察之光照亮黑暗的路，你从嵌入自我的体验中跳脱出来，就像从一片乌云跳脱出来、跃迁到云团之上的蓝天。此时，你觉察到了自己的想法、情绪和行为等，也觉察到了他人和情境，看到了更多的可能，并对如何应对有了更多的选择。此时，你可能平静和关心地问道："我看到你的眉头皱了下，发生了什么？"

心智是大脑的活动，实际上，大脑只是我们的一个工具，但我们很容易错误地认为

大脑是我们的最高统帅。实际上，大脑相当于一部电脑，而我们作为使用者，越是了解它的性能和缺陷，越能智慧地运用它为我们服务。反之，就会被它捆住手脚，疲惫不堪。我们与大脑的关系即是如此。大脑本身具有很多特点，最常见的特点之一是思维活动的 80%～90%是重复性的，而且是无用的，如果你观察自己的思维就会发现这是真的，它甚至导致你的心理资源严重损耗（托利，2007）。重复性节约认知资源的同时导致了我们在行动上的重复性、机械性，即习惯性的自动反应，固化和限制了生活的多种可能性。要超越习惯性的反应，我们只有提升觉察力，这样才能减少被习惯性反应驱使，拥有改变生活的自由和主动性。

（二）提醒我们跳出自我的局限，更有意识、智慧地处理问题

提升觉察力的过程，实际上是我们把“心”或者“我”的位置从具体嵌入生活移到生活之上，犹如明镜高悬，映照生活的方方面面。同时，带着觉察力再回到具体的生活体验中。因此，觉察力可以帮助我们透过了解自己，理解他人，关注到情境，建立与自己、与他人以及与世界更和谐的关系。

觉察力的作用涉及打破大脑另一个特点的限制，即大脑爱自动编故事。我们如果缺乏对这个机制的了解，就会对每一个故事信以为真，把一些自动化的内在语言误以为是自己的想法。表面上看，大脑好像很聪明，因为会分析、会判断、会推理。然而，深入观察就会发现，所有的分析、判断、推理使用的材料是我们过去的经验。

> 彬彬是一名大学生，最近遇到了一个问题，即平时与异性相处都挺自然的，但是面对可能将要成为恋人的女孩，哪怕自己内心也是喜欢的，与女孩相处时腿和膝盖会发酸发麻，非常难受，内心也会感到隐隐的焦虑，只要自己远离对方，腿和膝盖就又恢复如常。这让他很苦恼，不知道自己怎么会有这样奇怪的反应。
>
> 在咨询过程中，彬彬回忆起一段过往的经历。幼年时，父母因为工作忙把他寄养在爷爷奶奶家，每隔两三周或一个月去看他一次。大部分孩子因为难得见父母一次，通常会很高兴，而自己的妈妈常说自己看见她后和她不亲，因此很难过。说也奇怪，彬彬回忆说，当年他知道父母要来看他时，他不是高兴和期待，反而会躲到一个地方，不让自己开心，努力让情绪回到一种平常甚至是低落的状态。当他看到妈妈难过时，他也难过，但他也无法理解自己为什么会这样。

事实上，这是大脑工作的一个特点。彬彬的大脑基于幼年时和父母互动的经验得出一个属于自己的生存策略：知道父母肯定还会离开，如果与父母相聚时开心，父母离开时就会更难过。大脑自然要帮助彬彬避免类似的痛苦，于是它得出一个对自己而言真实的故事脚本：我无法面对分离的痛苦，不如拒绝体验亲密相聚的开心。因此，当即将可能进入亲密关系时，大脑就会通过情绪和身体反应拉响警报，“危险，不要进入亲密关系，因为分离时会更痛苦，那会伤害你，甚至毁灭你”。彬彬就会根据这时的想法行动，从而使自己卡在这个情境中，自动化地处理相似的情境。

显然，有不同经历的人面对同一个情境会有完全不同的“真实”故事。一名儿童会

以儿童特有的方式去分析、判断、推理；一个宗教信仰者会以信徒的方式去分析、判断、推理。大脑看起来是理性的，其实不然，在更多的时候那只是一个自圆其说的过程。因为和情绪相关联，所以体验到的绝对真实的感觉会让我们相信那就是事件的真相。其实，造成我们痛苦的，并非问题本身，而是我们对问题的想法，也就是头脑中的故事脚本。这些想法通常是无意识地、自动化地运作，因为未经审视，所以在暗中左右着我们的生活。这就是缺乏觉察力的大脑的状况。

当我们带着觉察力时，就会联结成年人更理性或者更有智慧的部分，审视过去的经验。当我们感受到压力时，从轻微的不舒服到强烈的悲伤、愤怒或绝望，我们很肯定这种反应是某一特定想法引起的，不管我们觉察到它与否。消除压力的有效方法即审视压力背后的那些想法，这是任何人都做得到的事。透过这个反思过程就会发现，所有我们信以为真或视为天经地义的想法大多扭曲了事件的真相。当我们宁可相信自己的想法，而不愿意相信真相时，就会承受各种情绪性的压力。一旦我们觉察到自己的习惯性思维，心中就会产生一种觉知的体验，进而带来自我反省和自我修正。

正如爱因斯坦所言，在创造问题的系统中是无法找到解决问题的方法的（爱因斯坦，2020）。解决问题的方法自然是升级思维系统，此处即是提升觉察力，跳出自我的局限，审视这些自动化思维构成的故事脚本，这样就会找到解决问题的方向。

● 分享与讨论

针对以上觉察力的内容，你有哪些困惑？请结合你的生活体验谈一谈自己对觉察力的理解，并与小伙伴分享。

● 练习正念冥想，提升觉察力

下面是一个提升觉察力的正念冥想练习（见下文），你可以试着每天拿出3～5分钟的时间专门练习，坚持一周，看看有什么样的感受。邀请小伙伴和你一起练习，这更有可能让你坚持下来。你也可以在网络上找一些正念冥想词直接使用。

○ **正念冥想词**

正念冥想

请你找一个舒适的姿势坐好，感受下脊柱是通畅的。你可以微微闭着眼睛，也可以睁开眼睛，感受一下身体和椅子的接触，双脚稳稳地踩在地上，留意一下环境中的声音、空气中的味道与温度、环境中的光线等，把注意力放到呼吸上。当你关注呼吸时就是活在当下，试着让自己慢下来。

请你想象一个画面，蓝蓝的天空，广袤、无边无际，那就是我，是我的觉察性自我，永恒、稳定、如如不动。天空有时飘着白云，云卷云舒，那就是你喜悦的心情、想法。然而，我知道那不是我，那是我的一部分，我是天空，我是觉知本身，我拥有这些情绪。天空有时也会有乌云飘来，那是我的一些负面情绪和想法。但那不是我，我是天空，那是我的一部分，我拥有它。天空有时还会电闪雷鸣，伴随着暴风骤雨，那就像是生活中一些大的冲击、崩溃的时刻。但是，我知道那不是我，跃过乌云，我是天空本身，我拥有这些各种各样的想法和情绪。联结天空的同时，请你感受天空下的各种天气，它们一直在变化，但天空却一直在那里。你或许会坐在某一个云头上被带走，没关系，当你意识到时，把注意力慢慢地拉回到天空就可以了，而且你意识到走神的时候恰恰就是带着觉察力的。给自己 30 秒钟左右的时间体验一下这个画面，感受一下此刻的心情。

再一次把注意力放到呼吸上，动一动手、脚，感受一下身体与椅子的接触，准备好的时候，你就可以回到你所在的空间。

说明：该过程可以闭眼，也可以睁眼。但如果你的目标是提升觉察力，闭眼会让你陷入昏睡状态，所以请你睁开眼，留一些注意力和现实环境联结。当然，如果你是为了助眠，你可以闭上眼睛入睡。

同学们的练习反馈

二、心智化：理解自己、他人和世界

重新回到本讲开头的画面，助你成长的第二把钥匙即在你的眼中，道路从混乱开始变得有序，彼此之间开始建立联结，一些看似无意义的内容变得有意义，即心智化(mentalizing)，意指理解自己和他人的心理状态，或者理解表面行为背后的心理状态的能力，包括对自己和他人心理状态的解释。简单而言，就是当我们觉察到自己或他人的心理状态时，我们就是在心智化。比如，如果一位妈妈在面对孩子无计可施时生气地对孩子说“我不要你了”，心智化水平高的孩子就会知道妈妈只是生气了，说的是气话，想吓吓自己，心智化水平低的孩子就可能会很恐惧，认为妈妈真的不要自己了。

专业链接

正　念

正念练习基本上是一种心智训练，指有意识地觉察，专注于当下这一刻，而不附加主观的评判，具体包括以下三大要素：

(1) 有意识地觉察：有目的，有意识，清醒。在这里，尤其要强调的是清醒，正念确实有助眠的功能，但是在正念时如果陷入昏睡状态，是不可能提升觉察力的。因此，提升觉察力的正念一定是在清醒的状态下。

（2）专注于当下：关注、觉察当下的一切。你可以借助于把注意力放到呼吸上回到当下，当人们留意呼吸时，就是活在了当下，因为呼吸总是在当下进行。当下的一切就是当前时空里你正体验到的。比如，意识到自己在生气，觉察到冒出的念头等。

（3）不附加主观的评判：只是单纯地觉察它、注意它，意识到走神了拉回来就好。正念就像秋日明月，又像明镜高悬，它映照万物，容纳万物，但是不进行任何好坏的评判。

（一）心智化帮助我们看到自己内在和外在的差异与联系

心智化让我们认识到，人们存在一个可以塑造行为的内在世界，这个世界有时可以分享，但却又无法完全分享。同时还有一个外在世界，内在世界是根据我们成长的经验对外在世界的模拟。然而，这两个世界绝不等同。人们的痛苦通常来源于我们对某一刻的体验，受制于自己狭隘的看法和信念，以致我们感受到的这个世界只有这一种真实境况，因此陷入其中，也无法解释自己的体验，从而觉得无力无助。打个比方，主观体验就像一幅绘制的内在地图，外在世界是客观可见的领土。当我们把地图等同领土，从而嵌入地图的世界里，以地图就是领土的方式生活，看不到同样的领土在不同人绘制的地图上呈现出的差异，就会导致我们认为自己感受到的就是绝对的真实，进而深陷其中。

园园给男友发微信，男友只要超过时间没回，她就会快速地陷入愤怒情绪中，头脑里出现男友看了看手机懒得理自己的画面。接下来，园园就会疯狂地给男友发微信或打电话，把头脑里的画面当成真实的事件，质问男友为何不回微信。男友嫌烦，有时干脆挂断她的电话，她感受到了被抛弃和被拒绝的恐惧，在愤怒的助力下，她进入一种歇斯底里的状态。

这里面园园的用语是“不回”，意即故意的，不考虑任何其他可能情况的存在。她的理由是，自己再忙也会每隔几分钟看一眼微信，男友如果真的爱自己，为何就做不到。她无法理解，也无法接受男友的解释，认为那都是狡辩，也是不看重自己的证据。

显然，这种嵌入地图中的状态会不可避免地破坏情感调节和反应的灵活性。同时，也会让个体感觉到自己无法塑造自己的体验，只能任由情绪左右自己，常常感觉自己是个受害者而抱怨。

心智化或许可以帮助园园看到自己的体验和对体验的反应是一种习惯性的感受和行为模式。在主观体验和对主观体验的反应之间，其实有一个间隙或停顿，在这里可以开启一个心理空间，在这个空间里，心智化能够帮助人们解除习惯性的反应，并进行有意识的回应。在这个意义上，个体就可以开始塑造自己的体验，并从情绪的困境中解脱出来。

应用到园园的例子中，即园园能够认识到自己体验到的被拒绝和头脑里的那些画面，是自己的内在地图对当下这个外在情境（客观领土）的解释，真实的情况可能有所不同。她就可以在感觉到受伤愤怒和疯狂地打电话之间，开启一个心理空间，当在这个空间进行反思和选择时，这个固化受限的行为就有了打破的可能。

（二）心智化帮助我们超越过去和未来

如果个体心智化水平较低，那么对当下的体验要么是活在令人沮丧的过去的阴影之中，要么是活在对灾难性未来的想象之中。

仍然以园园为例，通过在主观体验和对主观体验的反应之间的停顿，园园了解到自己的体验与过去的成长经历有关。比如，当看到男友没有及时回信息的那一刻，她瞬间跌落到过去被忽视被拒绝的受伤体验中，犹如走在黑暗中，无法理解自己的心理状态，也无法理解他人的心理状态。心智化使园园意识到，她的那些失控反应是在用过去保护自己的方式保护现在的自己，事实上，情境已经发生变化，她不再是当年的小孩子，他人的忽视或拒绝并不能决定她是否可爱、是否值得。通过这个反思过程，可以帮她把过去的体验和当下的事件剥离开来。心智化可以推动个体在时间隧道中进行心理时间的旅行，让卡住的时间流动起来，而不是困在某个创伤中或情境里。有趣的是，这反而可以帮助人们更加开放、有力量地面对当下的情境。

专业链接

运用心智化，战胜个人创伤的历史

当个体拥有一种发展良好的、可以对自己的经历进行反思的能力时，就能够战胜创伤并超越个人的成长经历，哪怕这个经历极其恶劣。以下通过一个典型的案例来进行理解。

一名患者童年时期被忽视和被虐待，几乎严重到了荒唐的地步，导致其在心理上伤痕累累。然而，他拥有惊人的复原能力，没有被创伤的经历摧毁。他之所以在情绪上得以幸存，关键在于他五岁左右就认识到，他的母亲“疯了”。当他理解到母亲行为背后的心理状态时，这种早期的心智化就缓解了在其发展过程中灾难环境可能带来的影响。

心智化促进了我们对自己、他人主观体验的解释性深度和对表征性特质的理解，在我们的一生当中，心智化可以帮助我们从内在世界和外在现实的嵌入中解脱出来。比如，这名患者能够通过解读他母亲不稳定的心理原因，抵消自己羞耻和内疚的内在体验。他并没有认为母亲是好的，而自己是不好的。相反，他重新描述母亲是“疯了”，因此，他能够保留住自己是好的这种可能性。

资料来源：威廉．心理治疗中的依恋：从养育到治愈，从理论到实践．北京：中国轻工业出版社，2014：414－415.

三、觉察力和心智化的关系

（一）二者是心理解放的双螺旋结构

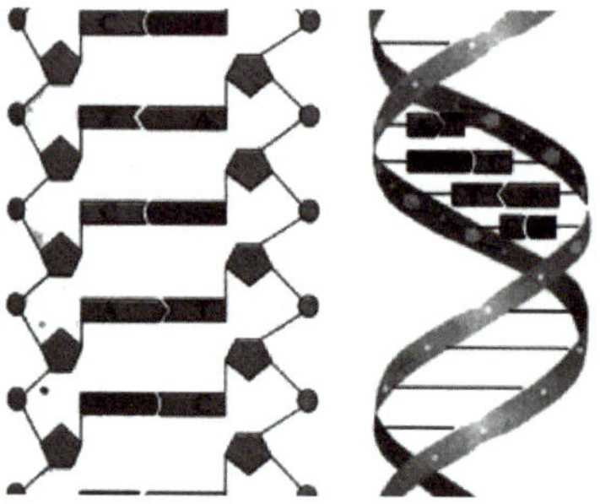

为了更清晰地理解觉察力和心智化的关系，借用前面正念冥想练习中天空和云彩的画面。觉察力就是天空，是对内容的照见；心智化就是理解天空中变幻多端的云彩形成和发展的变化规律，以及不同云彩和当下天气的关系等，总之是对内容的理解与解释。Wallin（2014）把这二者称为心理解放的双螺旋结构，认为两者之间的关系就如同一个双螺旋结构，它们有时会部分重叠在一起，既有汇聚又有偏离，周而复始。觉察力和心智化，对体验的了解和反应方式截然不同，但又互为补充、相互交织，而且双方彼此增强。

（二）二者在心理健康课的呈现：贯穿其中的两个内在线索

心理健康课涉及大学生生活的不同主题，对这些主题的心理分析和理解均是心智化的内容。简单而言，所有心理健康内容的学习都是促进心智化的过程，所有对心理健康内容的觉知练习都是提升觉察力的过程。因此，心智化和觉察力是贯穿心理健康课的两个内在线索，在心理健康内容的学习中，虽然心智化占据绝大部分，但是并不代表觉察力本身处于次要位置。实际上，觉察力有时甚至更重要，"认识精神之流的内容的意识，比这些内容本身更重要"（Wallin，2014），强调了觉察力或者说有意识地生活的重要性。

（三）把觉察力带入心智化的学习和生活中

心智化是心理的内容，我们在学习的时候，可以有意识把觉察力带到自己的学习中，把自己置于有意识的照见之下，这样学习效果会更好，并且会帮助自己感受到轻松，减少心理资源的消耗，让学习更加专注而放松。同时，我们也可以把觉察力带入生活的每个当下、每件事情，提升觉察力。

此刻，请你试着体验时时提醒自己对当下正在进行的活动的觉知。例如，我觉察到我在学习，我知道我在思考，我觉察到自己读到哪些内容时心里会涌出喜悦，当想到其他烦心事时，我觉知到自己走神了，我知道自己正在读第几讲……

此刻的感受怎样？请与小伙伴分享一下。

第 3 讲 如何让心理健康课助力你的成长

前面讲了如何准备自己和自我成长的两把金钥匙，本讲讨论的是如何让心理健康课助力你的成长。大学生心理健康课是我国高校为保障大学生心理健康，运用有关的心理理论、方法和手段，培养大学生良好的心理素质，促进其身心全面和谐发展和素质全面提高的课程教育。课程面向的对象是健康的大多数学生，以帮助其不断正确认识自我，增强调控自我、承受挫折、适应环境的能力，培养学生健全的人格和良好的个性心理品质，提高心理健康意识和心理健康水平。

我国非常重视学生心理健康工作，2023 年 4 月，教育部、国家卫生健康委等 17 个部门联合印发《全面加强和改进新时代学生心理健康工作专项行动计划（2023—2025 年）》，标志着加强学生心理健康工作上升为国家战略，将其摆在更加突出、更加重要的位置，并对学生心理健康工作进行了全面部署。

那么，何谓心理健康呢?

一、什么是心理健康

当我们评价这个人心理不健康、那个人心理很健康时，事实上，无论是否意识到，我们都在使用自己的心理健康标准进行评价。那么，什么是心理健康呢?

（一）标准化的心理健康定义

心理健康的定义非常多。世界卫生组织（WHO）对心理健康的定义如下：心理健康是指在个体内部与社会环境之间，个体能够充分发展并发挥其潜能，应对生活中的压力，工作富有成效，积极参与社区生活的能力。这一定义强调了个体的发展和潜能的发挥，以及个体与社会环境之间的相互作用。

我国心理卫生专家通过反复的调查与研究，确立了心理健康的 6 个标准与评价要素：（1）情绪稳定，有安全感；（2）认识自我，接纳自我；（3）自我学习，独立生活；（4）人际关系和谐；（5）角色功能协调统一，即行为符合年龄、行为符合环境、实现个人满足；（6）适应环境，应对挫折。

以上是比较官方的明确的定义，接下来分享一下心理健康的模糊定义。人的心理和行为千变万化，很难准确定义每个当下的表现到底是健康的还是不健康的，因为每个人都会有状态不好的时候，如果将标准套用在每个人的身上，那么你可能发现几乎没有人能够完全满足。《汉书》中有一句话，“水至清则无鱼，人至察则无徒”，意为水太清了，鱼就无法生存，对别人要求太严格了，就没有伙伴。人是动态的、变化的，模糊也是我们中国文化的智慧，这还表现在中餐（比如根据上菜的顺序调整放盐的多少，最后一道汤放盐要少一些）、中医（针灸和艾灸中的“离穴不离经”原则）等文化中，这种模糊恰恰能给个人的实际情况留下更贴近真实的空间，因为再精细的标准都不可能定义真实的人。

（二）模糊的、动态的心理健康定义

1. 心理健康是自我和他人之间的动态平衡

小红是舍友口中的热心人。有事找小红，小红总能放下自己的事情来帮忙，比如，拿个快递，带个饭，打瓶开水，等等。她看起来人缘很好，心理应该算是健康的。然而，当你问起小红的感受时，小红非常郁闷地说：“我并不想这样，其实很多时候想拒绝，但是我不敢，我害怕大家会不再喜欢我，觉得我太自私。”

小亮总是在指责抱怨宿舍中的张三如何不考虑自己、李四如何对不起自己、谁又太小气等。乍一听，你认为小亮好倒霉，怎么会有这样的室友。然而，当你了解了他的室友，会发现看到的几乎是完全不同的版本。室友们说：“事实恰恰相反，小亮很少考虑他人的想法和感受，在宿舍里也从来不打扫卫生，他准备睡觉后，室友小心翼翼地去个卫生间，稍微有点声响，他都会很愤怒地起身再躺下，因为影响了他。好像在他的心中，所有的人都要为他服务。”

显然，模糊地看，小红和小亮心理都不健康，小红只考虑他人的需要，小亮只考虑自己的需要，分别处在两个极端。长期下来，小红容易陷入抑郁，小亮容易有反社会行为问题。因此，我们需要在关注自我和他人之间寻求一个动态的平衡。

2. 心理健康与否不是二元分类，而是一个连续体

在心理障碍的评估上，有特定的诊断标准以及相应的问卷辅助诊断。即便如此，人们的心理健康也不是一个二分的健康和不健康的状态，而是一个连续体，即在健康和不健康之间，还有一个亚健康状态（见图 1－1）。

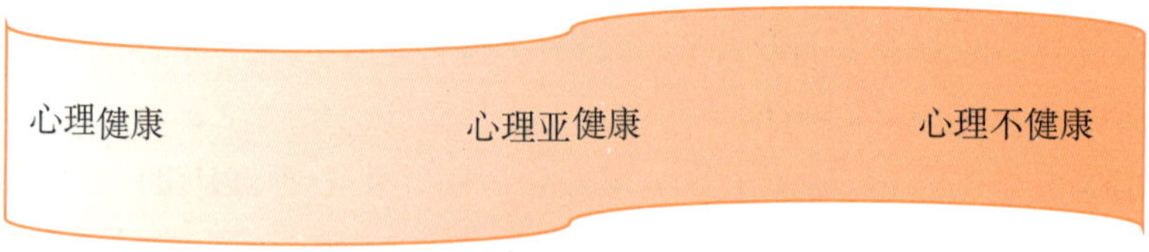

图 1－1　心理健康与不健康的连续体

心理健康者和心理不健康者的内在心理过程和机制，其实并没有绝对的差别，而是各种心理内容或过程的比例差异。例如，在人际交往中，我们通常不自觉地认为别人会怎么想，并按照自己的判断行事。然而，当遇到冲突或矛盾时，一个相对健康的人获得他人的澄清后，会认为自己想多了或者误解了对方。然而，对于一名精神病患者，即使现实摆在眼前，他也很难改变自己的想法，因为他和别人之间的边界消亡了，活在一个自以为是的世界里。例如，张三因为自己没有答应舍友的帮忙而担心舍友生气，找舍友求证后，舍友表示理解张三有自己的事情，觉得这很正常，自己不会生气，张三听到后

就释怀了。但如果张三是一名精神病患者，就会认为舍友这么说只是缓兵之计，舍友正在准备通过无线电波控制自己的想法，通过摧毁自己的思考能力来报复自己。

我们每个人多多少少都有“把自己以为的事情当成实际发生”的经历，只不过这在大家生活中所占的比例比精神病患者要低而已，而且我们能够通过现实来检验自己的想法。

另外，行为差异只是表面的差异，所有行为背后都是个体努力用自己的方式获得爱、认可、安全、尊重、自由、意义、价值等的需要。一名抑郁症患者可能渴望被认可，一名惊恐障碍发作者可能想要安全。就像大树、小草、沙漠里的胡杨，每个生命都是在尽其所能地用自己的方式获取营养，只是我们人类要活下来，除了生理需要之外，更重要的是精神或心理的营养。

3. 心理健康评定与情境有关

同样的一个行为在不同的情境下意义是不同的。如果你看到一个人特别恐惧，而且恐惧缺少现实依据，比如在哪都害怕发生地震，觉得不安全，你可能会觉得他有心理障碍。然而，如果你知道他刚刚从地震中死里逃生，那么你就会认为这只是正常的保护性应激反应。也就是说，正常的人在特殊的情境下也有不正常的反应。然而，如果这样的应激反应持续太长时间，过了几周、几个月甚至一年都没有逐渐恢复，甚至有加重的迹象，就有可能是创伤后应激障碍。

同样一个人在不同情境下也可能有不同的行为。比如，一个人在公共场合有社交焦虑，而与熟悉的朋友在一起时却可以自在交流，这是人际交往中比较常见的现象。因此，要结合不同情境下的表现进行评定，而不能仅凭某个情境下的心理或行为表现做出判断。

二、心理健康课涉及的是促进发展，而不是治疗疾病

或许有同学会说：“我的心理很健康，不需要上心理课。”其实，心理健康课是面对健康的大多数同学，涉及的是发展性的心理困扰，主要以促进学生的健康发展为目标，而不是治疗心理疾病。因此，心理健康课的内容可以说是人们在一生的成长中都需要学习并践行的。

一名婴儿在断奶时不仅会哭闹，甚至可能因此拒绝进食，这是他在心理发展和成长过程中必然要经历的痛苦，该过程产生的各种困扰就是发展性的问题。大学生刚入学时面临诸多不适应而产生的各种心理或行为困扰也是发展性的问题，这类问题就是大学生心理健康课所涉及的内容。

然而，如果断奶的婴儿产生的问题持续的时间超过一般的平均水平，那么可能有病理性的变化，或许背后还有其他没被发现的问题。同理，如果一名大学生的适应问题一直持续到二年级，不但没有逐渐恢复，反而持续性地影响他正常的学习和生活，那么他的问题可能就滑向了病理性。简而言之，病理性问题指被精神科医生确诊的各类心理或精神性障碍，如果我们出现了病理性问题，最好能够积极求助于精神科医生和心理咨询师，帮助自

己有针对性地进行调整。

当然，婴儿断奶的例子只是一个比方，因为婴儿断奶的反应人们都能接纳，所以较少会产生病理性的问题。然而，如果我们在人际关系、恋爱、情绪等方面表现出困扰，人们的接纳度相对于婴儿断奶的反应就会较低，这种缺少接纳的外部环境无助于问题的解决。事实上，我们有负面情绪本身其实不是一个问题，有问题的是我们面对负面情绪时自责甚至自厌，这种长期我们与自己负面的关系模式就可能会导致病理性的问题。

三、如何学习心理健康课

（一）从了解自己入手，以懂自己为出发点

对于为什么要学习心理学、上心理健康课，同学们各有不同的期待。有的表示想要学会处理关系，有的表示想要学会谈恋爱、处理亲密关系，有的表示想要学会管理情绪。还有的同学直接表示希望能够学习读心术，认为这样就会拥有了解他人的工具，知道他人所想，从而让事情变得容易处理。然而，真相并非读懂别人所想就可以游刃有余，而是要先回到自己身上，读懂自己才可能读懂他人，因为不同人的眼中有不同的世界。

每个人作为这个世界的一分子，也承载了这个世界所有的信息。所以，认识这个世界最好的路径恰恰是认识自己。我们的一根头发就包含了所有的遗传信息，这体现了系统论里的自相似性（self-similarity），即局部的结构或功能与整体相似。自相似性是宇宙中的一种普遍现象（江南，曲安京，2019）。我国传统医学中以全息理论为基础的临床诊断和疾病治疗的效果就是一个客观的证据（李超杰，张其成，2024）。因此，以懂自己作为学习的出发点或者基本目标，是懂这个世界和他人最近的路径。正如波兰著名导演基耶斯洛夫斯基所说，如果你不懂自己的生活，那我想你也不会明白故事中的那些人物的生活，不会明白别人的生活（斯多克，2003）。

（二）将知识理论融入练习和实践

人们常说“知识就是力量”，可生活中的你是否有这种感觉：虽然你读了很多相关的书籍，比如如何管理情绪，但是一旦面对实际问题，仍然无法控制情绪。显然，知识并不能直接转化为力量，中间需要一个实践内化，最终融入自己血液的过程。正如一句俗语所说，我们知道那么多道理，却仍然过不好这一生。

知识和智慧不同。知识是先人的经验，经过总结和系统化后留给后人，就像大人教孩子吃饭、穿衣、走路一样，知识是可以通过别人的传授、自己的练习去获得的，但智慧却不一样。

> 白居易问鸟窠禅师：“如何是佛法大意？”
> 鸟窠禅师答：“诸恶莫作，众善奉行。”
> 白居易一听，顿感失望：“这是什么佛法大意啊，这道理三岁小孩都能说出来！”
> 鸟窠禅师：“三岁孩儿虽道得，八十老翁行不得。”

智慧正如《金刚经》所言：无有定法，如来可说。真正的智慧是没有具体的方法去传授的，再有智慧的人也无法通过传授使别人变成与他一样的智者。知识可以通过各种学科的系统学习获得，而智慧则需要通过一个人的思考、结合自身的经历和感受，变成自己的、具有创造性的东西。就像你吃的食物，如果没有被消化掉并转化为你身体所需的营养，那么这些食物对你而言不但没有助益，甚至还会成为体内的垃圾，产生负面作用。因此，所学的知识一定要通过多加练习，结合自己的体验进行实践，并在实践的过程中不断反思再实践，最终转化成自己所需的营养。

学习知识的过程就像你研究一个苹果，你了解了苹果的产地、营养成分、色泽、味道、口感等知识，看似你很了解这个苹果。然而，实际上，这所有的一切都不如你咬一口的体验来得直接，而这一口的体验则会给你带来可能的智慧。生活中，有同学在做任何事情之前，会听听张三如何说、李四如何讲，寻求经验帮助本无可厚非，然而，如果你用他们的经验替代了你的体验，你就没有真正地参与自己的生活。你只是知道是什么，但无法通过体验获得自己的成长，拥有自己的人生智慧。

因此，学习心理健康知识可以帮助我们形成自己的处事智慧，需要我们在参与式学习、练习、体验并从应用到实践的过程中不断反思、调整和成长。

- 分享与讨论

想一想你是否有过这样一种经历：本来想去做一件事，或者开始阅读一本书，但在听了别人的想法之后，改变了自己的准备状态（或期待或放弃）。结合知识和智慧的区别，请举例分享你认为应该如何面对他人的经验、相关的知识，才是对自己负责任的态度。

再好的调节方法，在你没有去练习并应用到自己的生活之前，仅仅是知识而已。接下来，请收下一件可以让自己的生活体验变得更美好的礼物。只有认真去做，你才可能像吃苹果那样，得出“哦，原来是这个味道”的体验。

拓展：小活动大效果

- 学习正念吃橘子。

回忆一下你上一次吃饭的情景。是一边想着事情、刷着手机，一边无意识地吞咽，还是专注地吃饭呢？我猜大多数人是前一种状态，我们总是生活在别处。我们要学习接触真实的生活，现在从学习吃一口食物开始。

你可以拿起你手头的任何一种食物，最好是类似橘子这种原生态未加工的食物。接下来，我们以橘子为例，练习如何吃橘子。

请把橘子放在手心，专注地看着它，闻下它的味道，摸下它的纹理和质感，此刻世界上最重要的事情就是吃橘子。然后，轻轻地剥开橘子皮，闻一闻它的芳香，启动身体所有的感觉器官——视觉、触觉、听觉、嗅觉、味觉，去认真感受你正在品尝的食物。比如，感受你轻轻咬下的这一刻，汁液在你舌尖上漫开，你轻轻咀嚼，感受在口腔中充满了橘子的味道，细细品味这个过程。

你可以从吃橘子开始，扩展到正念吃一顿早餐。

与同学分享你的感受。

（三）建立学习小组

你是否拥有汽车驾照？如果你已经拿到汽车驾照，你就一定知道，获得汽车驾照需要先在驾校学习开车。教练会在训练场实地指导带练，确保训练过程的安全性，比如训练场有防撞轮胎等设施。当你在驾校开得比较熟练，参加并通过考试后，通常情况下就可以独自开车上路了。我们在学习应用心理学范畴的心理健康内容时，也像学开车一样，如果有一个可以练习的安全场所，就更可能把所学应用到现实生活中。学习小组就是这样一个我们训练的场所。这个小组虽然是一个相对松散的学习团体，但也需要建立相应的契约，以确保成员有共同的约定而感到安全，这样才可能真诚地分享交流，投入练习。组员基本在5～7人。以下是小组的一些基本原则。

（1）保密原则。虽然课堂上的交流不会涉及特别隐私的信息，但是我们仍然要承诺在小组内讨论的事情不在组外说，如果想发朋友圈只发自己的感受，不提及其他人。

（2）接纳与不评判。小组的交流主要基于分享和反馈。不对他人的所说所做进行好坏对错的评价，以分享自己的感受、想法和体验为主，可以反馈因为对方而被唤起的自己的感受、想法和体验。

（3）真诚与真实。建立安全的小组，大家越真诚与真实，就越感到安全。

另外，在课堂上固定组员的座位，以方便交流讨论。小组建立之初，最主要的任务是建立组员之间初步的联结。

热身活动：连环介绍，快速认识

- 活动过程：

小组建立后，第 1 位同学介绍：我是来自________（地域，例如省、区、市等），________班，性格________，喜欢________的张三；

第 2 位同学完全重复第 1 位同学的内容，加上“旁边的”字样。具体如下：我是来自……的张三旁边的，来自________（地域，例如省、区、市等），________班，性格________，喜欢________的李四；

第 3 位同学：我是来自……张三旁边的，来自……的李四旁边的，来自________（地域，例如省、区、市等），________班，性格________，喜欢________的________；

第 4 位同学依次类推……

说明：在这个过程中，尽量不要用手机或笔做记录，全身心地投入活动，相信自己的记忆潜力。

- 测试记忆效果：

每位组员轮流随便指向一个同学，问他（她）的性格（来自哪里等，选择其中一个介绍的关键词就可以）。其他组员异口同声地说出来。直到都可以异口同声地说出同学们的介绍内容，测试结束。

联结活动：一人一句，即兴故事接龙

在日常生活中，我们在和他人沟通时，常常会用到“yes，but”。本活动的回应是“yes，and on”，即接龙同学的内容要和前面同学有联结，在他所提供的情节基础上进一步拓展。

例如，前面同学说道：“早上，我去上学……”第二名同学如果说“奥特曼来啦”，就不是“yes，and on”。他如果说“我走着走着，忽然看见一个奥特曼……”就是“yes，and on”。

- 以小组为单位：其中一名同学开头……
- 组内每人一句为一轮，至少三轮。
- 原则：每人一句，不要说一大段。

组员分享活动感受。

我们在一生中要面临很多大考小考，各种困难，还要面临各种各样的人和关系，有的可能可以改变和逃离，但有的可能难以改变和逃离，对此，我们可以学习如何坦然接受，学习对周围的人、事、物说“yes”，在接纳的基础上，看看自己能做些什么，即“and on”。

或许，改变已经开始悄然发生。

想一百次不如试一次，在你的生活中带着好奇心和觉察力做个实验吧。

建立小组

- 在体验中重申团体契约。如果都同意，各组同学就可以创造本小组的动作、语言或眼神来向组员做出回应。
- 产生组长。
- 体验做完热身、联结活动后的感受和心情，小组分享相对于刚刚建组有什么新的体验和启发。

本章小结

- 备课不只是老师的任务，更重要的是我们要有意识地觉察自己并准备好自己，因为初始状态往往会影响事情的发展方向和结果，但我们通常没有觉察到。
- 准备自己是开启掌管自己的第一步。改变不在别处，就在当下，我们要为自己而上课，不是为老师而来。把心理健康课当成一份送给自己的礼物，而不是当成一项需要完成的任务。当学生准备好了，老师才会出现。当我们把心门打开，准备好自己的时候，世间万物皆可以成为我们的良师。
- 觉察力和心智化是我们成长的两把金钥匙，也是贯穿心理健康课的两个内在线索。有意识地觉察心理内容，有时甚至比这些内容本身更重要。学习把觉察带入当下的日常学习和生活，帮助我们获得心理的解放。
- 心理健康的模糊定义，恰恰给每个人留下更贴近真实的空间。心理健康是自我和他人之间的动态平衡；心理健康与否不是二元分类，而是一个连续体；心理健康评定与情境有关。
- 心理健康课的定位是促进发展，而不是治疗疾病，是面向成长中的我们。
- 了解自己是出发点，进而拓展到了解他人和世界。同时把所学融入练习和生活实践，变成自己的一部分，才是真正的学习和成长。团体则是我们成长的练习场，请把自己带入团体，共享成长时刻。

拓展阅读

托利．(2007)．当下的力量．北京：中信出版社．

威廉．(2014)．心理治疗中的依恋：从养育到治愈，从理论到实践．北京：中国轻工业出版社．

高景轩．(2011) 自我实现的预言．北京：中国财富出版社．

霍克．(2010)．改变心理学的 40 项研究．北京：人民邮电出版社．

主题 2

透过心理地图　读懂自己和他人

故知之始己，自知而后知人也。

——《鬼谷子·反应》

俗话说“画龙画虎难画骨，知人知面不知心”，又说“人心难测，海水难量”。然而，明代的王阳明却说“吾性自足，不假外求”，因为“心外无物”，直指人心的本质。因此，当参透了人心的本质，便可以读懂这世间万物。以上两种观点是从两个不同的侧面谈人心。俗语中指的是表面的“人心”，试想，每个人在每个当下有起起落落千万种念头和情绪，更何况再叠加一个个不同的人呢，自然是复杂得难以把握。王阳明则绕过表面的“人心”，悟出了驱动表象“人心”的核心和本质。因此，透过读懂自己，我们便可以与万物相通。本讲试图从心理学的视角出发，透过表层，逐步深入，绕到后台，一睹“人心”中底层人性的本质。

第 1 讲　同题异构：不同心理学流派如何解读人心

王聪凌晨感到身体不适，量了体温后发现有些低烧，同时伴有恶心、腹泻等症状，于是去看医生 A。医生 A 说王聪的胃有点炎症，并开了消炎药。王聪有点不相信，问医生：“我为什么会得胃炎呢，之前从来没有得过？”医生 A 说：“不清楚，不过血常规结果显示可能有炎症，你先吃点消炎药试试吧，三天没有好转再来复诊。”王聪半信半疑地离开了医生 A 的办公室，心想换个医生确认一下，如果也这么诊断再去拿药。于是，王聪挂了医生 B 的号。医生 B 说：“你这是胃肠感冒，没关系，我给你开点口服药先吃吃看，三五天就差不多好了，服药的期间如果腹泻呕吐，不见好转，可能就需要给你输液了。”王聪茫然了，到底拿哪个药呢？是看谁的名气大，还是看谁的职称高呢？最后，王聪决定谁的药也不拿，去听听中医怎么说。医生望闻问切后说：“你这是脾胃不和，本来你就有些脾虚，再加上吃了生冷油腻的食物，脾胃功能强的人可能吃了没事，因为可以消化掉，但是你可能就会出现症状。你这三天严格忌食生冷肉蛋奶，吃些易消化的粥或软面，若不想吃，饿一饿也挺好，把体内的垃圾排出去。我给你开一些化积食、健脾胃的中成药，你先吃三天再来复诊。”王聪虽然自己也不太明白中医所做的解释，但感觉自己的病好像就是这么回事，因为白天和朋友去吃了烧烤，还喝了冰镇啤酒。

一、同样的症状和表现，为何会出现差异很大的评估和应对？

对于同样的症状，不同的医生以及不同理论基础的医学流派，做出的诊断和诊断的依据可能会有很大的差别，自然治疗的方法也不一样。这里有两个方面的原因：一是不同的医学流派之所以能够存在，是因为都有成功治疗的不同病例，即使有的治疗可能会导致新的问题，当下对症状也会有所控制。二是即使是同一个医学流派，不同的医生基于个人的经验、不同的方向或依据，也可能做出不同的诊断。

身体出现病症或者处于偏离正常的状态时，我们既可能头痛医头，也可能头痛医脚，理论基础的差异是导致这种做法的一个最重要的原因。比如，西医发现有炎症，会直接开具消炎药消炎。中医看到的可能是五运六气、风寒暑湿燥火等外邪入侵和内邪勾结，因此可能通过扶正去邪、纠偏等改善身体内环境。一旦内环境发生改变，病毒炎症等也就没有了生存的空间。

此外，不同的人看起来有相同的疾病，但即使看同一名医生，因为病程、病因、自身免疫力、生活习惯等的不同，治疗的效果也可能会有很大的差异。

显然，生理疾病的治疗变数都如此之大，更何况看不到、摸不着的心理健康问题，再加上无法对看不到、摸不着的病灶进行直接观察，使得心理咨询、心理治疗、心理问题等产生了一种神秘色彩。

在这种背景下，大家面对心理健康问题可能会走向两个极端：一是因害怕而极力回避心理健康问题，哪怕表现出来的偏离已经比较严重，仍然拒绝承认和面对。二是过分关注心理健康问题，以致有些负面情绪，或者只要有些不一样的想法，就担心自己心理不健康，从而想要去掉“问题”才安心。这两种都不是科学的态度，就像对待身体病症一样，如果你的身体明明在受苦，你却拒绝去面对，或者你只是稍微打个喷嚏，就要服用感冒药来去“病”，都可能引向一种不健康的身心状态。

心理健康问题亦是如此。张华很担心，因为她最近发现自己“很诡异”，原因是在她高兴的时候，好像心里某个地方会冒出一个声音在说，“不能高兴，否则会有危险”，同时也感觉到隐隐的不安。然后，她就会陷入极度的焦虑中。奇怪的是，伴随着这种熟悉感，又带给了她一种隐隐的安全感。她到底想要什么呢，她一直以来明明最想摆脱的就是焦虑啊。这个新的发现让她感到很恐惧。她上网查了资料并对照自己，怀疑自己是不是人格分裂了。

是否人格分裂，当然不能仅凭这些内在冲突就轻易下结论。要想真正地理解自己，张华还需要更深入地探索自己的个人成长经历，形成了怎样的内在世界，以及自己如何应对内外压力等。

事实上，当你具有一种症状或表现时，并不代表你就是焦虑、抑郁或患有精神病等。对别人有效的方法并不一定对你有效。这背后的原因是什么呢？与身体健康问题一样，如果想要更清楚地理解人类的心理健康问题，就需要我们把自己置于医生的位置，看看从哪个理论视角来审视人的心理，假设是什么，如何看待人等，这样我们才能够更全面地理解心理健康问题。

因此，我们要正确地面对自己的心理健康情况，树立正确的心理健康意识，当面对自己出现的各种心理现象时，从心理学理论的视角，更系统地了解不同的心理学流派是如何解读人心的。正所谓知其然，更要知其所以然。只有这样，才能帮助我们更好地读懂心理、读懂自己和他人。

二、同题异构：不同的心理学流派对人的看法有何差异？

● 觉察与反思

你认识的人中是否有患抑郁症或其他心理疾病的？你知道后是如何反应的？头脑里有什么想法或画面？又有什么样的情绪和感受？你是如何理解心理健康问题的？

当你受到情绪、人际关系、自我认识等问题的困扰时，你是如何理解自己的这些心理现象的？又是如何应对的？

要理解心理，首先要理解拥有心理的人。不同的心理学流派对人的看法各不相同，对心理问题的看法自然也不同。心理学自 1879 年科学心理学的诞生发展到今天，大大小小的流派已有上百种。然而，从心理学历史的发展脉络来看，各种流派的发展向上追溯，多多少少都和四大经典流派有关联。可以说，这四大经典流派是目前各种大小流派之母，即以弗洛伊德为代表的经典精神分析主义，以华生为代表的行为主义，以马斯洛为代表的人本主义，以及以皮亚杰为代表的认知主义。

接下来，我们将针对“公开场合发言焦虑”这一在大学生中常见的心理现象，透过四大经典流派眼中的人和心理，帮助我们从心理学专业的视角来更好地理解自己。

（一）精神分析主义：公开场合发言焦虑——我们不喜欢内心冲突

精神分析的创始人是西格蒙德·弗洛伊德（Sigmund Freud，1856—1939），他是对公众影响力最广泛的心理学家之一。他一生经历了两次世界大战，他看到了人性的残酷，因此，其理论也呈现了决定论（认为人不能左右自己的命运）和悲观主义的色彩，这和他所处的时代及经历不无关系。

西格蒙德·弗洛伊德

1. 早后期的人格结构理论：人格地形图和“三我”理论

你们宿舍的两名同学（A 和 B）因为晚上的关灯时间发生了冲突。A 表示自己每天晚上 11 点就需要上床睡觉，认为宿舍是公共场所，每个人都应考虑到宿舍其他成员的需要，而 B 每天晚上 12 点多或者 1 点左右还开着灯发出声响，A 认为 B 影响了自己的睡眠。所以，A 希望 B 在 11 点关灯。B 却不甘示弱，表示虽然是公共场所，但自己的灯是在自己床上的帷幔里，A 无权干涉自己的作息时间。两个人都很生气，于是找到了你（寝室长）来处理这个问题。

你分别与 A 和 B 进行了沟通，发现两个人都觉得对方太强势，没有理解自己，所以都不愿意退让。你分别向双方表达了同理心，也传递了各自的反馈，同时提出了一个更切实际的解决方案，即两个人都妥协一下，在 11 点 45 分左右预备熄灯，提醒大家收拾洗漱，12 点全部熄灯，共同创造一个良好的休息环境。

最终，A 和 B 都同意了这个方案，大家握手言和。

下面我们先来看看弗洛伊德的人格结构理论，他早期的理论是将人的心理活动及其构造划分为潜意识、前意识和意识三个部分的人格地形图。他认为人的心理犹如大海中漂浮的冰山，露出水面的一小部分是意识，隐没在水面之下的大部分则是潜意识。前意识是潜意识和意识之间的中间地带，即接近水面的部分。潜意识很难或根本不能进入意识，前意识则可能经过反思进入意识。

他后期的人格结构理论即有名的“三我”理论，认为完整的人格结构由三大系统组成，即本我、自我和超我（弗洛伊德，2011）。两种人格结构理论的关系如图 2－1 所示，自我主要在意识和前意识层面，本我在潜意识层面，超我主要在前意识和潜意识层面。

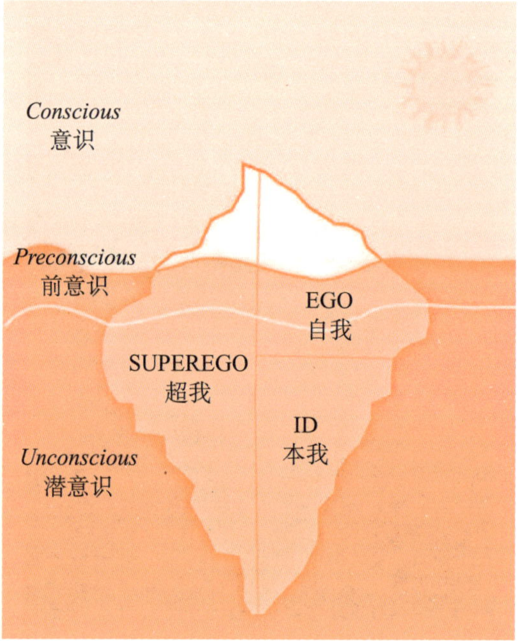

图 2－1　弗洛伊德的早后期人格结构理论

接下来，我们用“三我”理论来分析一下宿舍里的冲突。我们把宿舍当成一个人的内在世界，A 与 B 的冲突相当于超我和本我的冲突，A 虽然有自己的诉求，但强调在公共场所要遵守规则，考虑他人，类似超我的角色。B 虽然也考虑了宿舍的公共场所性质，但显然主要考虑了自己的快乐，类似本我的角色。你则扮演了自我的角色，调和 A 与 B 的冲突，在现实的基础上解决冲突。如果你作为自我的协调者功能比较强大，宿舍就会运转良好。如果你作为自我的协调者功能很弱，本我和超我可能会直接发生冲突，导致出现更多的问题。

总之，本我想要表达自己，遵循的是快乐原则。超我对结果和社会规范要求较高，遵循的是道德原则。自我是协调者的角色，解决超我和本我的冲突，或者让冲突不那么强烈，遵循的是现实原则。

2. “三我”眼中的公开场合发言焦虑

公开场合发言焦虑显然是一种冲突情境，个体内心可能会有“我到底是勇敢发言还是保持沉默?”这样的想法。本我想要表达，渴望被看见；超我可能会说“你要讲得好才可以，如果说得没有见地，多丢脸”。此时，就需要自我来解决本我和超我的冲突。常见的解决方案可能有以下三种：

一是压抑本我，让超我占上风。大学课堂上有一个常见的情境：本来讨论的气氛很热烈，但老师一说到要提问或请同学分享，教室里就会突然安静下来。此时，大家内心会有所冲突：“我要分享吗？万一讲不好怎么办？可能会很丢脸，算了吧。”这种压抑本我的解决方案可能会让自己产生愤怒情绪，指责自己不够勇敢，不能抓住机会锻炼等。自我功能较弱，无法安抚双方，超我太强，压抑了本我，也压抑了生命力，从而使人活力降低，产生无力感、对自己不满意等。我们作为一个生命体，应该像花儿一样绽放，自然地展现自己的生命力，这是我们的本能。

二是自我的合理化防御。自我可能会对本我说：“我这个人低调，本来就不喜欢发言。”这是一种自我的合理化防御，通过给自己一个说法，让冲突不那么强烈。本我和超我的冲突就像前面提到的宿舍冲突，如果你是一个有力量的调解员，就相当于自我功能比较好，能够帮他们调解，最后皆大欢喜。如果自我功能相对比较弱，无法安抚超我和本我，就会告诉自己“我本来就不喜欢发言”。体会一下，这句话是在对谁说呢？其实是对那个想要发言的自己说的。就像大家的社交媒体签名一样，如果一个同学的签名是“淡定”，我们就知道他现在可能不淡定，因为他的淡定是对内在的不淡定说的，而不淡定才是真实的感受。因此，我们可以透过心理学的视角，读懂表面之下的深层心理，从而更好地理解自己和他人。

三是打破超我，享受自由。当想要发言的本我和对结果有很多要求的超我出现冲突时，自我可能会对超我说“讲不好也没关系，不管讲成什么样，我都可以接受，过程比结果更重要，想锻炼就勇敢些”，进而打破超我，享受自由。

然而，具体到每个人，他们的反应可能并不一样。比如，在课堂上，有的同学想要发言，但是担心自己的发言会被贴上负面标签。比如，他可能认为其他人会觉得自己上课发言是为了得高分而投机取巧，或者这不是正直的人所做的事情等。事实上，课堂发言与否从来不能作为判断一个人是否正直的依据，之所以会有这样的想法，可能是在成长经历中习得了这样的信念，这些信念可能是父母常说的话，也可能是从周围人的实际行为得出来的判断等。从“三我”的系统来看，这是超我的胜利，因为对结果的要求而压抑了本我。

因此，从精神分析的视角来看，应对公开场合发言焦虑的方法之一，就是在“三我”之间寻求相对的平衡，自我要考虑到本我和超我两方面的需求，达成彼此的妥协。如果只考虑本我的需求，不顾及他人或道德，在极端情况下就可能出现反社会人格障碍等。如果只考虑超我的需求，压抑本我，严重的则可能导致抑郁症等各种心理问题，甚至是自杀等极端的行为。

● 反思与练习

结合自己的实际情况，列举面对公开场合发言，你是如何反应的，内心经历了怎样的过程。请结合“三我”理论，总结出你最常出现的反应模式。有没有想要突破的地方？如果有，你打算怎样练习？

与同学交流，你有哪些新的发现和感受。

（二）行为主义：重复感觉好的事情，逃避感觉糟的事情

1. 行为主义眼中的公开场合发言是如何变得可怕或享受的？

王彻上大学后，每次上课都习惯性地坐在教室最后的角落。每当老师让同学发言，他都会感到紧张、大脑一片空白，后来发展到连走进教室都变得困难。这一切的源头最早始于高中时一次班主任的课，当时王彻因为上课走神被老师点名提问，他站起来回答问题时答非所问，班主任因为对王彻寄予厚望而特别生气，并讽刺挖苦了他一番。王彻一直以来都是品学兼优的好学生，这让他无地自容，羞耻至极。不幸的是，从那以后，王彻上班主任的课开始变得紧张，后来泛化到其他课堂。本以为上了大学后情况可能就会好转，没想到变得更严重了。为了避免这种恐惧，他先是逃到角落，接着又想要逃出教室。

王彻的例子非常适合用行为主义来进行解释。行为主义从一开始就带着革命的姿态，由美国约翰斯·霍普金斯大学的约翰·华生（John Watson，1878—1958）于1913年提出（华生，2012），他认为心理学研究的对象不应该是精神分析中的意识，而应该是可观察的行为，必须抛弃精神分析的内省法（又称自我观察法，是对自己心理活动进行观察的方法），代之以实验法和观察法。他在俄国生理学家伊万·彼德罗维奇·巴甫洛夫（Ivan Petrovich Palov，1849—1936，1904年获得诺贝尔奖）经典条件反射实验和理论的基础上，创立了行为主义。条件反射的基本公式是刺激-反应（stimulate-reaction，S-R），即有机体在可以操控的内外部刺激条件下所做出的可测量或观察的行为反应。

经典条件反射实验的过程如下：巴甫洛夫和他的研究团队发现，在给狗喂食时，狗会自然地分泌唾液。这是一种正常的生理现象，是狗天生就会有的无条件反射。然而，

经过反复多次实验他们发现，狗即使尚未看到食物，只看到食物容器或听到研究人员的脚步声，也会分泌唾液。这是因为食物容器和脚步声这些本来无关的刺激多次结合，狗学习了新的条件反射，食物容器和脚步声即是条件刺激。为此，巴甫洛夫设计了狗进食的摇铃实验，这便是历史上著名的经典条件反射实验。

下面，我们将经典条件反射理论应用到王彻的例子中。教室和老师让学生回答问题本来对于王彻而言是无关刺激，但是因为被老师讽刺挖苦是在这个情境中发生的刺激，王彻产生了心理和行为上的焦虑反应，并且因为强度较大，以致仅一次就建立了条件反射，并逐步泛化到其他情境。不同于狗进食这种正向条件反射，王彻的反应是负向条件反射，他不是想要靠近这个有可能带来刺激的情境，而是想要逃避这个情境，让自己感觉好一些。然而，每次逃避的反应又强化了负向条件反射。王彻厌学想要逃出教室，也是因为学校的学习给个体带来了负面体验，从而导致的负向强化。

2. 运用去条件反射化减弱或消退不想要的行为

行为主义提供了解决公开场合发言焦虑的方法，其依据条件反射建立的过程，进行反向操作，也叫去条件反射化（即把条件反射去掉）。比如巴甫洛夫的狗，如果每次只是摇铃却不提供食物，经过多次反复后，狗听到铃声就会逐渐停止分泌唾液，这就是去条件反射化的过程。当公开场合发言这个刺激情境出现时，可怕的事情没有发生，条件反射就会逐渐减弱甚至消退。

王彻其实是我曾经的一名学生，后来在我的课堂上初步有所突破。我了解了他的情况后，与他进行了沟通，请他在我的课堂上发言。他虽然做足了准备，但在实际情境中，仍然紧张得说不出话来，我让他深呼吸，“睁开”眼睛看一下同学们，看看他们脸上是否有讽刺和挖苦之意。此时的他其实是在重演高中的那次经历，诱发紧张焦虑的是头脑中可怕的画面，他害怕的其实并非真实发生的情况，因为当下的他并没有被批评。于是，他把视线慢慢地转向同学们，发现全是友善鼓励的眼神，此刻，他头脑中的画面被外在的现实替换，他竟然可以试着表达了。虽然还是紧张得出汗，手脚冰凉，但他已经可以忍受并继续待在这个情境中。这次经历从根本上动摇了原来的条件反射。后来，他乘胜追击，选择一些其他发言情境进行尝试，最终逐渐可以在公开场合发言。

其实，在日常生活中，我们有很多大大小小的条件反射行为和反应。比如看到别人脸上没有表情，就会觉得是自己的问题，从而想要去讨好。曾有一名大学生发现自己一个人待在宿舍时就会心慌，后来经过探索发现，其在幼年时常有睡醒后发现自己被父母锁在房间里而极度恐惧的经历，仅一次就足以形成条件反射，更不用说多次重复了。

3. 基于经典条件反射理论的常见处理方法

基于经典条件反射理论解决心理问题（赵军燕，2013）的常见方法有脱敏法、满灌疗法和厌恶疗法等。

脱敏法即脱去对情境的敏感性，把刺激情境定为不同的等级，创造相对积极的体验。比如，前面提到一个人待在宿舍里会心慌，针对此问题可以采用如下脱敏步骤：一个人待在房间里，隔壁宿舍没有人也没有声音是最高级别的刺激情境，自己宿舍有人是最低级别的刺激情境，中间还有不同的等级。比如，隔壁宿舍有人发出声音，隔壁宿舍有熟悉的人并发出声音。从引发焦虑的最低级别情境开始，进行放松训练，逐渐增加待在情境中的时间，直到最后达到最高级别的刺激情境时仍然感觉到放松，一个人待在房间里不再有强烈的心慌体验，从而实现去条件反射化。

满灌疗法是一种心理治疗方法，其运用方式之一是让患者直接面对最高级别的刺激。例如，一个恐高的人可能会被安排去蹦极，而蹦极的刺激是最高级别的，患者可能紧张得误以为自己要死了，结果发现自己是安全的，没有出现自己恐惧的结果。满灌疗法直接从最高级别的刺激入手，因为刺激强度大，所以有心脏病等疾病的人要慎用。除了恐高，洁癖者可以通过直接触摸最脏的东西来进行治疗，比如发现自己没有得病等，这都是满灌疗法适用的情况。然而，如果问题比较严重，一定要在专业人员的指导下进行。

厌恶疗法是指将以前获得积极强化的反应换成令人不舒服的反应。比如一名学生本来特别喜欢玩电子游戏，运用厌恶疗法，即当他玩电子游戏时对其进行适当电击，从而建立玩电子游戏和痛苦体验结合的负向条件反射，减弱或消退不良行为的反应强度和频率。除了电击，也可以使用其他替代性的方案，诸如在手上缠橡皮筋，通过弹痛自己增加痛苦体验，以达到同样的效果。当然，不同的方法适用的条件和人群不同，请遵从科学的步骤和方法使用。

● 反思与练习

结合自己的生活体验，你有哪些条件反射化的行为和思维？

例如，当小 A 和张三说话的时候，小 A 皱了一下眉，眼神飘乎，张三就开始紧张，认为自己讲话的内容无趣，对方不喜欢等。实际上，或许对方只是眉毛有些痒，或者想到了别的事情。这就是条件反射化的行为和思维。成因之一可能源于在早期的经历中，张三体验到只要照顾者开心，自己的日子就会好过，照顾者不高兴，自己没有好日子过，从而感到不安全。

与同学分享并讨论你的这种情况具体可以如何调节。选择一种调节方法并刻意练习一周，然后互相反馈练习的效果。

4. 行为主义的局限：没有“心理”的心理学

行为主义促使心理学走向科学化，然而因为只研究可观察的行为而被称为没有“心理”的心理学。华生最著名的论断形象地呈现了他的行为主义观，即“给我一些健康的婴儿，一个由我支配的特殊环境，让我在这个环境里养育他们。我可以担保，任意选择一个，不论他父母的才干、倾向、爱好、职业及种族如何，我都可以按照我的意愿把他们训练成为任何一种人物——医生、律师、艺术家、大商人，甚至乞丐或强盗”（华生，2012）。后来，华生在 1928 年出版了著作《婴儿和儿童的心理学关怀》。在书中，他阐述了对养育孩子的观点和方法论：以行为主义理论为指导，对孩子进行机械性训练，用各种方法避免孩子依赖自己，适当减少对孩子的感情关注，这不仅可以让孩子更加独立，还可以让父母更加省心。这种没有“心理”的心理学指导下的育儿观，伤害了很多孩子，包括华生自己的三个孩子。华生的大儿子患有严重的抑郁症，30 岁时选择了自杀；二女儿酗酒，曾多次自杀未果；三儿子则流浪街头，基本的生活需求都无法自行满足。华生的大儿子曾在日记中表示，他的父亲在教育中剥夺了他和弟弟妹妹所有的感情基础，导致他成长的过程是冰冷机械的，缺少了正常人生活中的色彩，这或许是他人生痛苦的源头。

事实上，对于儿童而言，与糟糕的家暴相比，冰冷的养育致使的情感忽视更加可怕，因为坏的关系总比没有关系要好。想一想，面对亲近的人，你是希望他和你发生冲突，还是希望他把你当成空气呢？

因此，让心理学回到人身上的人本主义应运而生。

（三）人本主义：当上台讲话可以赢得生命时，你不会在乎太多

人本主义理论由美国心理学家马斯洛（A. H. Maslow，1908—1970）创立，他提出了需要层次理论（马斯洛，2007）。其他代表人物有卡尔·罗杰斯（C. R. Rogers，1902—1987），他提出了人本主义的来访者中心疗法（罗杰斯，2013）。人本主义反对行为主义将心理低俗化、动物化的倾向，融合了精神分析和行为主义，也被称为第三代心理学或第三种力量。

1. 需要层次变化时行为也随之变化

请大家想象这样一幅画面：

你正在课堂上，老师问谁可以分享一下自己的观点。此时，你的心里正在纠结：要不要发言？如果讲得不好，老师和同学会如何看我呢？尤其是我喜欢的那个人，我多么希望在他（她）面前展示自己，但如果搞砸，留下不好的印象……你正想着，忽然有人持武器破门而入说："发言的前5名同学讲完可以离开，其他的都要留下。"正在纠结会不会被尊重、被爱的你此时可能会争抢着要发言，因为你的需要的排序已经发生变化。当在公开场合发言可以赢得生命时，你不会在乎太多，你原本在乎的那些被爱、被尊重、被认可等较高层次的需要，此刻已自动向后排。

这里运用了马斯洛的需要层次理论（见图2－2）。马斯洛对人的动机持整体的看法，认为这些需要在不同的时期表现出来的迫切程度是不同的。人最迫切的需要才是行动的主要原因和动力。他认为人的需要是从低层次开始，一层层向高层次递进。只有先满足低层次的需要，才能满足高层次的需要。

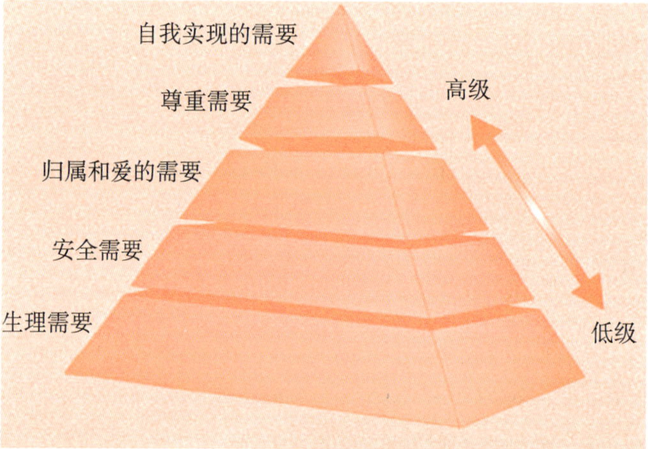

图2－2 马斯洛的需要层次理论

或许大家会有疑问，我们的革命先烈抛头颅洒热血，并没有先满足生理和安全的需要，这该如何理解呢？这里需强调一下，马斯洛的需要层次理论适用于人类作为一个群体"一般"的需要。革命先烈肩负着民族独立和解放的大义，把自己的生命融入了民族的命运，中华民族活下来的需要就是他们的需要。就如年仅28岁的夏明翰在《就义诗》所写的那样：砍头不要紧，只要主义真。杀了夏明翰，还有后来人。中华民族此时就是一个人，中华儿女会前赴后继地完成夏明翰的遗志。

2. 有意识地调整需要层次，改变行为

我国有句古话，"大难不死，必有后福"，结合需要层次理论，这个后福绝对不是世俗意义上的吃喝玩乐的"福"，而是内在心理的变化。因为如果一个人近距离地面对过死亡，与死亡相比，纠结于别人如何看自己等就会变得没那么重要，就会懂得如何活着

才是有福的。想一想，当我们想要做一件有挑战性的事情时，周围人可能会发出各种声音，我们就可能因为担心而活在“未来等准备好了再去做”的等待状态中，实际上，这种等待状态并没有真正参与生活。美国的心理治疗大师欧文·亚隆曾经写过一本书——《直视骄阳：征服死亡恐惧》（2009），骄阳犹如死亡般无法直视，然而，当我们勇敢地直视犹如骄阳的死亡时，才可能学会如何活着，也就是生命中的排序会发生变化。书中有一句话：借着癌症，我知道了如何活着。其实，这是因为患者开始倾听生命中那些真正的需要，从而使排序发生变化，人们因此开始活出自己的生命。

人本主义的另一个代表罗杰斯，创立了来访者中心疗法（罗杰斯，2013）。该疗法关注来访者的内心体验和情感需求，帮助他们了解自己，提高自我意识和自我价值感。因为人们内在本来就有积极的、奋发向上的、自我肯定的无限成长潜力，所以在很大程度上能够理解自己并解决自己的问题。

针对公开场合发言焦虑，来访者中心疗法通过无条件的积极关注，使来访者感受到被爱、被信任等，借着咨询师的眼睛，来访者看到了自己的价值，并重新看待自己，提高了自我价值感，拥有了力量去面对发言时所产生的焦虑和压力。

- 反思与练习

想一想你认为自己曾经克服阻碍、勇敢面对的事情。你当时的内在需要层次是怎样的？是什么促使你勇敢面对？

你当下是否有想做但又觉得有阻碍的事情？想一想，你想要满足什么样的需要，担心什么样的需要无法满足。结合你成功的经历，你可以如何调整进行突破？

将这些想法写下来，并在生活中刻意练习。

（四）认知主义：问题的关键在于你怎样想，而非事实本身

1. 认知主义：在刺激和反应之间，增加了一个认知过程

从认知主义的视角而言，公开场合发言到底是怎样的呢？在了解之前，请大家先看右侧的图形（见图 2－3），你看到了什么？

一个花瓶？

两张面对面的脸？

图 2－3 两可图形

那么，到底哪个答案才是对的呢？其实这是心理学中典

型的两可图形。如果你刚刚看到的是一个花瓶的图案，你就更可能先看到花瓶。相反，如果你刚刚看到的是两张面对面的脸的图案，你就更可能先看到两张脸。此外，如果你把注意点放到两边，你就更可能先看到两张面对面的脸；如果把你注意点放到中间，你就更可能先看到花瓶。显然，看到什么取决于看图案的人的内在认知状态，这就是认知主义。认知主义认为人的认识不是由外界刺激直接给予的，而是外界刺激和认知主体内部心理过程相互作用的结果。认知主义是一种学习理论，认为行为主义并不能完全解释人类的认知过程，而是在刺激 S（stimulate）和反应 R（reaction）中间，还有一个能够建构的有机体 O（organization），即认知，公式为 S-O-R（王甦，1992）。20 世纪 50 年代中期之后，基于认知主义的学习理论研究进入辉煌时期，认为学习就是面对当前的问题情境，在内心经过积极的组织，形成和发展认知结构的过程。它强调刺激与反应之间的联系是以意识为中介的，强调认知过程的重要性。因此，认知主义的学习理论开始在研究中占据主导地位。代表人物之一为瑞士的让·皮亚杰（Jean Piaget，1896—1980），他创立了著名的发生认识论（皮亚杰，1981）。

2. 同样的刺激，改变认知，也能改变行为，行为反过来又强化新的认知

张蕊是一名大一学生，她说自己上课发言时特别容易感到焦虑。高中时，她只关注成绩，并不太在意这些。然而，上了大学之后，几乎身边所有的人都告诉她："大学里要多发言，提高自己的演讲能力、表达能力，因为将来不管找工作还是读研，都要面试。"然而，她曾经试着上课举手发言，结果发完言后，她会把刚才的过程像过电影一样在头脑里将每个细节重演一遍，总觉得有的地方讲得不好，然后很焦虑地关注老师、同学的反应，通常都能找到蛛丝马迹证明自己讲得不好，接下来的课都无法听进去。张蕊觉得这个过程太累了，同时又觉得自己需要多发言，因此，她很纠结，直到在课堂上"遇到"了认知主义。

张蕊意识到原来自己感受到的不一定是唯一正确的，别人是否真的如自己想象的那样在笑话自己呢，她第一次打上了问号。于是，她决定有意识地去尝试，就像做实验一样，她选择了更可控的小班英语课堂。在一次课堂上，老师让大家准备一个自己喜欢的小物件，并在下次课向大家介绍。她认真准备好后，第一次期待着上课发言，最后虽然有些小卡顿，但整体表现不错，老师还表扬了她。她有些兴奋地坐下来，心怦怦地跳，然后担心的事情发生了。旁边有两名同学在耳语，说完了还偷着笑，熟悉的不安和恐惧再次袭来。但是这次，张蕊决定勇敢地刻意练习新的认知。于是，张蕊深吸一口气，像是接受宣判一样地壮着胆子凑到他们旁边，忐忑地悄声问道："看到你们俩在笑，笑什么呢？""你看我们周末出去玩拍的搞怪照，笑死个人呢。"同学压低声音说。"原来跟我半点关系都没有啊！"张蕊长期以来的担忧恐惧好像瞬间卸下了，她感到从未有过的轻松。

虽然张蕊有时也怀疑，自己头脑里认为的别人可能并不是别人真的样子，但是想象和真的体验到完全不是一回事，讲一堆道理没有一次体验来得真实。

因此，了解了原理以后，一定要多加练习和实践，否则你也就只是知道，从来

没有真正地尝过味道，你就不是真正地知道。

后来，张蕊就试着在各个课堂尝试、练习，经过一个学期的实践，她感叹自己爱上了发言。如果你焦虑什么，最好的处理方法不是逃避，而是有意识地做这件事，当你的体验改变了，你的认知才会真正地更新，也才会真正地知道。这个过程可能有焦虑甚至痛苦，但是，只要你勇敢地面对，一定会有所收获。就像生活，不管是甜的还是苦的，一旦你投入了，它就不会是无味的，这也是你活过的痕迹。

3. 自大还是自卑？改变了认知，就改变了世界

再回到张蕊的认知中，看似自卑焦虑的背后，其实是一种自恋。她焦虑背后的假设和信念，即她的内在认知认为，所有人都密切关注着她的一举一动，咀嚼她的每个字、每句话，然后花时间来评价她，说她讲得不好，并且会一直记着，不但每次看见她都会记着，而且会重新在头脑里重演一遍张蕊之前的发言过程……听起来是不是有些滑稽呢？所以，张蕊看似自卑的行为，实则是自大，就像用数轴来表示心理，在负值区有多少自卑，在正值区就有多少自大与其相平衡。这就是对我们内在认知世界的复杂一瞥。

因此，“在课堂上，为什么他们窃窃私语，看见我时还莫名其妙地笑，一定是笑我讲得不好”，这种想法其实并不一定成立，因为我们不是机械地接收刺激，而是主动对相关刺激进行解释，从而借着不同的解释产生不同的情绪和行为反应。正所谓改变了认知，就改变了世界。

● 觉察与练习

回顾一个你在面对某些事情时感到很纠结的场景，当时的内心戏是否很丰富？试着举例，写下自己的内心戏，跳出自己的认知看一看有什么新的发现和感受。

找到自己想要突破但又受阻的一件事（可以是一件不同的事情，也可以是在上述问题中讲到的事情），讲给组员听。与大家一起讨论，如何运用认知主义的原理，帮助你有所突破。

三、不同流派在萨提亚模式心理地图中的位置

美国家庭治疗先驱维吉尼亚·萨提亚（Virginia Satir，1916—1988）开创了以其名字命名的萨提亚家庭治疗模式（萨提亚等，2007），该模式中的冰山模型是一个如何理解人的理论和工具。冰山模型提供了系统的看人视角，除了看得见的，也有看不见的；

除了看到人与人之间相异的地方，也看到人与人之间相同的地方；除了自我，也有超越自我的精神层面；等等。因此，冰山图就是一个完整的人，冰山模型就是一张心理地图，帮助我们化繁为简。其具体内容将在下一讲展开阐述，此处主要呈现四大经典流派研究的主要心理内容在心理地图的位置，帮助我们站到理论流派之上，从全局理解心理流派，更好地运用理论理解人（见图 2 - 4）。

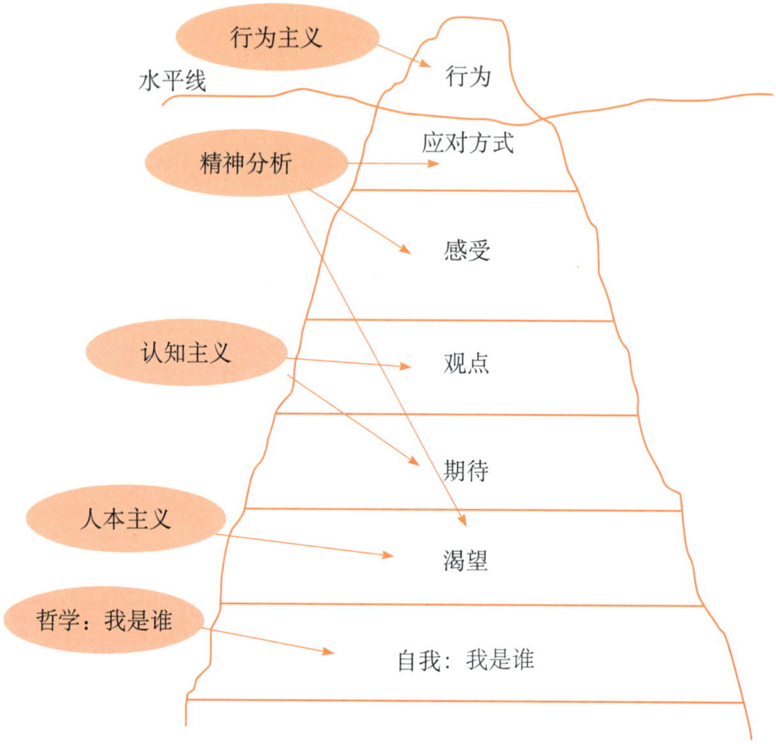

图 2 - 4　不同流派在心理地图中的相对位置

从图中可以看出，行为主义关注的主要是水平线上可见的行为层面；精神分析关注的主要是应对方式、感受和渴望（深层心理需要）等；认知主义关注的主要是观点，期待即认知的部分；人本主义关注的主要是人的渴望，即内在需要和动机；最下面的一层是关于自己的本质和核心，是哲学探究的问题，回答我是谁。

当然，这只是一个粗糙的概略图，它可以帮助我们更科学地学习并运用心理学理论为我们的成长服务，提醒我们不要因为知道某一种理论就否定别的理论的适用性，每种理论都有自己适用的症状或人群。也不要盲从某一种说法，一定要结合自身的练习或实践，在体验中学习。

说到体验，萨提亚的冰山模型之所以能够涵盖完整的人，其中一个重要的原因是萨提亚模式获得理论的方法和途径主要是基于实践体验而非逻辑推演。这也是萨提亚模式和中国文化相通的根本原因。中国文化中知识或智慧的获得途径与西方以逻辑推演为基础的获得途径不同，我们是通过体悟和经验总结而成的，体悟到的才是自己的知识和智慧，正如王阳明的知行合一说。萨提亚是一位实践家，萨提亚模式是在治疗实践过程中逐渐形成的。她没有把大部分的精力用来发展理论和治疗逻辑，而是用于个人和家庭的接触，她的理论、工作方法和治疗工具也是在治疗过程中自己看到的，体验到的，使用有效的，经过实践验证的。后来，在培训过程中，她发现非常有必要把自己与家庭的相处和个人工作的方式系统化、理论化，并与她的学生，如约翰·贝曼等，不断整理、完善和发展，从而形成了当今的治疗流派（萨提亚等，2007）。

事实上，现实生活何尝不是如此，我们只有真正地和生活接触，勇敢地拥抱生活的酸甜苦辣，才能体验到生命更完整的画面。不要坐在生命之河的岸边，非要想通了生命的意义之后再下水，那样就远离了生命体验。生命成长的真相恰恰是在河里一边体悟一边获得认知的改变和成长。

四、面对差异：开放的态度

显然，不同的理论关注点不同，面对公开场合发言焦虑各有不同的解释与处理方法。同时，同样是害怕在公开场合发言，具体起因和表现不同，适用的理论也不同。比如，有人害怕在公开场合发言，只是因为极度的完美主义使其想要控制所有的表现，希望自己所有的表现都完美无缺。公开场合发言焦虑只是其完美主义人格呈现出的一种状态，因为担心自己表现得不完美而焦虑，虽然在认知上知道每个人都不是完美的，但就是无法放弃对完美的追求。这种情况用认知主义和行为主义来解释可能都不太适合，而用精神分析或人本主义可能更契合一些。

阿强因为莫名害怕被拒绝而不敢表达对一名女生的好感，对此，尝试使用行为主义的想象暴露疗法可能会比较适合。比如，咨询师让阿强闭上眼睛想象，引入一个阿强恐惧的较高等级的情境，如被女生拒绝的生动情境。阿强要待在这个情境里，在咨询师的引导下进行呼吸式放松等，同时给自己的恐惧焦虑评分。通常情况下，恐惧焦虑的评分会从高分慢慢降低，可以反复进行这个过程。最后，阿强可能会说："我决定向对方表白，被拒绝了又能怎样，天也没塌下来。"因为他想象的"被拒绝-恐惧得要死"的条件反射经过训练变成"被拒绝-可以忍受，天没塌下来"。如果从认知主义的视角给出解决方案，阿强可能会说："道理我都知道，我也知道该怎么做，但只要一想起来会被拒绝，我就会本能地退缩，我的身体不听从我的指令。"

当然，一个案例仅仅是从一般意义上的推测而言，并不能仅通过个别外在的表现简单做出判断，还是要具体情况具体分析。总之，针对害怕在公开场合发言这一现象的分析发现，即使是完全相同的现象，切入点不同，解释也不同。同样的问题表现，成因不同，态度和解决办法也就不同。

因此，这提醒我们，面对心理和行为问题，即使是看似一样的事情，也不要急着去做判断，而是保持开放的态度，先对人感兴趣，哪怕只是了解和理解他们，倾听他们背后的故事，本身也具有疗愈意义。当然，对我们自己也是一样，遇事不要急着做判断，而是对自己保持好奇开放的心态，试着去理解行为背后的自己，同理自己，转换一下视角，从而发现一个不同的自己。

正如萨提亚所说，相同让我们联结，相异让我们成长。面对差异，保持开放，我们就能更好地读懂自己或他人。这是学习心理健康课程的理念，更是我们在实际生活中践行的指引。

● 练习与实践：突破舒适区

选择在生活中你易受困扰的一个情境或一件小事，在下次经历体验到困扰时带着觉察力，记录内心的想法、感受和行为反应等。

试着用四大经典理论来重新解读这个困扰，和同学讨论如何突破过去的习惯反应。

实践新的解决方案一周，记录实践过程，并在下一周分享有什么新的感受和启发。与小组成员讨论并分享。

【第 2 讲】 理解心理，也可以按图索骥

● 准备自己：觉察照亮生活

觉察一下，当下的你头脑里都有什么想法，有哪些情绪和感受，给自己 1 分钟的时间关注呼吸，看看能否稳定在呼吸上而不被其他想法和感受带走。请将结果写在右侧的方框里。

- 猜测一下我可以坚持多少秒持续关注呼吸。
- 实际上我能够坚持多少秒持续关注呼吸。
- 活动感受：

和同学交流一下，有什么感受。

通常情况下，如果没有经过训练，人们连 10 秒钟都很难专注地稳定在呼吸上，心很快就被各种想法和感受带走了。

正如俗话所言，小孩子的脸，六月的天，说变

就变。其实，这大千世界中的你和我又何尝不是说变就变呢？只不过随着年龄的增长，我们不再像孩童一样将一切心情写在脸上，而是由地上转入地下，由外在表现转入内心活动。别人一句肯定的话语、一个温暖的笑容可能会让你瞬间感到人间值得。下一秒，他人的一句恶言、一个皱眉动作，又可能让你的内心风起云涌，纠结痛苦，感叹人生无趣……

这就是我们时刻在变化的心理，我们的心像是随着各种级别的风飘荡的羽毛一样，难以稳定，各种念头纷乱，以致我们无法安心、安坐、安眠等。在人类的历史长河中，何止心理学，更久远的宗教、哲学、文学、艺术等，哪一个的终极目的不是帮助我们安抚这颗随风飘荡的心，让心能够获得安定、安全、宁静、平和和喜悦呢？

那么，人心既然如此复杂多变，读懂心理真的有章可循吗？真的可以按图索骥吗？答案是肯定的，但前提是你需要看见一个完整的人，而不是部分的人。

一、从部分的人到完整的人

我们先来看一下这张个人冰山隐喻图（见图 2－5），这里的冰山和弗洛伊德的人格地形图没有关系，而是萨提亚模式中的个人冰山隐喻模型，一个用以表明一个人全部的内在世界和外在表现的系统。

萨提亚模式认为，人之所以为人，不仅仅是因为我们所做的事情（doing），更重要的是人作为主体存在（being）的本身。正如冰山隐喻图所呈现的，露出水面的冰山部分是指我们的眼、耳、鼻、舌、身等感官通过视觉、听觉、嗅觉、味觉和触觉等感知到的行动和故事内容。实际上，这只是生命体验中很小的一部分。我们日常谈论的大部分内容是冰山露在水面上的内容。回顾一下，从今天睁开眼睛到现在，你所谈论的内容中有多少是水面以上的呢？大概占几成？相信许多人甚至可能全部是在谈论水面上的内容。想一想，在日常交流中，无论是吃饭、穿衣还是做事等，即使有所冲突，也往往关注的是谁说了什么，谁做了什么，争一争谁对谁错等。听到他人生活的变化也往往谈的是外在的事情。比如，张三抑郁了，我们自然地会问："他怎么了？失恋了，考砸了，还是家里发生什么事了？"事实上，这些事情本身并不一定会导致抑郁，因为除了外在的可见行为和生活故事，还有水面以下的绝大部分，即每个人内在不为人知甚至不为己知的丰富世界。

如果我们看到一个人的外在行为和生活故事，就以自己的价值观和想法去评判对方，那么我们只是看到了他人的一部分。如果我们仅仅根据自己的外在表现去判断自己是否有价值，那么我们也只是看到了部分的自己。只有潜到水里，好好领略行为和故事背后在发生什么，我们才可能遇见更完整的自己，透过理解自己，读懂和理解他人的生活，实现从自我和谐到人际和谐。

● 自我监控与记录

拿出一天的时间，留意自己的讲话内容，记录一下有多少时间或内容是冰山可见的部分，又有多少是冰山深入水中看不见的部分。大概的比例是多少？

图 2-5　个人冰山隐喻图

和组员分享并讨论活动感受。

二、读懂心理地图，培养按图索骥的意识

为了更清晰地理解我们丰富的内在世界，我们先用个人冰山隐喻（把人的内在看成一座冰山）来学习和体验读懂自己和他人。

首先，请你想象这样一个画面：

山间石缝里，有一株歪歪扭扭、小心翼翼伸出枝丫的小草，还有一棵寻常土地上长出的大树。当把这两种植物放到同一个画面里的时候，你有什么样的感受？你会更赞叹小草还是大树的生命力呢？

或许大部分人会赞叹小草强劲的生命力，它努力地寻求营养，绽放自己平凡而独有的美丽。事实上，寻常土地上长出的大树和小草的生命力是一样的，只不过小草的生长环境需要它歪歪扭扭才能接收到大树不用努力就可以得到的阳光的滋养。但是，它们都是相同的生命力在不同环境下的展现，都是生命在自己的环境下活下来的智慧。

此刻，请正在读这段文字的你停下几秒钟，体会一下：你我的生命是否也如这株小草，抑或是这棵大树一样，用自己的方式寻求阳光和水分的滋养，让自己更好地活下来。只是我们人类要活下来，需要的是爱、认可、理解、尊重、安全、意义、价值、自由、乐趣等心理和精神的滋养（林文采，伍娜，2016）。当这些需要被满足时，我们就会感受到生命的活力和力量；当这些需要未被满足时，我们可能会感觉到无聊、烦躁，失去对生活的热情，甚至感受不到存在的意义和价值等，严重的甚至产生各种心理问题或疾病等。

- 自我探索

每天记录积极情绪、消极情绪各一条，在积极情绪后面写下满足了什么需要，在消极情绪后面写下什么需要没有被满足。记录 3～5 天。

积极情绪	满足的需要

消极情绪	未满足的需要

分享一下有什么感受和启发。

将个人冰山隐喻图以简略图的形式呈现，就会得到一张完整的“心理地图”（见图2－6）。其中下面方框里的“渴望”和“自我”是人类相同的部分，当我们的渴望（比如，被爱、认可、理解等）得到满足时，我们就会感受到自己生命的活力，有较高的自我价值感。该部分是人与人之间彼此理解、达成一致、和谐共处的基础和出发点。上部椭圆里的行为、应对方式、感受、观点、期待等是人与人之间相异的部分，我们所指的人心多变、纷繁复杂、难以捉摸即是这个部分。然而，如果我们绕过相异部分，看到并理解人类相同的部分，相异的部分就会变得有脉络可循。因为看似人与人之间差异很大的部分，背后都是为了满足内在的渴望。当我们看自己或他人时，如果能够看到相同的部分，就掌握了理解自己和他人的金钥匙，因为人与人之间相异的部分都是服务于满足相同的内在渴望。

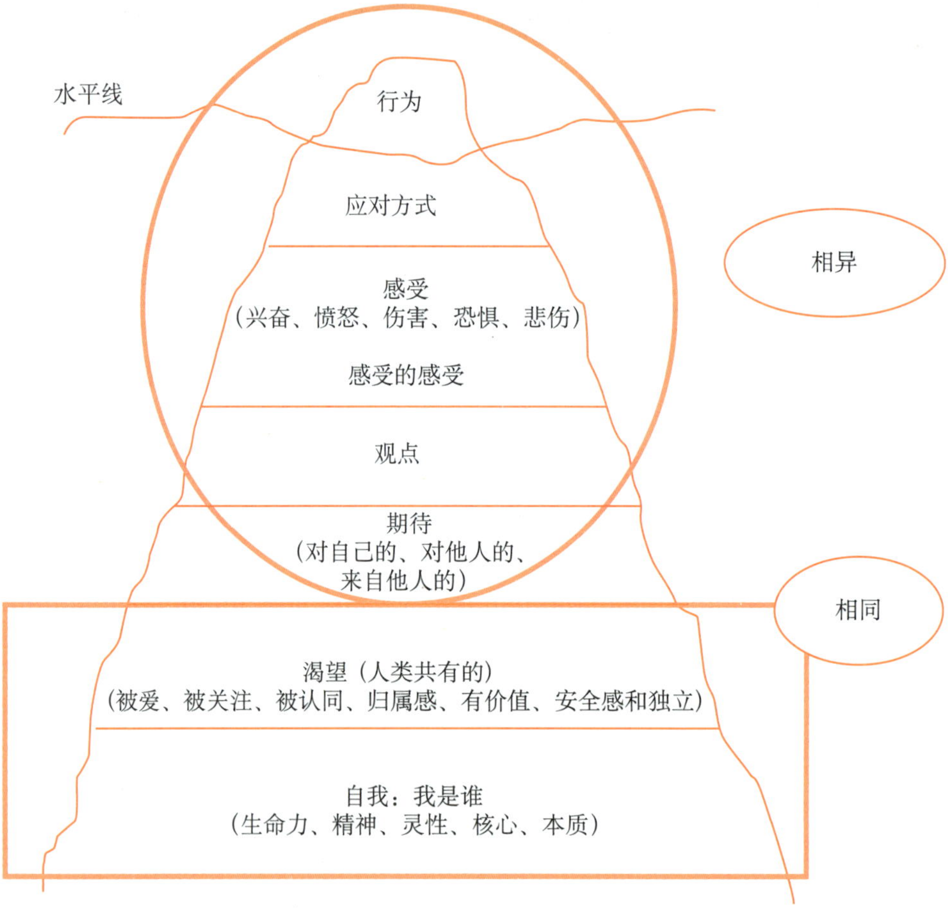

图2－6　心理地图中人与人之间的异同

章华和小雅是一对恋人，最近两人爆发了一次冲突，起因是小雅上课时间紧张，来不及吃饭，让章华帮自己带两个包子，结果章华带了两个烧饼。小雅看到后有些不满，章华说：“别挑剔了，看在我给你买来的份上，将就着吃吧。”小雅听到后更生气了，于是连珠炮地说："我让你帮忙买包子，你却带了烧饼，没有半点抱歉，反倒还嫌我挑剔，我觉得你从来都没有认真听我讲话，你根本没有把我放在心上。"章华听到后也生气了："多大点事儿，不就是包子变烧饼，至于这么上纲上线吗？你能不能不要找事！"小雅说："这不是包子或烧饼的问题，你根本就不知道我在说什么！"章华："怎么不是？我如果买的是包子，今天不就没有争吵了吗？"小雅气极了，觉得实在无法沟通："你从来都不从自己的身上找原因，你以为我愿意和你吵吗？我们分手吧！""分就分！"章华也不甘示弱，甩下一句话径直走了，小雅伤心地大哭起来。

接下来，我们运用心理地图去理解章华和小雅的冲突。虽然两人的行为反应差别很大，但背后无非都是因为渴望爱和理解而已。爱是我们人类得以存活下来的主要的心理营养，更何况是在恋爱关系中呢？如果双方能够看到相异背后相同的部分，就可以选择在相同的部分联结，而不是在相异的部分争对错，最终导致两败俱伤。

例如，章华或许可以做出类似回应："抱歉，小雅，我当时在想别的事情，没能认真听你讲话，没想到这会让你感觉我对你不用心。"这样，小雅就会感觉到被看到、被读懂、被爱和被理解，她的情绪自然就会平复下来。小雅如果能够看到章华因为害怕被指责，因为需要安全感常选择回避问题，就可以试着这样表达："当你这么说我时，我感到很生气，你可能觉得我在挑剔你，我其实只是希望你在乎这段感情，我需要感觉到被爱，我感到伤心和生气，是因为我觉得你对我的话或事不上心，因为我在乎你，也在乎我们俩的关系！"

小雅如果能够直接表达自己冰山看不见部分的内容，就可以满足章华的安全需要，沟通就可能朝建设性的方向发展。当然，具体沟通的内容不一定是这样的，我们只要在理解心理地图的基础上形成适合自己的语言即可。

三、探索相同：满足渴望就是满足我们对心理营养的所需

相同部分的"渴望"亦即前面谈到的内在需要或心理营养等。相同部分的"自我"不是心理学一般意义上的自我，而是包含不同层次的内容，比如在哲学和精神层面上谈到的人的本质和核心等，在本书中，我们在生命力的层面上来理解自我。具体呈现出来的内容即我们在活下来的过程中所形成的品质和资源，比如：善良、勇敢、努力、主动、宽容、韧性等。

生命力犹如一颗种子，代表着一种潜在的生命力量，就像橡树种子蕴藏着可以长成一棵橡树的所有本自具足的力量一样，当这颗种子的生命力量被激发时，它的使命就是努力地寻求营养，长成一棵大树。人类亦是如此，我们所做的一切努力，每时每刻的思想、情绪、行为，都离不开一个共同的内在动力或者目标，即想要满足内心深层次的渴望。

回顾一下自己的体验，你努力学习，努力考大学，这只是冰山看得见的部分，最深

层次的动力一定是内在的渴望，只不过每个人的排序可能不一样。张三努力学习最想要满足的是安全需要；李四努力学习最想要满足的是价值感需要，当然也可能是意义感、自由、尊重的需要等。当我们所需的心理营养得到满足时，我们就会体验到生命的美好和满足，展现出自己的生命力，犹如小草得到阳光雨露的滋养而生机勃勃。

想一想，你努力学习背后深层次的渴望是什么？想要获得什么样的心理营养？

当然，我们所需的心理营养也可以自给自足，这是人类与其他生命不一样的地方。除了期待他人满足我们的需要，我们也可以自我提供，比如自我认可、爱自己、即使身体不自由也可以获得内在自由、尊重自己、自我同理、安全感等。这是我们心理成长的重要基础，也是作为人本自具足的呈现。王阳明说“吾性自足，不假外求”，佛陀说“众生皆有佛性（佛指的是觉醒者）”，指向的都是我们作为人的核心和本质的部分。该部分会在本书的不同地方出现，也是希望在不同的情境下提醒读者，任何时候都不要忘了内在的智慧和丰富，即使暂时可能体验不到。如果有一天，你感觉世界都放弃了你，你仍然有理由爱自己、永不放弃自己。

我们往往与自己的需要呈割裂状态。听起来，人人都需要心理营养，然而，在实际生活中，我们往往很难感知到自己内心深层次的需要。请联想一下，自己或者身边是否有同学常说，“我真的不知道自己到底想要什么”，“我不知道自己为什么会这样”，这些话语的背后其实都是未能感受到自己内心深层次的需要。例如，一名努力学习的同学可能只是想满足安全的需要，因为他在内心深处认为，只有自己的学习好，争吵起冲突的父母才会心情好，自己才会感受到情感的安全。另一名努力学习的同学可能满足的是人际关系亲密的需要，因为他在内心深处认为，学习好就会被大家喜欢，努力学习的背后是想要拥有好朋友。如果我们无法感知到自己的需要，那么有时学习引发的过度焦虑就可能使人崩溃。假如我们能够探索到背后的需要是情感的安全，满足需要就不一定执着于早年使用的方法，而可能变得更加灵活。因为你会发现父母现在对你的期待早已经发生变化，只是你还活在过去的感受和反应里；或者你已经长大，早已可以实现情感安全；或者你现在可以学习接纳自己和自我照顾，满足自己的情感安全需要；等等。这样，你就获得了更多心理上的自由。

因此，探索和理解自己内心深处的需要，是了解自己的金钥匙。一旦知道自己的需要是什么，我们的生活就有了方向感。

- 分享与讨论：列举共同的需要

基于以上学习，和组员讨论一下，你认为人们都有哪些内在的心理渴望和需要？记录下来，并参考下面的“专业链接”进行拓展。

渴望得到满足时或未得到满足时通常会有什么样的情绪感受？请列出你们的讨论成果，看看有什么发现。

专业链接

人类共有的基本需要

- 自主：自由，选择自己的梦想、目标和价值观。
- 纪念：庆祝生命的创造和梦想的实现，哀悼失去的至爱之人、梦想破灭等。
- 人格健全：真诚、创造力、意义、自我价值等。
- 互相依存：接纳、欣赏、亲近、共享、体贴、贡献、情感安全、诚实、爱、安心、尊重、支持、信任、理解、温暖等。
- 滋养身体：空气、食物、休息、抚爱、水、住所、安全等。
- 游戏：乐趣、欢笑等。
- 心灵契合：美、和谐、灵感、秩序、和平等。

需要，是生命必需的资源，不涉及具体的人、事和情境。

资料来源：卢森堡．非暴力沟通实践篇．梁欣琢，译．南京：江苏人民出版社，2014：3－5.

- 练习：探索需要

两个人一组，轮流扮演叙述者 A 和倾听回应者 B。

任务如下：

A 讲一个小故事。

B 倾听并回应。原则：不评判，不建议，不分析，只回应。

回应示例如下：

在你刚才的讲述或分享中，我听到的你的感受是……

我听到你看重……在乎……

你内心真正想要的是什么？需要是……吗？

为了满足这个需要，你做了什么？效果怎样？

如果满足了这个需要，对你而言意味着什么？有哪些意义？你会如何看自己？

如果可能，你会选择怎样自己去满足这个需要？

当你自己可以主动满足自己的需要时，有什么样的体验？

分享活动感受，有哪些启发或困惑？

四、探索相异：人们满足需要的方式各不相同

萨提亚模式把人的心理看成内外相互联系的系统。内心的渴望或需要是人类共有的，表现在外的各种各样的问题都是为了满足内心深处渴望被爱、被认可、被接纳等需要。但是，每个人在成长的过程中习得的获得爱的方式不一样，当人们把满足内在渴望的方式僵化地等同于渴望本身时，往往会导致各种问题。

小A在儿童时期满足内在渴望被爱和被认可的方式，是取得好成绩。然而，当小A把取得好成绩等同于内在渴望本身时，就会强迫式地追求外在分数，并且因为担心自己考不好就会失去爱，从而感觉到低自我价值。

小B在儿童时期满足内在渴望被爱和被认可的方式，是做个顺从的乖孩子。随着年龄增长，小B把顺从等同于内在渴望本身，就会担心如果不顺从就会失去爱，从而感觉到低自我价值。

因此，看似小A和小B的外在问题表现不一样，但实际上都是为了满足自己内在渴望被爱的需要。打个更生活化的比方，就像吃馒头和吃包子都是为了满足饱腹感一样，但如果你从小只习惯吃一样东西，那么形成无意识的习惯后，你会把吃馒头等同于满足饱腹感本身，从而表现出僵化或强迫式的行为方式。一旦你吃不到馒头或者预期到没有馒头，哪怕有很多包子，你也会恐惧、焦虑，甚至崩溃。

我们在努力满足需要的过程中，会根据不同的经历、生存的策略、社会的学习以及获得的认知等，创造出图2-6中椭圆里人与人之间相异的部分。人们自我的冲突、人际冲突，甚至团体之间的冲突通常来源于此处。

心理地图的各个部分受影响时，并不是从上到下按顺序发生变化，而是任何一个部分都可能率先发生变化，一个部分的改变必然会带动其他部分做出系统的改变。接下来阐述椭圆中人们相异的部分：行为是冰山露在水面上、我们的眼耳鼻舌身等可以感觉的内容，比如说的话、身体的动作、听到的声音、闻到的味道等。应对方式在水面附近，是我们形成的相对稳定的行为反应模式。不同的应对方式背后有着不同的心理地图，这一点将在后面详细说明。感受，主要是我们的情绪感受，也有身体的感受，感受的感受即我们产生某一种感受的同时做了一个好坏对错的判断。比如，一名学生感受到自己对妈妈的恨，接下来他可能自问怎么可以恨妈妈，从而产生了罪疚感，即为感受的感受。不过，我们通常笼统地使用感受这个词。观点，即我们的各种念头、想法、头脑里的画面，以及一些信念等，均属于我们的主观认知。比如，有人认为朋友之间没有纯粹的友谊，都是相互利用；有人相信真爱无敌，真心换真心。期待包含三个部分：一是对他人的期待，例如期待自己的异地恋人每晚10点给自己道晚安；二是对自己的期待，例如期待自己能够考个好成绩；三是他人对自己的期待，例如认为老师期待自己上课回答问题时要正确。很多人容易把期待与渴望混淆，实际上，期待是在具体情境中发生的，而渴望是超越情境的。比如，期待恋人在10点给自己道晚安是一种具体情境中的期待，要满足的渴望是被爱、被重视等。期待自己考个好成绩想要满足的渴望可能是爱、认可、归属、自我价值感、安全感等。也就是说，期待是满足内在渴望的手段或方法。

● 觉察与反思

以一段关系为情境，比如恋爱、亲子、友情等，当你想要在这段关系里得到爱、认可或亲密感时，通常会采用什么方式？效果怎样？在这段关系里，你想要满足对方什么需要？又会采用什么方式？效果怎样？

与组员分享活动感受，有什么新的启发或发现？

对于获得爱的方式，每个人可能各不相同。你会给对方买东西、送礼物，说出赞美的话，还是抱怨和指责对方做得不好，抑或是通过讲道理表明对方应该怎样对你？当你给对方送礼物时，心里是否认为礼物代表着爱和关心，期待对方能够喜欢礼物，认为你是好的，从而对你有更多的积极回应？当你抱怨时，心里是否认为对方做错了，希望通过抱怨让对方知道自己的错误，并期待对方主动改变行为，向你表达爱意和积极的回应，这样你就会感觉到被爱……

显然，表面上看似完全相反的行为、认知、情绪、感受等，其背后真正想要的却是相同的心理营养。这是心理地图中理解自己和他人的重要路径。需要和满足需要的方式并不一样，同样是渴望爱，不同的人在压力下形成的相对稳定、自动化的应对策略或方式，也会呈现出基本的应对风格差异。

应对方式，有时也称生存策略、应对姿态等，是指我们在压力情境下，为了保护自己而形成的自动化反应模式。这些模式可能给我们带来了困扰，但它们都是在我们早年的成长环境中发展出来的最佳模式，是我们的生存智慧。在这个意义上，我们呈现出的所有困扰或问题，其实都曾经是最佳的解决方式，只不过对于现在而言，它们已不再适用，但我们往往没有觉察到。

这些应对方式相对稳定，但是也会随着情境或者个人状态发生变化。根据萨提亚模式的沟通三要素（自我、他人和情境）理论（见图 2-7），常见压力下三要素的不同组合通常形成以下四种应对方式：讨好、指责、超理智、打岔（萨提亚，2006）。不同应对方式下的心理地图会有所不同，下面结合应对方式具体了解冰山的不同层面是如何作为系统运作的。

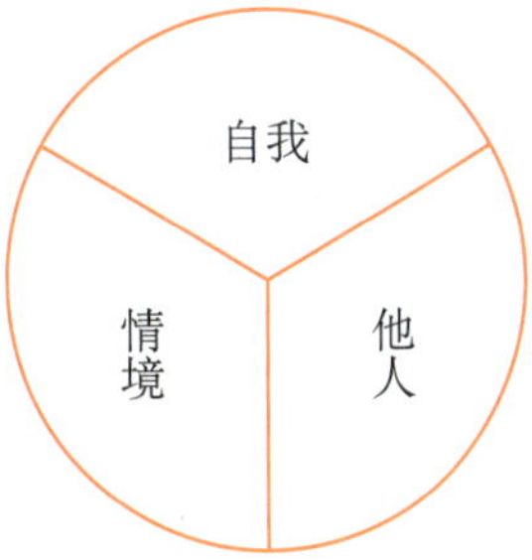

图 2-7 沟通三要素

在下面的情境中，体验一下压力下应对方式的差异。

有一对恋人，女友因为社团竞选失败，见到男友时面带愁容，情绪不高。假如你是其男友，你会如何回应？

接下来，请猜测下面四种方式分别属于讨好、指责、超理智、打岔中的哪一种。

A：你怎么了？是不是我哪里让你不高兴了？你告诉我，我改。这属于（　　　　）应对。

B：你干吗呢，又有什么不高兴的事？天天拉着个脸，像谁欠你债似的，真不理解你咋那么多气！这属于（　　　　）应对。

C：又不高兴了？心情不好影响身体健康，跟我说说怎么了，我帮你分析分析。这属于（　　　　）应对。

D：哎，我跟你说啊，听说学校对面新开的餐馆特别好吃，咱们去吃一顿。这属于（　　　　）应对。

（一）讨好应对的心理地图

A属于讨好应对，即只关注他人和情境，忽视自我，呈现出一种虚弱的身体姿态，如图2－8所示（萨提亚，2006）。讨好应对的三要素如图2－9所示。然而，忽视自己的感受并不代表感受不存在，而是被压抑了，因此，使用讨好应对方式的人常常活在感受里（委屈、焦虑、被压抑的愤怒），容易感到疲累等（感受）。常说的话类似“这全是我的错，我做这些都是为了让你高兴”（行为）。认为自己不重要，绝不能让别人生气，不可以冒犯任何人（观点）。期待别人不生气，看到自己的好（期待）。渴望被认可、获得安全感等（渴望）。长期使用讨好的应对方式也会带来相应的资源，如善良、关心、对别人的需求敏感、察言观色能力强、擅长与人打交道等（自我、资源）。

图2－8　讨好应对示例图

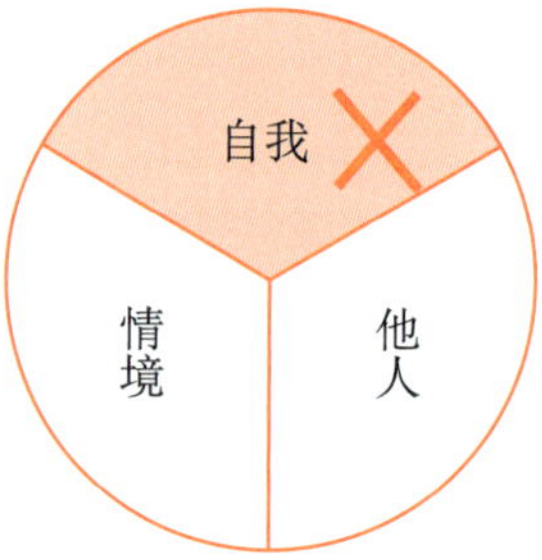

图2－9　讨好应对的三要素

讨好应对者成长的方向是学习在内心给自我留出空间，认同自己和别人一样重要，学习爱自己。他们常常将很多精力放在感受上，在与讨好应对者沟通时要多关心其感受，比如：“是不是感觉很辛苦，有些委屈？”这样就更容易与其建立联结，让你的关心和爱被对方收到。

● 练习：画一画讨好应对的心理地图

以小组为单位，准备一张较大的白纸，在上述情境中 A 反应的基础上，在空白的冰山模型中写下讨好应对的冰山内容。

画完后分享感受。

（二）指责应对的心理地图

B 是典型的指责应对。在沟通三要素中，只关注自我和情境，不关注他人（见图 2－10）。使用指责应对方式的身体姿态如图 2－11 所示（萨提亚，2006）。指责应对的体验较多是生气和愤怒（感受）。常常说的话有“这都是你的错，你怎么回事?”（行为）。认为自己是对的，自己的想法是重要的，时刻准备着维护自己的权利（观点）。期待别人按照自己的要求做事，顺从自己，听自己的话（期待）。渴望被认可、被看重、被尊重和被理解等（渴望）。长期使用指责的应对方式也可以带来相应的资源，如勇敢、果断、有力量、敢于担当、有领导力等（自我、资源）。

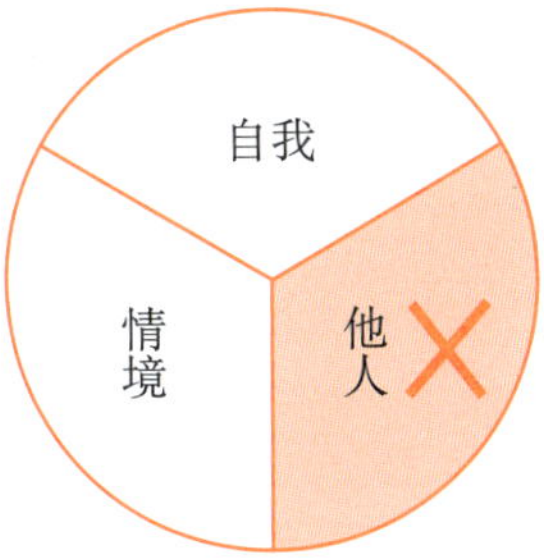

图 2－10　指责应对的三要素

图 2－11　指责应对示例图

使用指责应对方式的人，成长的方向是学习多体谅他人、考虑他人的需要和感受，在心中给他人留出空间，提醒自己别人和自己一样重要。他们常常把精力用在对他人的期待上，之所以有很多期待，是因为害怕失去控制。因此，在与其沟通时，要多关心他们的期待，比如：“你之所以生气是因为他没有如你希望的这么做，是吧?”或者“他如果比较懂事，像你期待的那样做，你是不是会感觉好一些?”等等。这样，你就更容易与其建立联结，对方也会感觉到自己被看到、被理解，你的关心和爱就更容易被收到。当他感觉到你和他在一起时，他才可能听见你说的话。

● 练习：画一画指责应对的心理地图

以小组为单位，准备一张较大的白纸，在上述情境中 B 反应的基础上，在空白的冰山模型中写下指责应对的冰山内容。

画完后分享感受。

（三）超理智应对的心理地图

C是典型的超理智应对。在沟通三要素中，只关注情境，不关注自我和他人（见图2-12）。使用超理智应对方式的身体姿态如图2-13所示（萨提亚，2006）。他们的情感表现多是严厉、冷淡，几乎让人看不到他们的情绪，但其实内心很敏感，有一种空虚和疏离感（感受）。言语通常多是讲道理，逻辑性强，表现极度客观，诸如“一个人必须有才智，一切都是学术的”（行为）。认为准则、标准、正确的事物是重要的；成熟意味着不去碰触、不去审视、不去感受，也不去抒发我们的情绪感受（观点）。期待别人能够理性、按照规则做事、守时等，期待自己是聪明的、有才智的、有序的等（期待）。渴望被认可、被重视、有价值、被尊重和被理解等（渴望）。长期使用超理智的应对方式也可以带来相应的资源，如知识丰富、注意细节、解决问题等（自我、资源）。

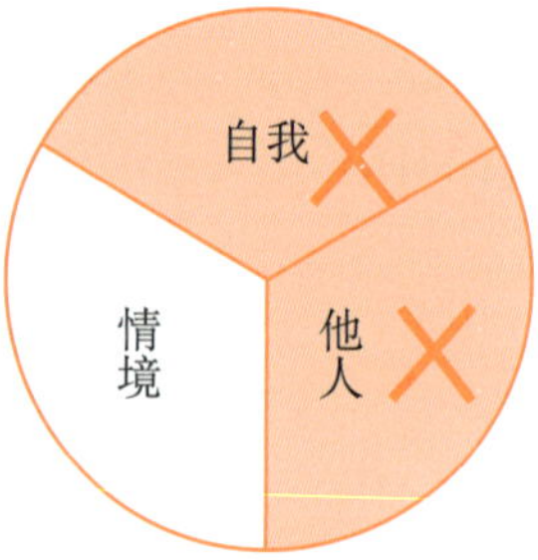

图2-12　超理智应对的三要素

图2-13　超理智应对示例图

使用超理智应对方式的人，成长的方向是加强对自己和他人感受的觉察，对人对事增加一些感情。他们常常把精力用在是非对错的标准上，因此，在与其沟通时，要在观点层面上与他建立联结，关心他的看法。比如，“听到你这么说，我觉得特别有道理”，或者“我很认同你的这个观点，同时我有一个不同的视角，也想听听你的看法”等。这样，你就更容易与其建立联结，对方会感觉到自己被认可，你的关心和爱就更容易被收到。其实，使用超理智应对方式的人内心最渴望的或许是一个拥抱，但是观点限制了他去体验或表露自己的情绪。当你能够认可他的想法时，他就会感觉到自己是有价值的，就更可能听见你说的话。

- 练习：画一画超理智应对的心理地图

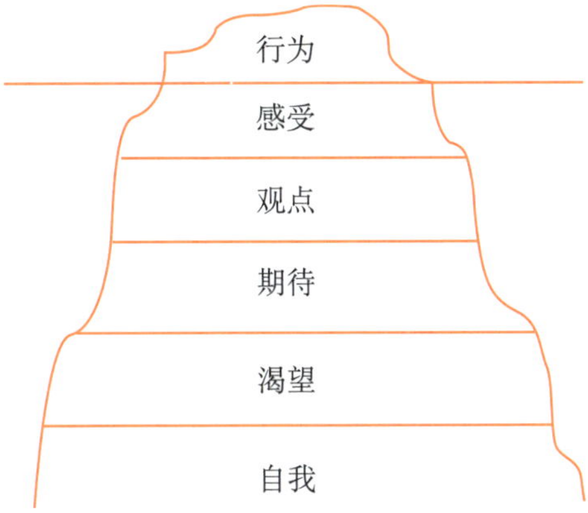

以小组为单位，准备一张较大的白纸，在上述情境中 C 反应的基础上，在空白的冰山模型中写下超理智应对的冰山内容。

画完后分享感受。

（四） 打岔应对的心理地图

D 是典型的打岔应对。在沟通三要素中，情境、自我和他人均不被关注（见图 2－14），他不生活在当下情境，而是在别处。使用打岔应对方式的身体姿态是混乱的，如图 2－15 所示（萨提亚，2006），或者是背过身回避压力情境。其内心焦虑、孤独、哀伤，没有归属感，常被人误解（感受）。其言语表现是经常打断话题，避开有关个人或情绪的话题，自发盲目，避重就轻，习惯闪躲，遇到问题就“逃”，思维跳跃，说话没有重点（行为）。认为没有人会关心自己，别人根本不理解自己的痛苦，如果被别人了解，别人可能就会不喜欢自己（观点）。期待自己表现得快乐，不让别人觉察出自己的痛苦，又希望别人能够看到自己的痛苦，期待别人能够真正理解自己（期待）。渴望归属感、被认可、被爱、被理解等(渴望)。长期使用打岔的应对方式也可以带来相应的资源，如灵活性、创造力、有弹性等(自我、资源)。体验为低自我价值感、缺少归属感。

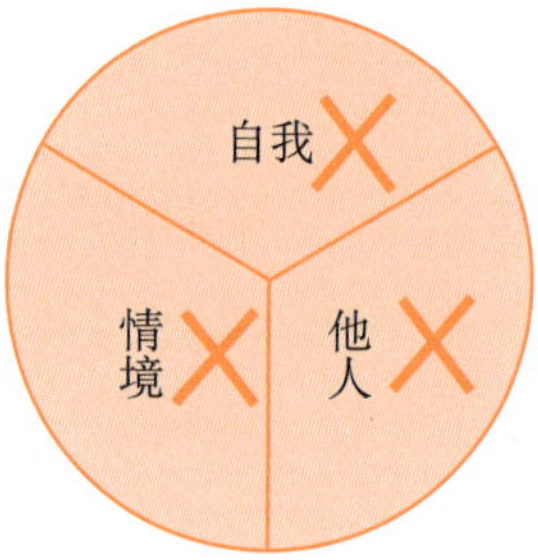

图 2-14　打岔应对的三要素

图 2-15　打岔应对示例图

使用打岔应对方式的人，成长的方向是增加对他人、自我和情境的了解，在谈话中多一些关于此时、此地、此事、此人的信息，尊重他人的感受，也可以通过正念练习提高专注力。如果你与使用打岔应对方式的人沟通，要理解其打岔的背后是孤独、绝望、没有获得回应，而在内心深处，他们渴望情感上的沟通，渴望被看见、被肯定。所以，你要尽可能地与他们进行情感上的交流，尝试走进他们的内心，多给予他们肯定与支持。他们往往不关注当下，所以，要先把他们的注意力拉回此时此地，理解他们，而不是责怪与控制他们，强迫他们去改变。

- 练习：画一画打岔应对的心理地图

以小组为单位，准备一张较大的白纸，在上述情境中 D 反应的基础上，在空白的冰山模型中写下打岔应对的冰山内容。

画完后分享感受。

● 分享与讨论

想一想，在压力情境下，你比较稳定的应对方式是哪种（人们可能有不同的应对方式，比如有的人讨好，时间久了可能会变成指责，此处重点是看自己首先使用的自动化应对方式）？在这种应对方式中，你最想要的是什么？最害怕的是什么？你期待对方怎么做，你会感觉好一些？

在小组内部分享，可以就你渴望了解的应对方式，向相应应对方式的同学提问：与你们沟通需要注意什么？你们最恐惧的是什么？最想要的是什么？通过什么方式可以实现你们的需要？等等。

分享并讨论活动感受。

（五） 健康、一致、和谐的冰山系统

上面四种应对方式是我们在压力情境下自动化的反应模式，它们在帮助我们解决问题的同时，也制造了新的问题。因此，它们属于生存姿态。在这些姿态中，人们的自我价值感相对较低，内在想要的和外在的行为表现不匹配，因为各个部分的不一致，而产生了自我和人际的困扰。萨提亚提出了健康一致的回应方式（或者是流动性反应方式），即和谐一致的沟通姿态，该沟通姿态同时关注自我、他人和情境，更可能建立内在的和谐以及和谐的人际关系，这是一种与自我和他人进行沟通的高自我价值感的方式，如图 2 - 16 所示。

在这种回应方式里，个体心理地图的每部分信息都表达了同一种意思，即话语中的意思与面部表情、肢体姿态、语调所传达的意思相一致。人与人之间的关系平等、自由而真诚，人们几乎不会感觉到对自我价值感的威胁。这种回应方式使人们避免了讨好、指责、超理智和处于不断的打岔中。事实上，一致性的回应并不代表永远不再使用讨好等四种应对姿态，如果你选择或者你喜欢，你仍然可以采用讨好等应对方式。最关键的区别在于，你是否知道自己正在做什么，并为自己的行为做好准备，承担后果。

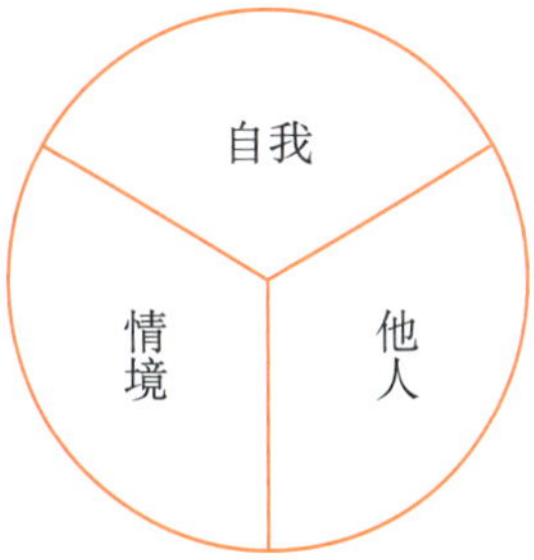

图 2 - 16 一致性沟通的三要素

> 例如，你去某个机构办事，办事员总是互相推托，不照章办事，你如果是在有觉察的情况下，也可以运用指责的应对方式。但是，你不用真的大动肝火，你只是在运用指责的应对方式，同时清楚地知道自己可以承担指责可能带来的结果。比如，事情可能没办成，影响了个人形象；也可能你一指责，他们有点担心害怕，就赶紧帮你把事情办好。

俗话说，爱哭的孩子有奶吃，在现实生活中，确实存在这样的情境。“秀才遇到兵，有理说不清”的事情也有很多，在有觉知的情况下，灵活选择处理方式倒不失为一种最

适合的解决办法。

简单而言，带着觉察地回应就是一致性。失去觉察地自动化反应就是压力下的应对反应。例如，前面的章华和小雅如果在看到对方的渴望后能够更好地选择新的回应方式，就是一致性的。一是个体回应了自己内心的渴望，不像之前的反应，内心是渴望爱的，在行动上却是指责加拒绝。二是外在的表达，如语言和表情等和内心所想是相对一致的。

- 看图辨别反应方式

观察右图中的这位女士，你看到这张图片的第一反应是什么？你读到了关于她的哪些信息？你会怎样回应她？

猜一猜这种内外不一致的反应是哪种应对方式？如果采用一致性的回应方式，她需要如何调整，才能够准确地表达自己的想法？

- 学以致用：绘制自己的心理地图

当生活中出现困扰、压力或负面情绪时，不妨拿出一张纸，画出当下属于自己的心理地图（冰山图）。画完后，通常会对自己的内在有一个更深入的认识和理解。反思一下自己倾向于哪种应对姿态，如何回应（可能是回应他人，也可能是回应自己）以更好地解决问题。

再画一座调整后的冰山帮助自己夯实新的方式。

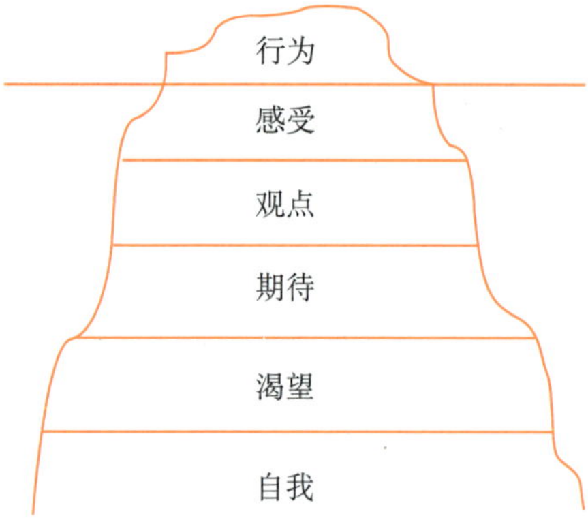

困扰时的心理地图

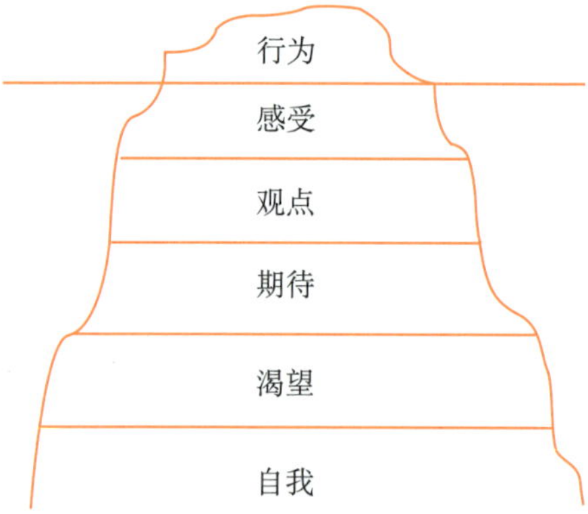

调整后的心理地图

分享自己的实践体验，并讨论如何更好地运用心理地图为我们的成长服务。

当你运用得相对熟练时，每当觉察到内心有压力或困扰，就可以立即绘制自己的心理地图，从而帮助自己快速地稳定下来，找到更智慧的处理方法，一致性地回应自己或他人。

本章小结

- 不同的心理学流派从不同的视角解读人心，面对同样的问题使用不同的解决方法。因此，遇事不要急着判断对错，保持对自己和他人的好奇心，转换一下视角，或许会看到不一样的自己和世界。
- 相同让我们联结，相异让我们成长。面对差异，保持开放！
- 人心虽然难以捉摸，但仍可按图索骥。因为人与人之间最重要的是相同的部分，即共同的渴望和需要，这些是我们生存的心理营养，即爱、认可、理解、尊重、安全、意义、价值、自由、乐趣等。只是人们为了满足这些需要，获取相应心理营养的方式各不相同。透过不同看到相同，能帮助我们从深层次上理解自己和他人。

拓展阅读

萨提亚.（2006）. 新家庭如何塑造人. 北京：世界图书出版公司.

萨提亚等.（2007）. 萨提亚家庭治疗模式. 北京：世界图书出版公司 .

主题 3

情绪困扰，先问身体后问脑

> 没有情绪就不会有知识的产生。我们也许会意识到一个真理的存在。但只有当我们通过自己的感觉去感受到它时，它才能成为我们认知的一部分。大脑的认知首先通过心灵体验来获得。
>
> ——阿诺德·贝内特

当你感受到喜悦、开心等积极情绪时，你是否总是希望能够留住这些积极情绪？同时，当你感受到负面情绪时，你是否会本能地想要赶走它们？事实上，情绪本身并无正负好坏之分，只是因为你把自己感觉好的视为正面情绪并欢迎，把自己感觉不好的视为负面情绪并排斥。情绪本就是属于你的，是你不可分割的一部分。情绪是你的信使，带有你内在的信息，关键是能否读懂它。一旦你读懂了情绪，自然地就可以和情绪和解，并且运用情绪智能来为自己的生活和成长服务。实际上，我们的思想、感受、决策和行为都在受情绪的影响。如果我们没有意识到这一点，就会被情绪控制或淹没，从而变成情绪的奴隶。因此，情绪是一把双刃剑，它可能被误导而伤害你，也可能因为被读懂而帮助你。

第 1 讲　感知、认识你的情绪

● 自我探索

猜测一下，人的一天会产生多少种情绪？________________

找一天记录一下：每当你体验到情绪时，就把它记录下来，观察你经历了哪些情绪，以及情绪的种类有多少。结合你的猜测和实际记录结果，你有何感受？

然后，将你的记录结果与同伴分享，看看有哪些新的发现和启发。

同学们的感受

记录：

一、觉察情绪

对于前面的记录结果，通常来说，我们大概可以写出十几种，多则几十种，那么，这些是否就是我们产生的全部情绪呢？远远不是。科学家做过研究，一个人一天产生的情绪，大概可以达到 25 000 种。你可能会诧异，真的有这么多吗？为什么我感知不到这么多情绪呢？

反思一下，如果我们不是有意识地记录情绪，一天的情绪状态可能只是一种模糊的好、坏或一般的感觉。更有甚者，你以为自己没有情绪，但事实上，情绪可能已经以各种方式呈现出来，而你根本就没有认出它们。

小琬最近感觉胸口疼，胃疼，怀疑可能是心脏或胃部有问题。虽然小琬去医院进行了检查，但并没有发现任何器质性的病变。因为她最近快要参加考试，疼痛的频率和程度都有所增加，她再次看了医生，仍然没有发现什么问题。医生认为她的问题并非生理问题，建议其做心理咨询。

在心理咨询的过程中，当咨询师问到小琬的胸口疼和胃疼的发作时间时，咨询师发现她感到压力和焦虑时，疼痛会加剧。咨询师引导小琬去体验疼痛的位置、感受，倾听情绪如果会说话会说些什么等。小琬逐渐意识到自己的身体疼痛其实是焦虑和恐惧情绪的体现。因为她很少感受到情绪，也很少谈论情绪，再加上从小身体就不好，也就理所当然地认为是身体的原因。

现在，每当小琬感觉到胃疼时，就会有意识地告诉自己："哦，这个疼痛是提醒我有些焦虑了。"她会主动将疼痛和情绪联系起来，去倾听和感受情绪，直接去处理和焦虑相关的事情。小琬感觉自己整个人都变得更加开朗和开放了。她反馈说："在觉察到焦虑的那一刻，很神奇的是，焦虑就减缓了，胃疼也缓和了很多。"

显然，觉察并表达某种情绪，当某种情绪被说出名字时（比如，我现在有些生气），这种情绪就像获得了个体的认可和意义一样，个体就会减缓相应的情绪反应。

专业链接

有趣的心理现象：说出情绪的名字，就可以减弱情绪

情绪标注（emotion/affect labeling）效应指对刺激的情绪特征进行描述或命名时个体情绪减弱的现象，这是内隐的情绪调节现象。具体来讲，即个体通过使用情绪词汇来描述刺激或事件所引发的情绪或情绪方面的特征。研究中通常标注的是负面情绪。下面的匹配任务是情绪标注的经典实验范式之一。

该范式包括三种任务：情绪标注、情绪匹配和形状匹配，如下图（左）所示。在情绪标注任务中，有两个描述图片的情绪词在面部图片下方待选，要求被试选出一个能够正确描述图片的情绪词。在情绪匹配任务中，有两张不同的面部图片在参照图片下方待选，其中一张与参照图片一致，要求被试选出一张与参照图片相匹配。在形状匹配任务中，与情绪匹配任务相似，面部图片变为不同的形状图，要求被试根据形状参照图，选出一张与之相匹配。

该范式被改进后包括三种新的任务，如下图（右）所示。在第一种任务中，性别词汇为女性和男性两个词汇，分别放置于面部图片下方两侧待选。根据任务要求，被试要选出能够描述图片性别的词汇。在第二种任务中，有三张面部图片，其中参照图片放在两张待选图片上方。根据任务要求，被试要从两张待选图片中正确选出与参照图片性别相一致的图片。在第三种任务中，根据任务要求，被试只需要观看图片即可，不需要做其他事情。

如图所示，相较于右侧完成性别标注任务的被试，左侧完成情绪标注任务的被试，其负面情绪减弱的程度更大。

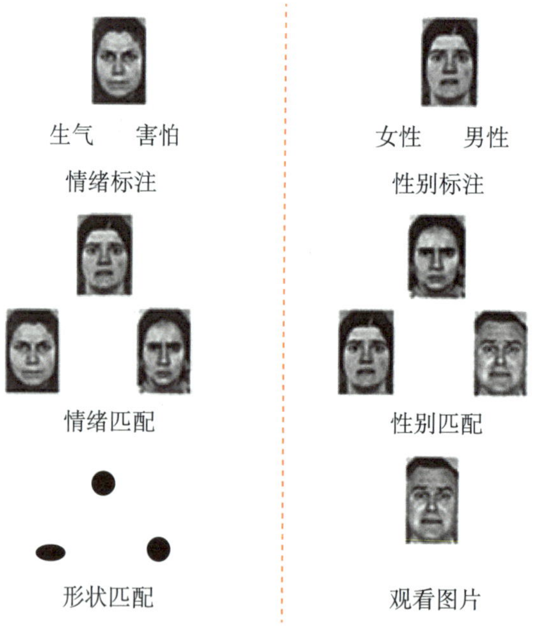

资料来源：王梅，史梦梦，岳鹏飞．情绪标注的研究：概念、方法及理论．心理学进展，2022（2）：544－551.

二、了解情绪：情绪是什么

在现实生活中，虽然我们在经历着情绪，但是未必能够有意识地觉察并识别出情绪。不能被觉察和识别出来的情绪，就无法被处理或管理，更不能被智慧地运用。面对负面情绪，人们通常的本能反应是对外或对内做些什么，以期减少对情绪的体验和感受。然而，情绪不可能被赶走，它可能会在不断积累的过程中给人们带来心理健康方面的问题。

（一）情绪是关于我们自己的信使

每一种情绪都是了解我们自己的一个通道。比如，同学们就发展和成长中的问题去做心理咨询时，通常可以归为学业、恋爱、适应、人际关系、家庭、情绪、职业等类型。然而，一旦达到心理崩溃或危机的边缘，绝大多数情况呈现为情绪崩溃。因为不管是学业、恋爱还是人际关系等，都是伴随着情绪困扰而被当作需要处理的问题，久而久之，情绪未被有效地化解，就会积累并最终爆发。

情绪是我们最忠诚的信使，它来到我们生命中的使命就是传递信息，如果我们拒绝看见和倾听，它就会想方设法通过制造各种问题让我们看到和听到。每一种情绪都是一位信使，传递着关于我们内在正发生什么的信息，提醒我们关注自己的需要（弗理德曼，罗伊特曼，2018）。因此，我们常说与情绪做朋友，原因就在于情绪本身就是提供了解自己的信息的数据库，是最忠诚的守护者。如案例中的小琬，被驱赶到身体的情绪其实是在提醒她关注自己的情绪，以及情绪背后的渴望和需要。而且，一旦信息被小琬接收到，情绪本次的使命就完成了，它也会缓和下来。

（二）情绪无好坏之分，只是我们根据自己的喜好做了区分

任何情绪对于个体而言，都带有最原始的良好意图，尤其是我们认为不好的负面情绪，其实是人类适应性的结果。例如，恐惧提醒我们有危险，帮助我们在复杂的环境中生存下来。生气提醒我们感受到了边界被侵犯或威胁，抑或提醒我们对公正和公平的需要未被满足等。我们之所以认为不好，是因为没有真正地认识到情绪运作的方式，没有听到情绪带来的信息。

（三）情绪是一种能量，驱动或压制行动的动力

情绪本身就是动机系统的一部分，这股能量不会因为被压制而消失。情绪心理学家罗伯特·利珀认为："情绪是一种具有动机和知觉的积极力量，它组织、维持并指导行为。"（孟昭兰，2007）因此，只有当我们能够看见、倾听、读懂这些信息并给予

适当的回应时，情绪才能为我们所用，负面能量才能转化为内在资源，发挥情绪智能的作用。

人的每种情绪背后都代表着一种心理需要，这些心理需要以各种可能的形式驱动着人们去满足。例如，你昨天和朋友发生了冲突后很生气，但是因为担心破坏关系而压制住情绪。如果这股怒火你自己无法化解掉，就会在身体里暂时蛰伏起来，之后再遇到类似的情境，这些情绪就很容易地被唤醒，甚至爆发。

然而，我们拒绝处理情绪，往往在把情绪推远的同时，提高了下一次情绪卷土重来的强度。因此，读懂情绪的第一步是，在我们体验到情绪时，学会识别它。

（四）情绪的构成

情绪心理学的研究者从不同的视角对情绪的定义有几十种之多（孟昭兰，2007）。然而，综合来说，情绪是一个动态的体验过程，它通常由以下四个部分构成。

（1）心理感受（比如愤怒、害怕、焦虑、悲伤、开心、喜悦等）。心理感受是心里的感觉，是对身体感觉的命名，就像饥饿是我们身体感受的一个命名，显然，心理感受没有对错。

（2）身体感觉（比如七上八下、收缩、沉重、冰冷、温暖等）。身体的感觉在身体中有位置，有质感，通常是情绪的身体信号，提醒我们去关注情绪，本身并没有对错好坏之分。

（3）想法（对刺激事件的评价，对感受的评价）。这是情绪的认知部分，带有我们个人对世界的看法、信念和期待等。该部分是我们可以主动调整和改变的。比如，当我们恐惧时，会认为完蛋了。这个评价可能会叠加起来，把恐惧推向恐慌。如果我们带着觉察去感知情绪，就有可能对情绪所伴随的灾难化想法进行调整。比如，自己回答问题时答错了，第一反应是担心和紧张，头脑里会出现自动化的想法："这门课完了，老师对我的印象肯定糟糕透了。"当你能够觉察到"我现在很担心紧张"时，就有可能对相应的想法进行理性的调整。

（4）行为，即语言内容、语音语调、面部表情、肢体动作等，即心理地图冰山露在水面上的行为层面。由于行为是情绪外显的部分，因此也是可以调整的。当我们能够调节想法时，行为就可以相应地调整。

显然，透过情绪的四个构成部分，我们就可以更清晰地理解和接纳情绪。有的同学一听到要接纳情绪，就担心这会导致自己堕落、懒惰、躺平。其实，我们接纳的是心理感受和身体感觉，因为这两个部分只是一个信号，提醒我们需要关注自己。在这个基础上，调整的是想法和行为。亦即"我可以接纳你特别生气的感受，但我拒绝你因此而攻击我"。这两个部分并不矛盾。因此，评判和拒绝自己的心理感受和身体感觉是徒劳的，也是没有意义的。

下图是一个女生蹲在角落里。透过她的背影，我们试着感知和描述她的情绪，你可以在后面横线上添加你的描述。

- 心理感受：悲伤/孤独/内疚/害怕
- 身体感觉：冰冷/沉重/麻木
- 想法：我做错了/我想消失/我很无力
- 行为：蜷缩在角落里

● 练习：看图描述情绪

试着写下“毕业啦”图片中情绪的四个构成部分。

- 心理感受：
- 身体感觉：
- 想法：
- 行为：

和同学分享，看看你们的描述有什么异同，并就相异和相同的部分表达自己的想法。

● 小组讨论：焦虑的构成

焦虑是大家熟悉的一种情绪，请结合自己的体验，写下焦虑的四个构成部分。

- 心理感受：

· 身体感觉：________________

· 想法：________________

· 行为：________________

讨论焦虑的四个构成部分是如何开启并持续循环下去的。

你是如何对焦虑进行反应的？效果怎样？

____

____

____

____

小活动大效果：走近自己

请选择一种你感到较为困扰的情绪，并写下它的四个构成部分。

- 心理感受：________________
- 身体感觉：________________
- 想法：________________
- 行为：________________

问自己：

- 如果你的好朋友正在面对这种情绪，你会如何关心并劝慰他？
- 请你把对好朋友说的话带着感受对自己说三遍。
- 体验一下有什么样的感受。

三、感知和识别情绪

我们每天都把情绪挂在嘴边，可你是否想过，你是怎么知道自己正在体验一种情绪的呢？你是怎么知道你现在感觉生气、难过或开心的呢？请你在此稍做停顿，就自己的体验感受一下，再往下阅读。

（一）情绪客观存在于人体内

当你漫步在校园里与恋人手牵手时，你走得很轻，心却因兴奋而怦怦直跳。面对一个重要的演讲，你却可能紧张焦虑，心率加快，肌肉收紧，甚至身体会出汗和颤抖。你与好朋友发生冲突后感觉心情抑郁悲伤，胸口像有一块石头一样压着，吃不下饭，消化不良等。

显然，虽然对情绪的定义多种多样，但有一件事情是确定的，即情绪并非虚无缥缈，而是一种客观存在，它真实地存在于人体内，在身体里有具体的位置，能够被感知，并且有不同的质感。虽然现代科学还无法一一对其进行清晰的描述，但是通过仔细体会我们可以发现，任何情绪的波动都能够引起我们身体当中的某种反应或变化。生气的时候，我们的胸口可能会疼痛、嗓子会发干、手会发抖，而喜悦的时候会感觉到轻快温暖等，我们有意识或无意识地通过身体感觉的变化对情绪进行感知。还有一些更丰富的描述，如火冒三丈、怒发冲冠，这些表达具有明显的动感和画面感。胸口像是有一块搬不走的石头等，指的是情绪的具象、位置和质感。

我们时常处于不同的情绪状态，然而，大多数人提及较多的情绪表达通常是，"我很难受，我情绪很低落，我不开心，我很痛苦……"这些对情绪的描述就像我们把厨房里的所有垃圾倒入写着"厨余垃圾"的垃圾桶一样，我们也把所有令人不舒服的情绪倒入写着"低落、不开心、难受"等的情绪筐。这些情绪体验的颗粒比较大，是一种模糊的笼统感受。当继续追问具体是什么情绪时，很多人无法用准确的字眼描述，即情绪的清晰度比较低。情绪清晰度指个体区分和描述特定情绪的能力，而不仅仅是意识到情绪的好坏。如果个体对自己的情绪认识不清晰，就可能对情绪体验感到困惑，反过来又会使个体试图避免体验情绪，进而进一步降低情绪清晰度，从而更难调节情绪，或者以一种紊乱的方式调节情绪（侯瑞鹤，俞国良，2006）。

例如，有的同学在感觉到焦虑或难受时，不是去体验或倾听情绪，而是选择吃过多的食物，或者购物、刷手机等这样失功能的方式，让自己的感觉好一点。严重的还有可能自伤，通过身体的痛苦转移情绪或心理的痛苦。如果我们能够清晰地感知情绪、倾听情绪，就可以直接处理或化解情绪，那么我们也就不需要通过一些会给自己带来伤害的方式来调节情绪。

（二）感知情绪在身体里的位置：情绪地图

我们能感知到情绪，说明情绪并不在神经所及的范围之外，而是在皮肤表面或皮肤之下的躯体中。情绪在身体中的分布其实也有一定的规律和地图。

1. 我国传统医学的情绪地图

在我国传统医学理论中，情绪又称情志、七情等，分为喜、怒、忧、思、悲、恐、惊。人体气血是情绪活动的物质基础，血液与五脏的关系非常密切，具体表现在血的生成、运行、贮藏与统摄等各个方面，故情绪与五脏相应，其中，心主喜、肝主怒、脾主思、肺主忧、肾主恐等，如图 3-1 所示。

与西方现代科学不同，中国传统医学是一门经验科学，建立在不断实践和观察的基础上（胡希恕，2019），有很多医案可以佐证。

清代吴敬梓所著的《儒林外史》中有一个范进中举的故事，讲述了范进从年轻考到年老，不知经历了多少次考试，始终未能中举。他生活贫困潦倒，被人轻视，尤其是他的岳父，对他极其刻薄，非打即骂，范进十分惧怕他。范进晚年中了举

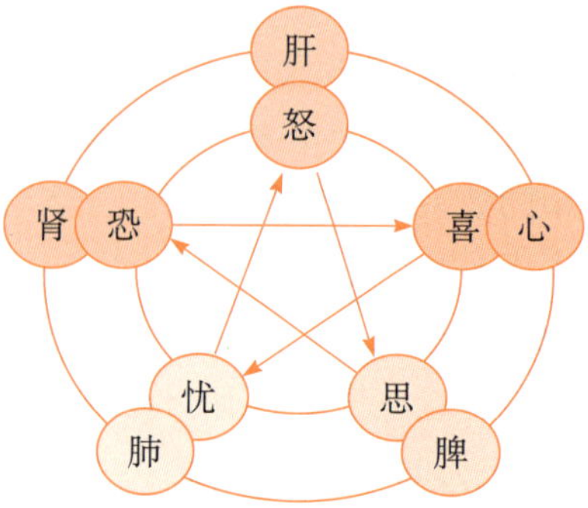

图 3-1　五志和五脏对应关系图

人，但因“大喜伤心”导致精神失常，一场欢喜反而变成了悲剧。后来，有人建议使用恐胜喜法，提出要他平日所怕之人对其施以恐吓，才能解除他的狂喜。他的岳父无奈地壮着胆子，打了范进一记耳光，骂道：“该死的畜生，你中了什么？那报录的话是哄骗你的。”这一巴掌把范进打醒了，他的疯病也因此痊愈了。

中医认为，在五行之中，心属火主喜，肾属水主恐，肾水克心火，因此，肾主的恐就可以克制心主的喜，范进才得以从疯癫的状态中清醒过来。

另外，现实生活中相应的例子也有很多，下面的这个案例也支持了恐克喜的关系。

一天，一名军校的大学生突发精神病，在宿舍里忽然大笑起来，还脱掉了衣服。宿舍的同学很担心，赶紧报告给了指导员，学生处老师、心理咨询老师、学院老师等都第一时间赶到现场。然而，该生把自己反锁在房间里，因为宿舍在高楼层，大家怕激惹他而不敢硬撞门。心理老师建议拨打 120 急救，但家长一时也拿不定主意，因为无法马上赶到学校。一方面，家长担心孩子挣扎时，医生会用暴力弄痛孩子；另一方面，家长担心如果不打 120，孩子会有伤害自己的风险。正在此时，主管该学院学生训练的一名以严厉著称、令同学们感到害怕的教官赶到了。只见教官身着军装，披着军大衣，那威严的气场让人敬畏。他简单地了解了情况后，面无表情地狠狠一脚踢开了宿舍门。过了不到 5 分钟的时间，门开了，只见那名学生有点不好意思地笑着。这名学生暂时恢复了清醒，后续的治疗那就是后话了。

2. 现代心理学的情绪地图

现代心理学通过一种独特的情绪地图报告方法（emBODY）（见图 3-2，彩色图请扫描二维码），描述了与不同情绪相关的身体感觉地图（Nummenmaa et al.，2014）。研究者通过让被试想象自己正在经历某种情绪时的感受，然后在一张空白的身体轮廓图上标出哪些部位的感受增强了、哪些部位的感受减弱了，经过整合得出该情绪的身体定位图（Nummenmaa et al.，2014）。

情绪地图
报告方法

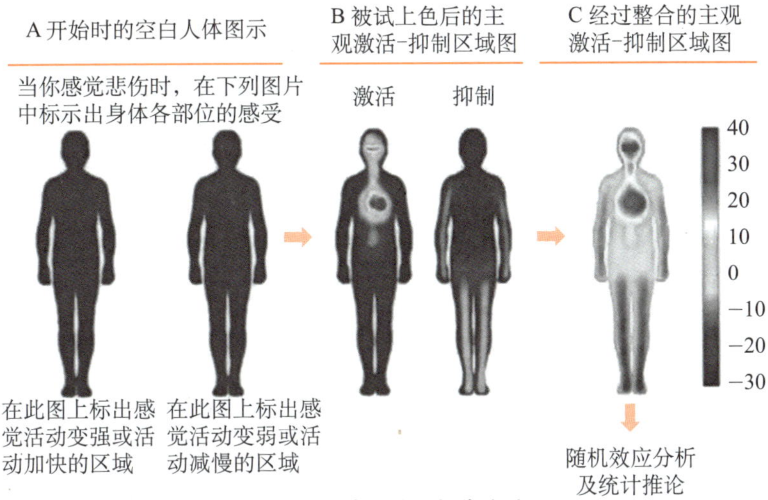

图 3－2　情绪地图报告方法

从情绪的身体定位图（见图 3－3，彩色图请扫描二维码）中可以看出，抑郁状态下身体温度最低，尤其是四肢的温度。悲伤则是胸口、嗓子和眼部区域温度较高，这印证了人们谈到悲伤时通常涉及的词汇，如“伤心欲绝”“心都碎了”“泪流不停”等。愤怒时心脏处、额头以下的面部区域的温度都很高，如“气得要动手打人”“眼中冒火”等，强烈的愤怒还容易导致突发心血管疾病等问题。而爱的感觉是从面部下半部分、胸部到腹部的温度较高，但手臂却没有太高温度，因为爱的感觉让我们感到温暖，但不会想要动手。快乐却可能手舞足蹈，显然爱比快乐更深沉。有趣的是，厌恶在喉咙处的温度最高，我们常说因为厌恶而恶心想吐，恰恰表达的就是厌恶情绪的生理反应。

情绪的身体定位图

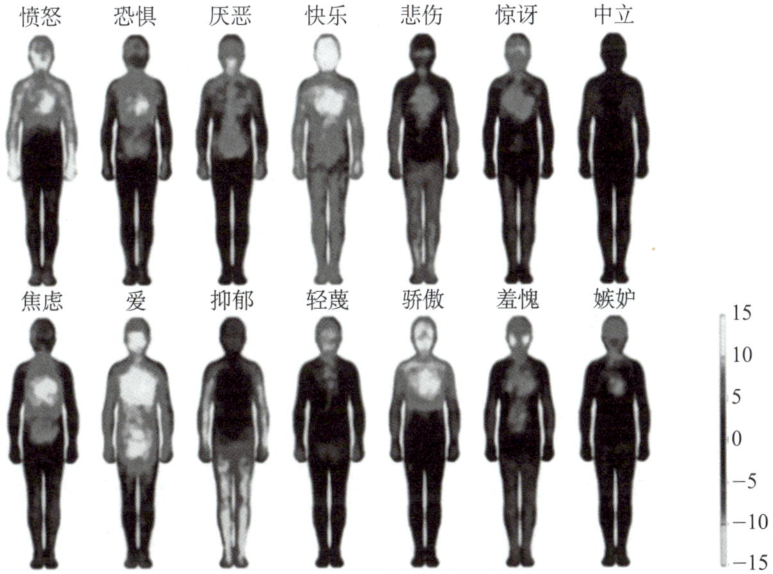

图 3－3　情绪的身体定位图

这种通过监测情绪触发身体感觉的地形图为研究情绪提供了一种独特的工具，甚至可以为情绪障碍提供生物标志物。

● 分享与讨论

同学们可以结合自己的感受，以及人们日常谈论情绪的用语和描述，讨论其他情绪在身体的位置。分享一下有什么发现和启发。

事实上，情绪除了在身体有相对应的位置，还有不同的质感。就像一块石头一样，情绪也有诸如轻重、颜色、表面纹理、形状、静止或运动、内部结构等，进一步体验能够帮助我们更深入地感知情绪。

● 练习：画一画自己的情绪

从焦虑和生气中选择一种情绪，在下面的身体轮廓图上分别标出感觉活动变强和活动变弱的区域。同时，进一步体验描述情绪的质感。

把自己画的情绪地图和小组同学分享，看看彼此之间的相同点有哪些，不同点有哪些。通过绘制情绪地图和相互分享，看看有哪些新的发现和启发。

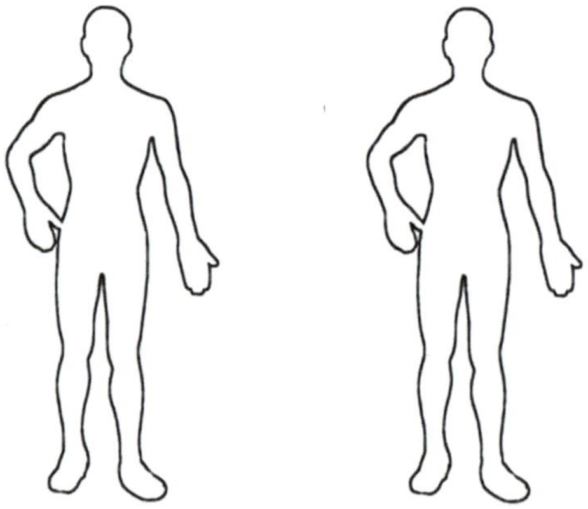

（三）识别身体发出的情绪信号

事实上，当情绪起伏时，身体会发出一些信号，这些信号常常被我们认为只是身体上的不适，其实通常是在表达情绪。常见的如：头晕、背痛、颈梗脖痛、手心冒汗、手脚冰凉、胃部不适、食欲不振、皮肤发麻、发抖、恶心等。

● 头脑风暴接龙

请同学们结合自己的体验，轮流接龙，每人说出一个身体可能发出的情绪信号并记录下来。

讨论一下，识别身体发出的情绪信号可以如何帮助我们应对情绪。

小活动大效果：情绪扫描与识别 提升自我觉察力

当你感受到有情绪产生时：

1. 把注意力放到呼吸上，深呼吸，慢慢去体验。

2. 试着问自己：现在我感觉到了什么，现在我主要关注的是什么，身体的哪个位置告诉我感觉到了不舒服。

3. 把注意力转到相应的情绪波动处，给情绪定位。

4. 留意体内情绪的位置，等待并且感受任何能感觉到的东西，不要去分析和判断它是什么情绪。做一名安静的观察者和体验者，允许自己去感受所有即将浮出的情绪和感受。

5. 如果在第 3、第 4 步时感觉头脑空白，请回到第 1 步重新开始。缓慢地深呼吸几分钟可以帮助提高对情绪的觉察。

告诉自己：我现在正在体验（　　）情绪，但我不是这种情绪，我允许自己体验这种情绪。

坚持一周，写下活动体验和感受：

第 2 讲 了解情绪反应模式、倾听负面情绪智慧

● 觉察你的情绪反应模式

回顾自己的经历，在你的生活中最常出现、对你的生活影响较大的情绪是哪种？当

你体验到此种情绪时，通常是如何应对的？效果怎样？

在现代社会，其实真正对我们的生存产生威胁的情境并不多，通常是外部的一个小刺激，甚至是无关刺激，唤醒了我们的情绪。更有甚者，外部根本没有刺激，只是内部的一个念头或想法，让我们感觉到不舒服或者受威胁等。人们本能地想要忽视或者驱除这些让自己不舒服的情绪。因此，不管你是否意识到，你都在用自己的方式处理这些情绪。

一、常见的失功能情绪反应模式

请大家试着把不喜欢的情绪当成一个内在的子人格，想象它就站在你的面前，你面对它通常是如何反应的。下面是几种常见的失功能情绪反应模式，这些应对模式可能暂时解决了问题，但是在解决问题的同时也制造了新的问题，长期运用可能会出现情绪上的困扰。看看你是否使用过其中的一种或多种，效果怎样？

（1）指责。想象一个画面，你用自己的手指着自己的情绪说：我怎么又控制不了你，我怎么又感觉不舒服；我讨厌自己又发脾气；我怎么可以在大家开心的时候难过；我真的很没用，分手这么久了，我还走不出来；等等。此时，我们其实就是对自己内心升起的情绪采用了指责的反应模式。

体验一下，当我们把手指向自己的情绪时，感受怎样？对自己有帮助，还是感觉更糟糕了？

（2）忽视。想象一个画面，你看见了难过这种情绪，然后说："我想赶走难过，我不要体验和感受。"说着转过身不去看它或者去做其他事情，好像这种情绪从来都没有产生一样。当然，你转过身去做一些创造积极体验的事情，开启良性的循环也是可以的，至少不会让你陷入恶性循环。比如，在意识到自己的情绪之后运动、做一些感兴趣的事情等。当然，这种情况下的转身就不再是自动化地忽视情绪，而是有意识地选择和应对。然而，在绝大部分情况下，当我们要逃避负面体验的时候，往往没有觉察到自己在自动化地去做一些会带给自己更多负面体验的事情。例如，感觉到焦虑，反而通过暴饮暴食来填满内心的空洞，或者通过不让自己停下来来回避体验情绪等。体验一下，你转身背对着情绪时，会有哪些感受？

（3）理智化。想象一下，对你的情绪讲道理，比如说："这件事没有必要难过呀，别人也不是故意的；你不应该这么在意，显得你很小气。"感受一下，当你没有同理自己，对自己讲道理时，都有哪些感受？

（4）沉溺。想象一下，情绪本来就是你的一部分，然而，当你感受到某种情绪时，强烈的体验可能让你像掉入河中一样，沉溺进去，失去了与理性的连接，被情绪驱动着行事和思考，无法掌控自己。根据情绪的性质，这有可能让人持续陷在低落的情绪里，甚至伤害自己，或者可能被情绪驱动着做一些伤害他人的事情。

（5）隔离。与沉溺不同，隔离是不体验情绪，将情绪从认知中剥离开来，它是个体应对焦虑和痛苦的一种方式。比如，谈起你过去经历的一些听起来很痛苦的事情，你记得很清楚，但现在没什么感受，甚至一些重要的感受你完全没有意识到，这就是隔离情绪。想象一下，你直接把情绪封存到一个密实的罐子里，放到一个连自己也找不到的地方。然而，哪怕你把情绪放逐得再远，它也仍然在你的身体里，以其他形式表达出来。例如，你有可能在没有任何预兆的情况下忽然崩溃大哭；有时眼泪忽然流下来，自己也不知道什么原因，毫无感觉；等等。

（6）躯体化。躯体化是一种身体对心理压力的反应，它常常会让你感到身体上的不适，与此同时，去检查身体也没有器质性的病变。想象一下，个体内在不愉快的一种情绪如果在现实中得不到正常表达，被主人赶出了心理空间，那么这种情绪就会以躯体症状的形式表现出来。比如，你没有感觉到特别焦虑，但总是在有压力时感到胃疼。因此，躯体症状的出现实际上是一种警报，以躯体的不适传达心理上的矛盾与冲突。

对于上述几种情绪处理方式，如果过度依赖其中一种，长期下去极易带来心理健康方面的问题。因为这些方式有一个共同的特点，即把情绪当成敌人，既然是敌人，关系肯定是对立的，只能对其打压、驱逐、囚禁等。然而，情绪是我们忠诚的信使，所以，当大脑和情绪打架时，情绪最终一定会胜出。情绪胜出时通常就是我们感觉到情绪崩溃的时候。情绪和心理问题甚至是身体病症，就是在与情绪敌对的关系中产生的。事实上，人们采用这些失功能的情绪应对方式产生的情绪困扰，是因为违背了情绪的运作机制，导致人们看似在应对情绪，其实从未真正实际体验过情绪。

二、情绪的运作机制

情绪是来自人们内在的信使，情绪的唯一使命是让你收到并认真对待它所提供的信息。为了更生动地理解情绪的运作机制，下面以负面情绪为第一人称，以写给人们的一封信（侯瑞鹤，2023）来进行阐述。

亲爱的主人，见字如面，我是一直陪伴着你的忠诚的守护者，你的负面情绪。我虽然来到你生命中的时间几乎和你的年龄一样长，但是在你成长的岁月中，你可能并不了解我，甚至也不愿意看我一眼。然而，你越是不看我，我越是着急想要提醒你看见我，因为我想告诉你那些常常被你遗忘的关于你自己的事。你总是对我视而不见，但是你的身体一直在提醒你，告诉你“我来过，它还在”，它在，它是谁。

其实，在我背后，它是你内心深处的一份渴望，可能是希望被认可、被爱，想要有人能理解你，想要被重视，想要安全，想要自由，想要亲密关系，想要联结、意义、价值等。然而，因为你拒绝了我，所以，你也拒绝了去了解自己的需要。

我是你的信使，我带来的每一封信都来自你的内心。如果你好好地收下这封信，理解并回应，我确认你用心看了，就会离开。相反，如果你关上门不接待我这位信使，我是如此忠诚于你，所以就会一次次地不请自来。如果你不想听并关着门，我就会敲门，甚至撞门。如果白天你不接收，那么晚上我会再来，甚至莫名其妙地突然造访你的思绪，左右你的判断。这一切，从始至终都只不过是想要提醒你看看信。

其实，情绪本身并没有正负好坏之分，只是因为你把自己感觉好的认为是正面情绪而欢迎，把自己觉得不好的认为是负面情绪而排斥。我本就是属于你的，是你不可分割的一部分。

情绪越大，包含的信息就越多、越重要，如果你不接纳、不解读，我就会反复出现，提醒你去看。如果你处在巨大的情绪中，感觉自己很情绪化，先不要批判和谴责自己。因为这绝对不是什么坏事，而是一次了解自己的机会，因为毕竟如果我不破坏你的正常生活，你是不会停下来认真看我一眼的。如果你坚持回避我，你必将被我一次次打扰，甚至感觉被我控制。如果你极力逃开我，你终将被我追上。

然而，如果最后你将我囚禁起来，那么，我真诚祈祷你囚禁不成，因为一旦你成功了，你就不用在感受层面上体验到我的存在。然而，我是那样忠诚，我会让你的身体代表我说话和送信，身体说话的方式就是生病，许多疾病的出现都是因为你拒绝了我——你的信使。所以，请停下来，听听自己内在真正的声音。

你听，焦虑说：主人，我通过你过去的经验替你站岗放哨，一直监测着哪里有危险信息，提醒你注意，我只是希望你过得好、拥有安全等。

委屈说：主人，我在你感觉不被重视的时候出现，只是想要提醒你，请勇敢地获取自己想要的，也请你多关爱一下自己，你本来就很重要。我的到来只是提醒你，绝对不是否定你，让你感觉自己不好。

愤怒说：主人，我在你感觉无力时，或者权利、边界被侵犯时出现，只是想要提醒你注意，给你提供力量去抗争，我只希望你能够被尊重、被公平对待，因为你值得。

嫉妒说：主人，我常在你觉得不如人时出现，只是为了提醒你要努力，提醒你值得继续被爱、被认可，拥有美好的生活。我的出现绝对不是要否定你，让你觉得不如人。

还有，还有，我就不一一述说了。我只是想要告诉你，当我出现在你的生活中时，那是一个你了解自己的机会，请不要急着赶我走。

给自己一点时间做做深呼吸，关注一下你的身体，因为那是我居住的地方：嘿，我的胃，我感觉你有些不舒服，你在紧张吗？嗨，我的心脏，你跳得好快，你在害怕什么呢？

对，就是这样！

然后，给自己一份看见和一个拥抱。主人，我与你同在，请你倾听自己内心深处的诉求，你会触摸到那个真实、鲜活、有生命力的自己。

纸短话长，祝你活出自己的精彩人生！

你忠诚的陪伴者和守护者——负面情绪

从这封信中，我们可以看到情绪在受到困扰时通常的运作过程，具体可以分为以下几个阶段：

（1）情绪是信使，它在相应的刺激或情境下，通过相应的身体感觉向个体发送信息。

（2）个体因为感觉不舒服，想方设法避免直接面对情绪（即使用失功能的反应模式）。

（3）情绪继续加大声音。

（4）个体继续拒绝。

（5）情绪声音更大，甚至突然破门而入。

（6）个体可能想办法把情绪囚禁起来（如果成功，直接在心理层面关闭了沟通的通道）。

（7）情绪因为在心理上得不到表达，就在身体上表达，从而出现躯体症状（也有可能从开始的非器质性病变到器质性病变）。

（8）直到你开始看到情绪，这是一个新的机会。

如果你能够正视并倾听情绪，你会发现，情绪其实只是想让我们关注自己内在的需要，希望我们过得好。

● 自我探索

你常常容易被什么情绪困扰？请结合情绪运作的过程，体验一下情绪是如何一点点地积累，最终到达一个阈值而直接干扰日常生活的。

与同伴讨论，我们可以怎样正确地面对情绪？

三、倾听负面情绪的智慧

● 探索练习：倾听情绪的正面意图

最少记录一种最近印象深刻或当下产生的消极情绪，试着在体验情绪的同时倾听情绪，你可以尝试着问："你（这种情绪）通常在什么样的情境下出现？当你出现时希望我过得怎样？你来到我生命中的意图是什么？"

我们的思想可以欺骗自己，但身体不会说谎，它忠实地帮助我们存储所有的情绪信息，提醒我们真实地面对自己真正的需求。因此，情绪就是一个关于我们自己的巨大数据库，当我们拒绝了解这个数据库的信息时，也就是拒绝了解自己，同时也是拒绝倾听自己如何活下来的生存智慧，又怎么能感受到自己内在的真正力量呢？

（一）倾听负面情绪的智慧示例

小轩最近被一名自己也有好感的女生瑶瑶表白了，按常理来说应该高兴才对，但是小轩却很苦恼。原因是自从和瑶瑶关系更亲近，小轩总会不由自主地感到膝盖发麻，直到有其他人在场或者两人分开时，小轩的膝盖才会恢复正常。他完全无法理解自己为什么会有这种奇怪的反应，虽然心中是愿意和瑶瑶在一起的，但是身体的反应也实在无法忽略。其实，之前和同学关系比较亲近时，小轩也会有类似的感受，但当时没太在意，而这次的强烈程度让他不得不面对这个问题。

无奈的小轩来到了咨询中心，咨询师和他进行了交流，片段如下：

咨询师让小轩不要逃离这种感受，而是去充分体验膝盖发麻的感觉。小轩在咨询师的支持下，第一次充分地体验，感受到膝盖上面像是有一个会动的小球一样，表面有小刺，当和瑶瑶靠近时，这个小球好像就会动一下，紧接着，自己就会感受到酸酸的刺麻感。

接下来，咨询师让小轩去倾听，如果这个小球会说话，它会说些什么。小轩停了一会儿说：“它说，危险，不要靠近；反正早晚还是要分开的；万一分开了岂不是更难受；与其分开时难受，不如从来都没有开始。”小轩像是忽然想起来什么。“我知道这种感觉来自哪里了。上小学前，我被寄养在爷爷奶奶家，爸妈工作忙，通常两三周或者一个月来看我一次。记得当时妈妈总是觉得我和她不亲，她还挺难过的。每次知道爸爸妈妈来看我，我并不是很开心，而是找个地方自己待着，把开心的感觉压下来，让情绪变得平淡，我也不知道自己为什么会这样。”说到这里，小轩沉默了一会儿。

咨询师问：“你试着再倾听一下，这个让你发麻的小球的意图是什么，它希望你过得怎样。”有些情绪涌上来，小轩眼睛里有些湿润：“它希望我不用承受分离的痛苦，它希望我能够保持内心的平静，它希望我过得好。”

“小轩，这个小球大概是在什么时候出现在你生命中的？”咨询师问道。

小轩若有所思地说：“大概是从我两三岁被寄养在爷爷奶奶家开始的，我无法承受妈妈每次来看我但两天就要离开的痛苦，就刻意不让自己去体验妈妈到来时的喜悦。”

“你今年多大了？”咨询师问道。

“我 20 岁了。”小轩像是从回忆中走出来一样，恢复了 20 岁的眼神。

“用 20 岁的自己去看两三岁的自己，你有什么想要说的？”

“我想抱抱他。”小轩顺手拿起一个抱枕动情地说。

在咨询师的引导下，小轩用 20 岁理性的、有力量的自己，与该情绪进行了深度沟通，看到此种情绪反应模式是两三岁的自己创造出来的生存智慧，是当年的自己尽所能活得更好的努力，是那个当下恰当的选择。

当然，被看见并不可能使感受马上消失，它通常还会出现。只是再觉察到它时，关系从对抗转换成了朋友。就像小轩，再次感受到小球的出现时，可以像面对一个忠诚守护自己的老朋友一样告诉它：“谢谢你的提醒，我收到了你的信息，请放心，我现在 20 岁了，已经长大了，即使有可能分开，天也没塌下来，我可以面对的。我不能因为不愿意看日落而拒绝看日出啊。”

当情绪把信送给了自己的主人时，情绪的身体感觉通常也会发生变化。小轩再去感受这个小球时，发现小球的表面变得柔软光滑了，也变轻了。小轩的内心感到了放松、温暖和力量。

专业链接

负面情绪是你创造出来的保护自己的方式

Schwartz（2013）提出了内在家庭系统疗法（internal family system therapy）。他把人们外部的家庭系统移植到人的内心世界，认为人的内在就像一个家庭一样，内在不同的部分就是不同的子人格，犹如家庭系统里的人拥有各自的角色和功能，内在不同的部分对个体均有保护或正向的意图，即使如负面情绪、创伤症状等这些看起来具有破坏性的部分亦是如此。

我们恐惧甚至厌恶的部分其实一直都在试图保护自己，只不过我们经常被困在过去的创伤情境里而已。例如，焦虑是希望自己能够考得好、有控制感，生气是希望自己被公平对待等。在这个意义上，个体才更可能与情绪达成和解，并且获得解决问题的正确方向。

资料来源：Schwartz R. C. Moving from acceptance toward transformation with internal family systems therapy (IFS). Journal of Clinical Psychology，2013，69（8），805－816.

（二）倾听情绪的几个阶段

小轩内心经历的过程可以简单总结为以下几个阶段。

（1）在身体里定位情绪的位置，让情绪落到实际的身体中。我们通常只是觉得生气或焦虑，很少有意识地去感知情绪在身体里的位置。因为很少感知身体，所以我们会觉得无法认识把握情绪而害怕情绪。

（2）充分体验情绪和身体感觉。我们的感受含有大量的信息，只有在充分感知的基础上才可能深入地倾听。

（3）倾听情绪带来的信息和正面意图。我们可以想象，如果情绪会说话，它会说什么，在倾听的时候要多一些耐心。另外，所有的情绪都有正面意图，因为情绪反应模式是那个当下保护自己的方式，因此，耐心倾听一定可以听到正面意图（施瓦茨，斯威齐，2022）。

（4）用当下自己有力量的部分与该情绪进行沟通。此刻的沟通是带着觉察与自己的情绪沟通，每个人可能沟通的内容不一样，但有几点是相同的。一是深度地同理和共情自己，二是看到自己的生存智慧和努力，三是转化和整合割裂的自己。在沟通时，自己一定要在体验情绪的基础上，带着成年的理性与情绪，而不是听到情绪说什么就认同什么。就像你平时读到他人给你写的信，你并非照单全收，而是会评估内容。

（5）之后，该情绪再出现时，我们就会知道如何面对了。当你发现曾经以为搞破坏的敌人，原来却是守护自己多年的老朋友，你可以体验一下那种认出老朋友的感觉，可能就会知道该怎样面对了。

显然，看似问题的背后其实是自己的心理资源、生存策略，只不过我们没有真正地体验倾听过情绪，当时创造这种情绪反应的那部分并不知道自己已经长大了，情境也已经不同，但我们还在用过去的方式保护自己。因此，在通常情况下，你所不喜欢的困扰或症状，其实背后是满满的生存智慧渴望着被你看见。

这就是负面情绪的智慧，这就是与自己情绪的和解（侯瑞鹤，2024）。这是深度的同理、共情自己，是真正的爱自己、接纳自己。爱自己并非满足吃喝玩乐等的需要，有时只是默默坐下来，并与自己进行一次沟通，而这样的沟通更可能提供高质量的自我关爱。

● 分享与讨论

看完小轩的经历，你有哪些感受和启发？与组员分享并讨论，如何正确地体验情绪？

● 练习与实践

每天记录一种当天产生的哪怕很微小的令你不舒服的感受，坚持 3～5 天（注：所有的情绪都有正面意图，开始时如果听不到，请多一些耐心）。

日期	情绪	事件	情绪希望我过得怎样？它的意图是什么？	备注

与同学分享，有什么新的感受和发现？

同学们的活动感受

第 3 讲　联结情绪和理性，为自己的情绪负责

你站在沙滩上，海水慢慢往上涌，现在水位在你的脚踝处，你在忙着看手机，处理工作信息。水位慢慢上升，到达了你的膝盖，你略微有些感觉，但又很自然地忽略了。水位继续上升，到达你的腰部，你明显地感觉到很不舒服，但是，你又一次努力地转移或者克服了这个感觉。现在，海水到达了脖子处，

甚至鼻子处，你开始感觉呼吸有些不畅。此时，有人可能会停止挣扎，觉得无望而沉溺。也有人可能觉得实在太难受，不能再忽视水位，于是什么也不管了，只有一个目标，那就是想方设法逃离这个感觉。

想一想，假如海水是人们的情绪，那么在这个过程中，你通常是如何面对的？

一、情绪+理性=情绪能力

如果你了解水位不断上升的过程，那么在水位刚刚到达脚踝处时，你就可以带着你的觉察，敏锐清晰地意识到，我现在站在水里了。此时，你有机会选择继续站在水里，并知道接下来将会发生什么，或者选择从水里走出来，或者有别的可能。这一切都是在你有意识的状态下进行的选择，因此，就避免了最后可能的崩溃。

这里的意识相当于人们的理性，水相当于人们的情绪或感受。人们要想提高情绪能力，就需要让理性和情绪联结，即在体验情绪的基础上进行理性的选择。因此，沉溺在情绪和感受中，错把情绪等同于自己，以及隔离回避、不感受情绪，都不是健康的应对方式和心理状态。

只有认识到情绪的运作过程，及时意识到情绪的产生，才可能有效地面对情绪，避免周期性的情绪崩溃，从而真正成为情绪的主人。当然，如果只有理性，拒绝体验情绪，只会变成生硬的调节、打压和控制，这个过程实际上会积累更多的负面情绪并导致未来的情绪崩溃。因此，理性和情绪的整合才可能提升情绪能力，两者缺一不可，这也就是日常所指的情商（戈尔曼，2018）。你不可能去处理和调节你不知道的或者你没有觉察体验到的东西。

情绪不但有相应的身体感觉和位置，也有相应的神经生理基础。情绪是人们不能忽略的存在，重要原因之一是情绪影响人们的决策和判断。事实上，没有情绪，我们将无法做出选择，因为我们不知道什么是重要的，自己想要的是什么……神经生理学的研究发现：我们用来感觉和思考的结构完全是相互交错的。如果情绪中心受损，我们将无法做出决策。情绪镶嵌在理智的网络之中，即情绪和思考不是两种不同的结构，而是同一个整体的不同部分。

人类除了有左右脑之分，还可以分为上下脑（见图 3－4）。根据美国知名教育家、心理学家、哈佛大学医学博士丹尼尔·西格尔的全脑教养的观点（2017），上脑是理性脑，下脑是情绪脑，当上脑和下脑之间的梯子搭上时，就是理性和情绪的整合。

下脑由脑干和边缘区域构成，它的功能更为原始，负责身体的基本功能，比如呼吸、心跳和眨眼，同时负责人们与生俱来的反应和冲动（比如战斗、逃跑和呆住），还有人类的情感反应（比如生气和恐惧），在下面我们把下脑称为情绪脑。

上脑由大脑皮层及其各个部分构成，尤其是额头后面的前额叶皮质。它负责的是人类的“高级思维功能”，比如控制身体和情绪的能力、自我认识、共情力、计划、决策等。本书把上脑称为理性脑。

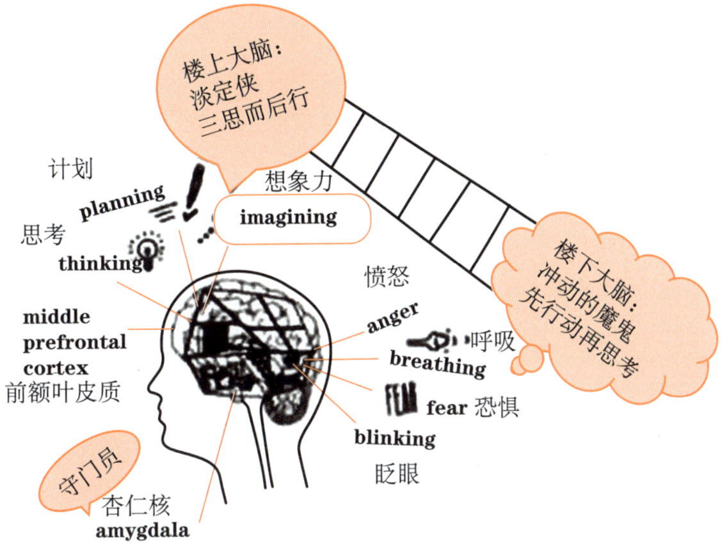

图 3-4　上脑和下脑

情绪脑在人出生时就已经很发达，情绪几乎是婴儿与外界沟通的唯一渠道，而理性脑则到 23～25 岁左右才发展得相对成熟。因此，我们容易被情绪脑控制，当情绪平静下来，理性脑才启动介入，此时会感觉到后悔、沮丧等，决心下次一定不能发作，于是压抑控制着自己的情绪。这样的处理可能会导致两种结果：一种是情绪脑一旦被触发，就自然地进入防御反应。另一种是理性脑强有力地暂时把情绪压了下去，然而，久而久之，却可能导致突然的情绪爆发和崩溃，其强度比之前的情绪程度更大。

了解了大脑的上下结构，提升情绪能力就有了一个根本的途径，那就是让上下脑建立连接，理性脑和情绪脑协同整合工作，做出智慧的决策。

二、提升情绪能力的方法

提升情绪能力的方法有很多，关键一点在于，情绪本身没有对错，它是关于我们这个人的信息库，因此，提升情绪能力一定要在接纳情绪的基础上。比如前面提到的正念，倾听负面情绪的智慧，认知情绪的过程等，都是提升情绪能力的方法。下面选择性地介绍几种可以随时练习的方法。

（一）通过正念练习提升对情绪的觉知力

我们可以通过练习正念，就像练习一项技术一样，专门拿出时间来练习，提升对自己内在的觉知力。同时，也可以有意识地在日常生活中每时每刻进行练习。比如，带着觉知专注地吃饭，感受饭菜在口腔中的味道、质感等。也可以在走路时，感受脚和大地的接触，留意环境中的声音、味道、温度以及风拂过脸庞的感觉，在洗脸时感受水流过手的感觉等。

坚持正念练习本身能够大大提升人们的觉知力和情绪稳定性，从而帮助人们更有效地面对可能的负面情绪。同时，在受到情绪冲击时，可以从以下几个方面通过正念处理情绪。

一是带着觉察观察躯体反应和情绪反应；

二是观察自己的主观感受和体验；

三是观察自己相应的想法和念头；

四是观察情绪的本质和情绪的反应模式。

实际上，情绪本身没有好坏之分，也不存在本质上的正负情绪，只有主观的评判与偏好。当人们能够把我和我的情绪体验剥离开时，就能够在内心给情绪提供一个处理空间，其实情绪能力高的人并不是没有痛苦，或者以苦为乐，而是在内心有空间容纳痛苦。

（二）处理情绪的 5A1C 法

5A 是五个英文词汇的首字母，这五个词分别是觉察（aware）、承认（acknowledge）、允许（allow）或者接纳（accept）、转化（action）和欣赏（appreciate）。这五个词分别代表了处理情绪的五个步骤或做法，当体验到负面情绪需要进行自我调节时，可以采用自我对话的形式，对自己一步步诉说，可以出声，也可以不出声。1C 是指面对自己负面情绪的态度，即带着好奇（curious）。

当你意识到自己有不良情绪时，可以先让自己停下来，把注意力放在呼吸上。当你关注呼吸的时候，就是回到了当下。可以试着给自己一两分钟的时间，采取下面的自我对话步骤。以生气为例：

（1）觉察：我感觉自己有点（十分）生气（停顿几秒钟）。

（2）承认：我承认自己现在很生气（停顿几秒钟）。

（3）允许：我允许并且接纳自己生气（停顿 10 秒钟或更长的时间）。

（4）转化：做 5～10 次深呼吸。呼吸时可以加入想象，吸入想要的平静、希望、信心、力量等，呼出愤怒、烦躁等，想象怒火从鼻腔中喷出，也可以有意识地发出声音等。

（5）欣赏：无论情绪有没有缓和下来，或者无论是否还在生气，都告诉自己，不管怎样，我都欣赏这样勇敢面对情绪、没有放弃的自己。同时，关注身体感受到生气的位置，告诉这个部位，“谢谢你，我收到了你的信息，我会照顾好自己的，请放心”，然后微笑着给自己一个拥抱。

在这个过程中尽量缓慢，体验就会更深，而且要带着对自己的好奇，即不判断好坏对错。同时，在表达时要带着感受，而不只是从头脑里迸发出一些词汇。

事实上，只是能够觉察到自己处在某种情绪体验中，就可以大大缓解情绪。如果初练时效果不明显，不要放弃，多练习，你会发现，处理情绪最好的方法绝不是回避和逃离，恰恰是承认和接纳，被充分体验和倾听的情绪并不是消失，而是自然地转化为智慧或内在资源，你会体验到更多的信心和力量。

（三）书写积极情绪可以提升积极心理品质、缓解心理健康问题

我们知道，当我们处在负面情绪中时，找人倾诉可以极大缓解情绪。然而，在生活

中不是所有的事情都可以向他人倾诉，尤其是一些涉及隐私、不愿意让其他人知道的事情。其实，除了口头的情绪表达，书写情绪也是一种非常有效的情绪处理方法，并且简单易操作，还安全。

为了更好地探索书写情绪对身心健康的影响，研究者开发了书面情绪表达（written emotional disclosure，WED）的研究范式，即通过书写的方式表达与创伤相关的情绪和想法，以提升个体的身心健康水平（Pennebaker & Beall，1986）。除了书写负面情绪，研究（Burton & King，2004）发现，书写积极情绪能够促使被试体验更多的积极情绪，有助于养成积极正面的思维习惯，进而提高心理韧性和社会适应能力，提升的应对能力又可以帮助人们更有效地应对负面情绪或压力事件。可见积极的情绪可以激发一个正向的螺旋式上升的循环过程。

下面是一些积极的写作主题，坚持做一些记录，有助于你提升积极情绪，进而更有力量去应对负面情绪。

（1）写下与过去有关的幸福：满意（写下让你满意的一件事情）、满足、尽职（写下能体现你很有责任心的一件事情）、感恩（写下让你心怀感恩的五件事情，生动地回想它们的发生过程）。

（2）写下与现在有关的幸福：即时的快感和长久的欣慰（快感包括生理上的快感和精神上的快感，生理上的快感来源于感官，如味觉、嗅觉引起的快感等。相对而言，精神上的快感来源于更为复杂的活动，如完成一项任务、收到喜欢的礼物等）。

（3）写下与将来有关的幸福：如乐观和希望（在日记里乐观地、满怀希望地、详细地写下未来某个时间你会做什么）、自信（在日记里写下你觉得自己将会做得很成功的一件事情，生动地回想一下事情的经过）、信任（你感觉自己被家人、朋友、同学信任的一件事情）。

写作原则：请在写日记的过程中用心感受，强调的是真情实感与充分表达，对表达方式及语法方面不做任何限定。记录时，请写出事情的发生过程及事情发生后的感受和体验。

你可以选择其中的一个主题进行写作，也可以在一段时间内选择某一个主题，请根据你的情况自由组合。

实践练习：打卡小分队

再专业有效的方法，也只有实践才会有效果。邀请几个小伙伴和你一起记录吧，通过打卡的方式彼此监督，这样可以走得更远，一周后讨论活动感受和对自己的学习评价。

______

______

______

此外，从内心深处建立积极的信念可以改变我们的生活，效果甚至比药物治疗的效果还要好（利普顿，2012）。这一点也支持了我国中医的保健原则，《黄帝内经》提到“养生先养心，心平则寿长”，此处的养心即是调养心理，而情绪平和则是养心的核心。思想或信念对身体的影响是通过情绪起作用的，埃克哈特·托利（2007）在《当下的力量》一书中说道：“情绪是身体对思维的反应，或者说它是思维在身体上的反映。如果两者之间有明显的分歧，那么思维永远是说谎的一方，情绪则始终是真实的。”因此，记录积极情绪，感受更多的积极情绪和信念，有助于促进身心健康。

当然，除了以上列举的，还有很多情绪调节方法，比如运动可以有效地缓解焦虑和抑郁情绪，甚至可以达到与药物治疗相当的效果。另外，还有其他一些相对健康的方式，例如找信任的人倾诉、进行呼吸练习、阅读、听轻音乐、做自己喜欢的事情。也可以根据情况，适度使用暂时转移注意力的方法，如看电影、吃喝玩乐、购物、睡觉等。

● 分享与讨论

你通常使用什么方式进行情绪调节？效果如何？写下来，然后与同学分享有哪些新的发现。

三、手模帮你踩下情绪刹车：联结上下脑，整合情绪和理性

或许有同学会说：“这些方法或许真的好，但是，情绪一上来就顾不上这些了。”确实如此，人们的情绪反应模式通常是自动化的条件反射，当遇到刺激时，信息首先到达的是丘脑，然后兵分两路，主管情绪的杏仁核会首先被激活进行反应，此时，主管理性的脑区前额叶还没有收到信息，其间存在一个时间差，而就是在这短暂的时间差里，人们自动启动了保护性的情绪反应，在情绪和各种威胁想法的相互加强下，人们进入了习惯性的情绪升级通道，此时也就是我们常说的被情绪劫持了，理性根本没有机会介入。

然而，在刺激和条件反射之间有个空隙，那就是改变的机会，也是觉察和停顿可以介入的位置。为了打破这个自动化的循环，我们就需要在面对情绪进行反应之前停顿下来，给联结理性以时间，这样，我们就可能从自动化的反应逐渐过渡到主动的、有选择的回应。在这个意义上，我们就是在掌管自己的情绪，做情绪的主人，学习为自己的情绪负责。

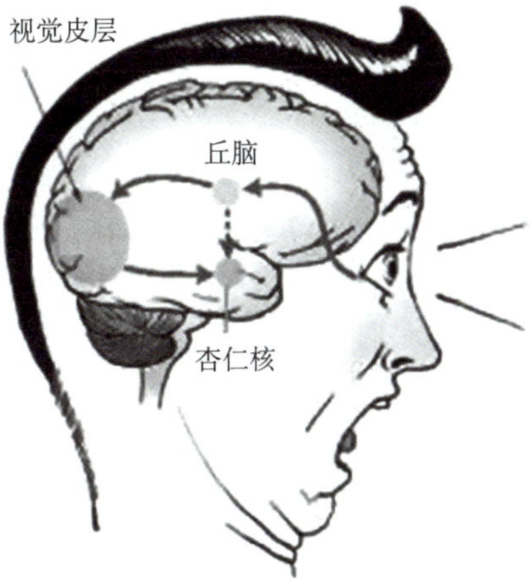

为了帮助人们在被情绪劫持前提醒自己，心理学家（西格尔，2017）根据上下脑理论，提出了“手模”方法（见图 3－5），提醒我们在做出反应前及时觉察到自己处在情绪中，这样就更有可能切断自动反应，更有意识地做出回应。

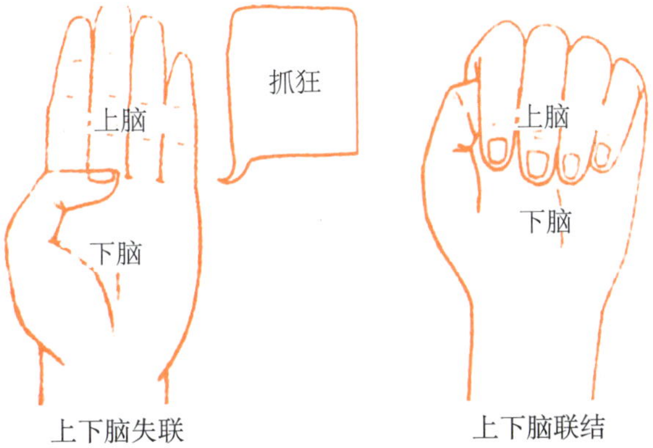

图 3－5　手模示例图

如图 3－5 所示，四根手指相当于上脑理性脑，大拇指代表下脑情绪脑，手伸开时相当于上下脑失联，而握成拳头时上下脑则建立了联结。因此，当你感觉自己的情绪要爆发的时候，握紧的拳头可以作为一个非常实用的提醒。当然，这里需要澄清的是，这只是一个上下脑建立联结的大脑模型，而不是愤怒的拳头。你可以试着把手指伸直，然后慢慢放下来，让四指盖住大拇指，提醒你运用上脑的理性来联结和倾听来自下脑的信息，缓解或平息相应的强烈情绪。

洋洋是一名大二的学生，最近和女友分手了。然而，因为与前女友在同一个学院，所以总是经常遇到。洋洋感到特别痛苦，原因不只是分手本身，而是自己面对前女友几次情绪失控，这让他觉得不能掌控自己的情绪，他感到很丢脸。每当看到前女友与其他男生谈笑风生时，洋洋就会愤怒地上前质问前女友，结果前女友说：“我们已经分手了，你没有权利管我和谁交往。”这句话让洋洋陷入了羞愧中，因为多次没控制住情绪，洋洋对自己感到很失望，丧失了管理情绪的信心。

然而，再次面对相同的情境，愤怒的洋洋又想冲上前，但因为了解了手模，当看到自己因为愤怒而握紧的拳头，他转而面对墙壁，强迫自己停下来，反复练习伸开再握拳的动作，以此提醒自己："我们已经分手了，我无权干涉她交友。"就这样，过了大约漫长的一分钟，他感觉到强烈的情绪慢慢地缓和了下来，并离开了那个情境。这件事使洋洋收获的不仅是情绪管理方法，还有对自己的信心。

专业链接

情绪才是我们决策的重要依据

艾奥瓦大学医学院神经学专家安东尼奥·达马西欧（Antonio Damasio）博士在一项对理解心理生活影响深远的研究中，仔细分析了"前额叶-杏仁核"通道受损病人的受影响情况。研究发现，这些病人在智商测试或其他认知能力测试中表现正常，但决策能力出现了严重缺陷，比如在工作和私人生活中所做的决策非常糟糕，就连面对"什么时候预约"也犹豫不决。达马西欧博士认为，他们难以决策的原因在于无法进行情绪学习。我们从生活中获得的喜爱或厌恶的经验储藏在杏仁核里，作为思维和情绪的交汇点，前额叶-杏仁核的联结通道是通往这个知识库的关键门户。如果新皮层与杏仁核的情绪记忆切断了联系，那么无论新皮层如何冥思苦想，也难以触发与以往经验紧密相连的情绪反应，此时，每件事情都处于灰色的中立地带。因此，无论是最喜欢的宠物，还是讨厌的熟人，都不会再引发喜爱之情或者厌恶之情。由于无法获得储藏在杏仁核中的情绪知识，因此这些病人"忘记"了以往所有的情绪体验。

我们有两个大脑、两种心理以及两种不同的智力——理性智力和情绪智力。我们的行为由两者共同决定，智商和情商同时在发挥作用。实际上，没有情绪智力，思维就无法达到最好的效果。边缘系统与新皮层、杏仁核与前额叶通常互为补充，相辅相成，这都是我们心理生活的真正伙伴。如果它们彼此合作愉快，找到两者的平衡点，情绪智力和理性智力就能双双得到提高。

资料来源：戈尔曼．情商：为什么情商比智商更重要．北京：中信出版社，2018：32－33.

本章小结

● 情绪客观存在于人体内，并且有一幅情绪的身体定位图，不同的情绪带给我们不同的信息。情绪是一种能量，本身无好坏之分，是趋动或抑制我们行为的力量。因此，学习识别身体发出的情绪信号可以帮助我们了解情绪反应模式，倾听负面情绪的智慧。

● 情绪有自己的运作过程，了解情绪的运作机制可以帮助我们更好地面对和转化情绪。

● 情绪＋理性＝情绪能力。提升情绪能力并不代表不会再痛苦，而是更能够容纳痛苦。整合情绪和理性，你会发现情绪一直都是朋友，从而与情绪和解，与自己和解，告别内耗，遇见丰富的自己。

拓展阅读

孟昭兰．(2007)．情绪心理学．北京：北京大学出版社．

戈尔曼．(2018)．情商：为什么情商比智商更重要．北京：中信出版社．

施瓦茨，斯威齐．(2022)．部分心理学：原书第 2 版．北京：机械工业出版社．

利普顿．(2015)．信念的力量．北京：光明日报出版社．

主题4 在爱情关系的道场中成长

> 不管你对多少异性失望，你都没有理由对爱情失望。因为爱情本身就是希望，永远是生命的一种希望。爱情是你自己的品质，是你自己的心魂，是你自己的处境，与别人无关。
>
> ——史铁生

此刻，请你展开对“爱情”的自由联想。接下来，在一分钟左右的时间里，将头脑里自然冒出的任何想法、画面或字眼等，不要评判好坏对错，一一记录下来。

- 和小组成员彼此分享：看看你们之间有哪些相同的观点，有哪些不同的观点。讨论一下爱情是什么，有哪些感受和启发。

爱情是什么呢？

爱情不是避难所，想进去避难的话，是会被赶出来的。

爱情就像在银行里存一笔钱，欣赏对方的优点，这是增加收入；接纳对方的缺点，这是减少支出。

爱情是一个道场，在这个道场中我们可以看到未知的自己，实现自我成长，学习提升爱的能力。

爱情不是让我们更完美，而是让我们更完整。

因此，不要急于改变，看一看，他缺的可能恰恰是你有的，你缺的可能恰恰是他有的。接纳才是终极之路。

第 1 讲 爱情花开的生理和心理密码

如果你曾经爱过一个人，那么你是怎么知道自己爱上对方的呢？对于这个问题，或许很少有人去想过，是经过大脑思考，研究了一下对方的学分绩点、家境、身高体重，还是评估了一下对方的整体实力呢？

> 田田的同学黄江在向田田表白后被拒绝。虽然几个月过去了，但黄江并没有放弃。尽管黄江各方面条件都还不错，但田田对他并没有好感，用她的话来说就是“无感”。转变发生在一个夜晚，学校组织到郊区开展调研活动，黄江也去了，不巧那天下大暴雨，据说有些地方还遭遇了泥石流和塌方。学校一时联系不上黄江他们，田田也变得紧张起来，坐卧不安，心神不宁，她发现自己第一次担心黄江，她觉得自己的“心”动了。最后，黄江一行有惊无险，在黄江回校后，两人正式确立了恋人关系。

显然，田田因为有“感”了，所以觉得自己爱上了黄江。

一、爱情的生理密码：发展变化有规律

（一）打开爱情的第一扇窗——让爱开始

爱情的这扇窗是如何打开的呢？科学研究（于维，2004）发现，使男女之间产生吸引力的物质大多数是一种类似氨基丙苯的化学物质，这种化学物质可以通过两性之间的眼神传递、肌肤触摸等产生，从大脑开始，沿着神经传导进入血液，进而使皮肤潮红、身体发热，甚至使人出汗、心情激动亢奋，促使热恋中的男女双双坠入“情网”，难以自拔。根据具身认知理论（施瓦茨，2023），身体感觉会影响相应的认知和判断，此时，人们会判断“爱情”已经在自己身上发生。然而，这种化学物质并不能在人体内永久存在，随着热恋激情退却，它大约在 100 天后进入半衰期，3 年左右（大约 1 000 天）消失，这会导致伴侣之间的感情逐渐淡薄，出现“情感危险期”。很多伴侣因为没能度过这个阶段，最后选择了分开。

通常而言，在青春年少时，爱情的这扇窗更容易开启，等到年龄更长些时，人们思考得更多，考虑的客观条件也更多，在爱的感觉之前，加上了更多的前提条件，这往往限制了体验，因而很难让爱情这扇窗像年少时那样开启。这也符合发展心理学家埃里克森的心理发展阶段论（费斯特等，2023），该理论认为，建立亲密关系是青年期的主要议题，而亲密与孤独是这个阶段要解决的矛盾。作为自然界的一分子，人类与植物一样，也有开花结果的生命节奏和律动。

（二）打开爱情的第二扇窗——让爱继续

氨基丙苯这一扇窗在关上的同时，另一扇窗逐渐打开。事实上，尽管有感情的淡薄期，仍然有很多伴侣的感情会进一步加深、巩固。由于伴侣长期亲密互动，共同生活，体内又会产生类似镇静剂的内啡肽这种化学物质，它能使伴侣之间互相依赖，甚至不能分离，使爱情更加深化。这种感情类似于亲情，有时我们看不到父母之间甜蜜的互动，反而看到很多冲突，从而认为他们之间没有爱情，因此有"婚姻是爱情的坟墓"这种想法。实际上，爱情发展变化也有它的生理基础，爱情是先遣队，后续转化成类似于亲情这种更稳定、更安全、相对平淡的情感，那并不是爱情的消亡，而是爱情的升华。如果你想一直待在有氨基丙苯的充满激情的爱情里，那么在大多数情况下，需要不断地开始和结束。所以，在平淡的关系中传递、体验温情和安心可能才是爱情最华丽的变身。

● 自我探索

你是否曾经感觉自己喜欢上了一个人，当时发生了什么，你是怎么知道自己喜欢上对方的，试着回顾一下，写下你那一刻的体验。

结合以上内容，回顾你的恋爱经历（如果有），有哪些感受和启发？和小伙伴分享一下。

专业链接

神奇的两性奥秘

夫妻恩爱的两性奥秘：一名中年绘图员患十二指肠球部溃疡已经 12 年之久。后来，他和一名温柔、富于同情心的女子结了婚。由于夫妻和睦，心情舒畅，他的溃疡竟然奇迹般地消失了。

夫妻感情是否可以用尺度量？一位科学家对 108 对夫妻进行了试验和观察，让他们走到"可以自在地谈话的距离"时止步。结果发现，夫妻之间的距离有一定的规律可循：美满的夫妻平均距离为 29 厘米，而感情不和的夫妻距离则为 38.9 厘米。

爱情经常是闪电般的"一见钟情"。难道一见钟情的男女双方之间真有"电光石火"一般的吸引力吗？现在，科学家通过一种特殊的 X 射线观测仪发现，在人体周围有一种光，在采用特技拍摄的照片上，可明显地看出这种光就如同一个光环一样发光闪耀。当男子出现时，女子身上的光环亮度就会倍增。研究还发现，一男一女会面时，如果是两个有情人接近，这种光明亮而活跃；若是两人的心灵在撞击，就会出现焰火似的绚丽多彩火花。最有趣的是，如果一方是单相思，两个人的光环则是一强一弱、一明一暗。

资料来源：杨锋. 神奇的两性奥秘. 解放军健康，2004（4）：37.

爱情是一个古老而又年轻的话题。《诗经》对年轻男女的爱情描写穿越千年，现代的我们依然能够和古人心意相通。然而，读再多的爱情指导手册，掌握再多的爱情理论，也不能保证可以处理好随着爱情发展而呈现的爱恨情仇。初见时的美好，犹如戴着玫瑰色的滤镜，所看到的对方什么都是好的。久而久之，再看对方，之前吸引你的特质，此时再看好像全是问题，你以为对方变了。事实上，对方可能一直没有变化，只是我们去掉了滤镜，打破了幻想而已。显然，除了生理密码之外，还有人类爱情独有的心理密码。

二、爱情的心理密码之理想情人

- 觉察自我

每当你想要找一个人一起生活时，你的头脑里会浮现出一个什么样的理想形象？想一想这个理想情人的形象来源于哪里，写下来，看看有什么发现。

____

____

____

（一）理想情人形象的形成过程

人们其实在年幼时就已经开启爱情的造梦机器。当年幼的孩子看到父母之间发生冲突时，可能会无意识地下决心，“我将来一定要找一个不会和我吵架的人”；当一个人童年常常感觉到被忽视时，对获得关注的需要就会超过正常的水平，就会无意识地给理想情人加上一项，“我要成为对方心目中的唯一，我将来要找一个对方眼中只有我的人”；等等。除此之外，通过社会学习，也可能给理想情人加上更多的特质。比如，像见到的某人一样，或者像影视小说中的人物等。理想情人就像一个核心，承载着我们在成长过程中缺少的和想要的内容，随着梦想逐渐丰富，在青春期，一个理想情人的完美形象也逐渐形成。

紧接着，我们可能会无意识地按照这个形象寻找亲密的另一半，与理想情人的关系模式也一并形成。当我们看到一个人，感受到那个人和内心的理想情人形象一致时，可能就开启了爱情的窗户。而且，在我们的潜意识中，一旦找到那个对的人，我们便认为从此就可以获得幸福。

然而，我们必将面对真实的恋人。事实上，把理想情人投射到伴侣身上，本身就是一个美丽的幻想，既然是美丽的投射，那么迟早要面对真实的恋人。更何况，你有一个理想情人，对方可能也有一个理想情人。随着两个人真实的交往日渐增多，幻想就会面临被打破的危险，彼此可能就会发现，“你不再是那个情绪稳定给我安全感的人，原来只是回避退缩而已”，“你再也不是那个活泼开朗、善解人意的人，没发现你竟会因为这么点小事就无理取闹”。

然而，人们通常所做的并不是放弃幻想，学习和真实的恋人相处，反而是更执着于幻想，想方设法试图改变对方，期待对方如果足够爱自己就会发生改变。可见，两个真实的人相遇才是最考验恋爱关系的时候，也就是前面提到的情感危险期。

（二）你爱的是真实的恋人还是理想情人？

事实上，存在情感危险期并不是一件坏事，而是一个彼此放弃幻想、接纳现实的成长机会。但是，如果你不了解这个必经的过程，就可能认为自己找错了人。一个人如果缺少有意识的觉察，通常需要遇到两三次相似的爱情模式或难题，才有可能真正地反思自己。这是一个机会，让我们发现自己爱的并不是眼前真实的恋人，而是放不下的执念——心中的理想情人。

- 给你的理想情人画一张画像

你所构建的浪漫版本是什么样的？描述你头脑中最美、最渴望的互动画面。

用三个形容词描述你的理想情人。再用至少三个形容词描述你自己的特质。你们之间是相似之处更多还是互补之处更多？

理想情人的具体特点	自己的具体特点

想一想，如果拥有了理想情人，对你而言意味着什么？你的生活会发生什么样的变化？理想情人满足了你内心哪些深层次的需要？

讨论一下，你自己可以通过哪些方法满足这些内在需要？

三、爱情的心理密码之依恋关系

阿婵一度认为自己不适合谈恋爱，甚至怀疑自己有些怪异，因为她谈了几次恋爱都无疾而终，不了了之。比如，她曾经与一个男孩有些暧昧，这样的关系让她觉得还可以，不用承诺什么，也不用担心哪天被抛弃。过了一段时间，对方开始对她更加热情，但她却感觉有些恐惧，然后开始冷落对方。结果对方很受挫，也很生气，不再理睬她。过了几天，阿婵又想和对方联系。几个回合之后，对方直接把阿婵拉黑了。

阿婵自己心里也很苦恼，无法理解自己，尤其是最近，她愈发感觉自己是不是有什么问题。

转机发生在心理健康课上，她学习了成人依恋的类型，意识到自己并不是什么怪胎，而是一种不安全依恋类型的表现，这让她感到释然。

（一）看看你可能是哪一种依恋类型

● 测一测你的依恋类型

下面是成人依恋量表（adult attachment scale，AAS）。请阅读下列语句，并衡量你对情感关系的感受程度，考虑你的所有关系（过去的和现在的），并回答以下问题。如果你从来都没有进入亲密关系，请按照你认为的情感会是怎样的来回答。

1 代表完全不符合，2 代表较不符合，3 代表不能确定，4 代表较符合，5 代表完全符合。

1. 我发现与人亲近比较容易。（　　）
2. 我发现要我去依赖别人很困难。（　　）
3. 我时常担心伴侣并不是真心爱我。（　　）
4. 我发现别人并不愿像我希望的那样亲近我。（　　）
5. 能依赖别人让我感到很舒服。（　　）
6. 我不在乎别人是否太亲近我。（　　）
7. 我发现当我需要别人的帮助时，没人会帮我。（　　）
8. 和别人亲近使我感到有些不舒服。（　　）
9. 我时常担心伴侣不想和我在一起。（　　）
10. 当我对别人表达我的情感时，我害怕他们与我的感觉会不一样。（　　）
11. 我时常怀疑伴侣是否真正关心我。（　　）
12. 我对与他人建立亲密的关系感到很舒服。（　　）
13. 当有人在情感上太亲近我时，我感到不舒服。（　　）
14. 我知道当我需要别人的帮助时，总有人会帮我。（　　）
15. 我想与人亲近，但担心自己会受到伤害。（　　）
16. 我发现我很难完全信赖别人。（　　）
17. 伴侣想要我在情感上表现出更亲近一些，这常使我感到不舒服。（　　）
18. 我不能肯定在我需要时，总能找到可以依赖的人。（　　）

● 计分：

本量表包括 3 个分量表，分别是亲近分量表、依赖分量表和焦虑分量表，每个分量表由 6 个条目组成，共 18 个条目。量表采用 5 级评分法，通常填几分就得几分。

反向计分：其中第 2、7、8、13、16、17、18 题为反向计分题，即 1 分反向计为 5 分，以此类推，2 分计 4 分，3 分计 3 分，4 分计 2 分，5 分计 1 分。进行反向计分转换后再计算分量表得分。

亲近分量表	题号	1	6	8	12	13	17	平均分
	得分							
依赖分量表	题号	2	5	7	14	16	18	平均分
	得分							
焦虑分量表	题号	3	4	9	10	11	15	平均分
	得分							

先计算3个分量表的平均分，再将亲近分量表和依赖分量表合并，产生一个亲近依赖复合维度。亲近依赖复合维度得分算法如下：亲近依赖均分＝(亲近分量表总分＋依赖分量表总分)/12。这样就得到了亲近依赖均分和焦虑均分。根据以下标准，查看自己主要倾向于哪种依恋类型。

安全型：亲近依赖均分＞3，且焦虑均分＜3。低回避低焦虑

迷恋型：亲近依赖均分＞3，且焦虑均分＞3。低回避高焦虑

疏离型：亲近依赖均分＜3，且焦虑均分＜3。高回避低焦虑

恐惧型：亲近依赖均分＜3，且焦虑均分＞3。高回避高焦虑

- 你的依恋类型倾向于哪一种？请描述你通常在亲密关系中的体验。

安全型：在感情上很容易接近他人，不管是依赖他人还是被人依赖都感觉心安。不会忧心独处和不被接纳。

迷恋型：希望在亲密关系中投入全部的感情，但经常发现他人并不乐意把关系发展到如自己期望的那般亲密。没有亲密关系会让自己感到不安，有时还担心伴侣不会像自己看重他一样看重自己。因此，十分担心关系会破裂，为了获得安全感，会过度地寻求他人的赞许与认同。

疏离型：即使没有亲密关系也安心，对自身而言，独立和自给自足更加重要，自身不喜欢依赖别人或让别人依赖。因此，认为和他人发生亲密关系得不偿失，拒绝和他人相互依赖，相信自己能自力更生，也不在乎他人是否喜欢自己。

恐惧型：和他人亲密接触会使自己感到不安。在感情上渴望亲密关系，但很难完全相信他人或依赖他人，担心自己和他人变得太亲密会受到伤害。因为害怕被拒绝而极力避免和他人发生亲密关系。虽然也希望有人喜欢自己，但更担心自己因此而离不开别人。

- 上面的描述与你的体验有哪些相同或相异的地方？有什么启发？

（二）理解不同的依恋类型

依恋关系最早是由英国精神分析师约翰·鲍尔比（John Bowlby）于1969年提出的，他试图理解婴儿与父母分离后所体验到的强烈苦恼。鲍尔比依据行为理论做出假定：这些依恋行为，如哭喊和搜寻，是与原有依恋对象（即提供支持、保护和照顾的

人）分离后产生的适应性反应，以确保需要依赖他人的儿童可以活下来（威廉，2014）。

相应地，成年人在亲密关系中是否有安全感，可能部分反映其早年的依恋体验。要想理解依恋类型，需要先理解人们在亲密关系中的“内部工作模式”，即如何看自己和他人。鲍尔比提出，每个人依恋系统的功能不同，即与依恋对象是靠近还是远离，是焦虑还是放松，必然与个体对待自我和他人的“内部工作模式”相关（米勒，2015）。个体内在对关系互动的想象最初源自真实的人际互动，如果孩子在早期的关系中体验到爱和信任，他就会觉得自己是可爱的、值得信赖的。然而，如果孩子的依恋需要没有得到满足，他就会对自己形成一个不好的印象。例如，如果婴儿的早年抚养人情绪很不稳定，婴儿为了活下来，就可能适应性地夸大情感体验和表现，以获得更多的关注和被照顾的机会。在这个关系中，婴儿的需要没有得到满足，认为自己不重要，他人才是重要的。

一旦内部工作模式相对稳定下来，个体就会带着这个脚本，在新的关系中不断创造出与预期体验相一致的模式。因此，这个过程会增强依恋模式的连续性，即有安全感的儿童长大后在恋爱关系中也更可能具有安全感。

内部工作模式与不同的依恋类型是相匹配的。内部工作模式从自我和他人两个维度出发，形成积极或消极的四种组合。而成人从回避亲密和忧虑被弃这两个维度出发可划分为四种依恋类型（米勒，2015）。

从图 4－1 中可以看出，在安全型个体的内部工作模式中，自我和他人均是积极的，呈现为低回避和低焦虑；与安全型相反，恐惧型个体的自我和他人均是消极的，呈现为高焦虑和高回避；疏离型个体的自我是积极的，他人是消极的，呈现为高回避和低焦虑；与疏离型相反，迷恋型个体的自我是消极的，他人是积极的，呈现为高焦虑和低回避。

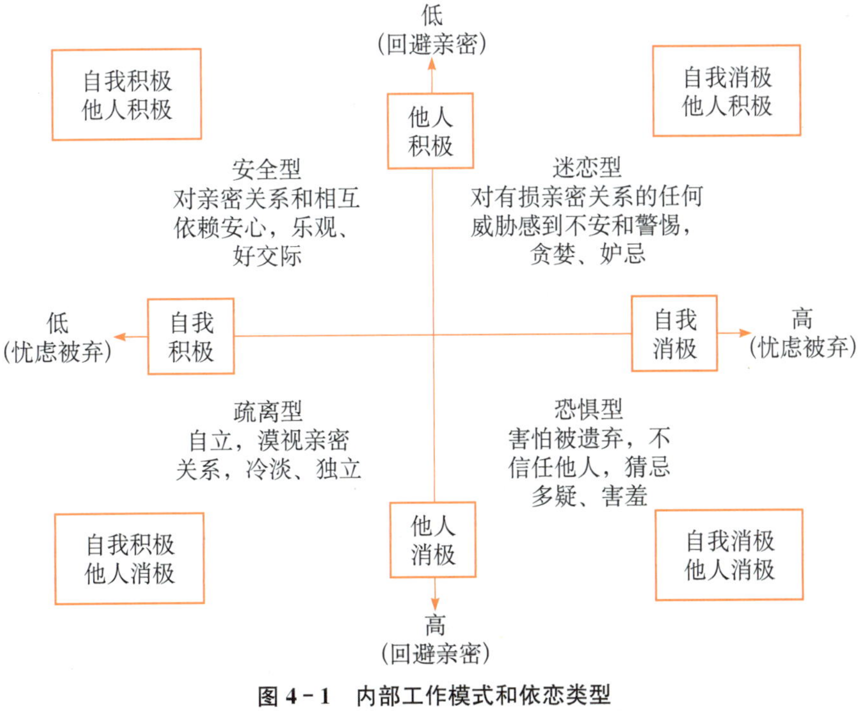

图 4－1　内部工作模式和依恋类型

人们在回避亲密程度上的差别，会影响人们接纳相互依赖的亲密关系的难度和信任程度。比如，在亲密关系中感到舒心和轻松的人，回避亲密的程度就低；而与伴侣亲密接触时烦躁不安的人，其回避亲密的程度就高。人们在忧虑被弃程度（即害怕他人认为自己没有价值而远离自己）上的差别表现如下：安全型个体在与他人的亲密接触中比较安心，一般不担心别人苛待自己，因而能积极地寻求相互依赖的人际关系。其他三种类型的个体在亲密关系中则充满焦虑和不安。迷恋型个体渴望亲密接触但害怕被拒绝。疏离型个体不喜欢亲密接触，也不担心被拒绝。至于恐惧型个体则两者兼而有之，在亲密关系中坐立不安，担心亲密关系不能长久，想要靠近却又恐惧被困住。

当然，分类是为了帮助我们更好地认识自己，真实的人是鲜活而丰富的，也很少有人绝对属于某种类型。因此，研究者（米勒，2015）不再简单地把人们分为安全型、迷恋型、恐惧型和疏离型四种类型，而是给出人们在忧虑被弃和回避亲密两个维度上的相对位置。此外，需要提醒的是，不要因为自己是某种类型的，就相应地把该类型的所有表现都往自己身上套，这是对心理学知识的误用，我们要做的是运用知识来为自己的成长服务，而不是活出某种类型的样子。

需要强调的是，每种依恋类型没有好坏对错之分，都是我们在早期的关系中为了更好地活下来而创造出来的生存策略，是为了帮助我们活下来而寻求心理营养的方式，也是那个当下自己的生存智慧。因此，它们值得我们真正的尊重。

● 分享与讨论

和同学们分享一下你主要属于哪种依恋类型。

在亲密关系中，你最害怕什么？最想要什么？在感到不安全时，你通常在情绪和行为方面如何反应？

你对这些依恋类型有哪些困惑？可以采访本小组相应依恋类型的同学。

对于依恋类型与你不同的个体，你觉得他们做出哪些调整会让你感觉到更容易相处或保持亲密的关系？

讨论对自己而言有哪些新的发现，对亲密关系有哪些启发。

（三）依恋类型是动态可变的

鲍尔比曾说，在这个世界上，我们的生命，从摇篮到坟墓，都围绕着某种亲密的依恋展开。亲密关系的发展在很大程度上受到个人经历和经验的影响，逐渐形成固有的相处模式，这种模式一旦形成，既稳定又持久，并影响人们新建立的人际关系，加强已有的行为倾向（米勒，2015）。

然而，人们并不会完全被动地受到童年经验的束缚，依恋类型会不断受到个体经历的影响。再强大的模式也是后天习得的，因此永远有变化的可能。事实上，随着时间的推移，依恋类型的确会发生新的改变（米勒，2015）。一是关系体验带来的依恋类型改变：一次令人悲痛欲绝的关系破裂会让原本属于安全型的人不再安全；一段如胶似漆、相互尊重和关爱的恋情，也可能慢慢让回避亲密的人不再怀疑和戒备亲密感情。研究发现，在两年之内，有 1/3 的依恋类型会发生实质性的变化（米勒，2015）。二是想要摆脱痛苦而引发的自我的改变：当人们受困于某种固有的模式而倍感痛苦无力时，就会想要去看看究竟是什么让自己形成这种模式，从而开启自我探索和成长的机会，通过改变个人内部工作模式引发依恋类型的改变。

● 小采访

采访父母或者谈恋爱超过一年的朋友，请他们谈一谈自己的依恋类型。

他们的恋爱是如何开始的？经历了怎样的过程？

开始时，他们喜欢对方什么？现在怎样看待当初喜欢的那些特点？

在他们的关系里，如果面临压力和冲突，他们是怎样处理的？效果怎样？

在这次采访活动中，你有哪些感受和启发？

第 2 讲 在亲密关系的不同阶段遇见自己

远远地看着你越看越着魔，天天地想着你生怕会错过，
暗恋多痛苦啊天天受折磨，爱情是迷魂药不得就苦厄。
我终于得到你原来烦恼多，我不是蓉妹妹你非靖哥哥，
柴米油盐让我们变得争吵多，人前秀恩爱啊人后无奈活。
爱情骗了你，爱情骗了我，热恋中是天使过后变恶魔。
爱情骗了你，爱情骗了我，爱情浪漫过后我忍受折磨。
爱情骗了你，爱情骗了我，爱情是旋涡叫我怎么逃脱。
爱情骗了你，爱情骗了我，爱情啊为什么骗我这么多。
爱情啊为什么让我受折磨。

这是多年前一首流行曲《爱情骗了我》的歌词。歌词清晰地描述了在爱情中体验发展变化的过程。在一段恋情开始时，双方都觉得找到了那个一生相守的人，过了一段时间，又感觉被对方的表面欺骗了，原因到底在哪里呢？

请你想象一个动态的画面：

有一对恋人坠入了情网，开始时满眼都是对方，哪里都是好的，关系也是和谐一致的。然而，生活中总会有差异和不一致的时候，此时，不同的人面对差异时可能的应对方式也不一样。假如其中一个人开始指责对方，对方感受到被指责后可能

会讨好、打岔，也可能表现出超理智或直接指责回去。不同的应对方式和相应的体验形成了不同的关系模式，然而，不管是哪种应对方式，对方在自己眼中都暂时变“坏”了，感觉爱情骗了“我”。

一、亲密关系的前三个阶段

1. 准备阶段

我们进入一段关系时，并不是凭空进入，而是有一个很长的前奏或序曲，即前面讲到的打造理想情人的阶段。每个人经历不同，准备状态也不同。比如，相对而言，迷恋型个体更容易进入爱情关系，而疏离型或恐惧型个体则相对较难一些。

2. 绚丽的热恋期

初遇的美好开启了绚丽多彩的热恋阶段。在该阶段，个体可能感觉找到了对的人，自己的幸福生活即将开启。生活就像是被施了魔法一样，在热恋的激情中，所有的事物都仿佛被涂上了一层玫瑰色，让人沉醉其中。孤独者不再孤独，虚弱者感受到了力量，焦虑者感受到了安全，我们见到这个人之前的内在深层次需要，像是借着爱恋的对象瞬间获得了满足。

因此，此时两个人在一起并不主要是因为爱，而是内在需要得到满足。比如归属感，像是漂泊的心找到了停靠的港湾，感受到了自己的重要性。人们终其一生都想要确认自己的重要性。幼年时，我们渴望在父母眼中是重要的，成年后，我们又渴望在爱人眼中是重要的。恋人的在乎和爱，让我们感觉到自己的重要性，从而觉得有意义、有价值。

然而，这通常是一种假象，也不可能持久。

3. 冲突与幻灭期

在该阶段，伴侣双方由于有了更多在现实世界的互动，因此出现了不一致的情形。每个人在压力下会呈现自己熟悉的应对方式，比如指责、讨好等。热恋期的理想情人不再理想，也不再像初遇时那般可以满足内心的各种需要，反而带来痛苦，甚至绝望，你可能感觉对方变了，爱情幻灭了。这个阶段也是前面提到的情感危险期。

由于对伴侣的期待没有实现，因此产生了怨恨和愤怒。我们不会轻易放下期待，而是试图用各种方式让对方实现自己的期待，想要重新回到热恋期的美好。根据性格或应对方式，人们可能会有不同的外部表现，但目的通常是想要引起对方的注意。如果不成功，就可能进入权力的斗争，在一些小事情上争论是非对错，希望按照理想情人的形象改造对方，目的就是想要证明自己是对的，在亲密关系中拥有主动权。事实上，这样的结果通常是两败俱伤。

受伤后，人们又觉得对方如果爱自己就不应该如此。为了止损和证明自己的感受是对的，接下来就有可能对对方进行“报复”。即你不关注我的感受，我也不关注你的感受。比如，你和异性交往不在乎我的体验，我也和异性交往等，这样就把责任再一次归为对方。久而久之，两个人互相伤害，热恋期积累的情感资源慢慢地被消耗掉。然而，在这个看不见硝烟的战场上，恋爱中的两个人其实一直想要确认的是：我重要吗？你爱我吗？你在乎这段关系吗？你用心对待我了吗？你看见我的需要了吗？……总之，不管冷战还是热战，背后都只不过是一种对“爱”的呼唤。遗憾的是，我们想要获得爱的方式却有可能把对方推远。

- 自我探索

在亲密关系（如果没有恋爱，可以参考亲子关系、密友关系等）里，当你感觉不到被爱或被看重时，可能会做些什么？结果怎样？和小组同学分享，有哪些新的发现和体验？

- 自我反思与练习

下面的表格是在亲密关系中呈现出的常见行为。不同的行为相互匹配，引发关系走向不同的方向，并逐渐固定下来，形成稳定的循环互动模式。看一看，你倾向于呈现哪些行为？效果怎样？

行为模式	具体呈现方式		
积极的互动行为	幽默	共情	信任
	温暖	关心	支持
	赞美	倾听	真诚
消极的互动行为	指责	防御	敌意
	漠视	轻视	冷淡
	批评	抱怨	自以为是
	多疑	攻击	挑衅

二、冲突阶段中常见的三种负面沟通模式

儿童在感知到与照顾者的情感联结断裂时，通常会通过哭闹、索求拥抱等方式重新获得情感联结，也可能通过冷漠、疏离等拒绝的方式使自己不再受伤害。伴侣之间在感知到彼此情感联结断裂时，与儿童的反应相似，不同的是，成年人的方式更加复杂。然

而，背后的需要是相同的，那就是重新寻求情感联结。只是我们表达想要重新建立情感联结的方式却往往把对方推开，并逐渐形成伴侣间相对稳定的负面沟通模式。在爱情心理学上，我们把这种导致矛盾产生、感情恶化的互动模式称为“魔鬼式对话”（约翰逊，2018），它主要有以下三种常见的表现形式。

（1）争吵（fight-fight）模式。它也被称为“揪出坏蛋”游戏，是一种相互指责的互动模式，在两性相处中很常见。比如，你和伴侣因为一件小事意见不合，他的某一句话刺激到了你，让你的情绪瞬间被点燃，你忍不住和他争执、对抗，甚至进行人身攻击。对方也不甘示弱，丝毫不认为问题出在自己身上，于是和你争吵，陷入了“攻击-攻击”的沟通模式。比如，阿哲很容易被女友满不在乎的语言和表情刺激到，瞬间变得非常愤怒，并说出非常难听的话刺激对方。事实上，女友只是因为感觉受伤故意表现出满不在乎。这些争吵看似是小事，暂时不会导致分手，但当次数变多时，彼此的内心都会累积负面情绪，越来越觉得对方不够爱自己、太自私，就会更激烈地还击，最后导致感情破裂。

相对而言，成人依恋类型中的迷恋型更容易陷入这种模式，并且通常容易成为发起的那一方。迷恋型个体把对方或爱情看得太重，常感觉到自己在爱情中是付出比较多的那一个，同时对自己的认知是消极的，很容易感觉到关系受威胁而进行指责，有时表现得歇斯底里，甚至会用分手、生死等威胁对方，其实背后真实的意图多是因为恐惧被抛弃，或者想要测试自己是否真的被爱。

总之，所谓的“揪出坏蛋”，就是两方都认定对方是“坏蛋”，自己是受害者，对方是那个错的人，问题出在对方身上。

当我们感到受伤时，表达愤怒更容易，而表达悲伤、委屈、无助、恐惧等是比较困难的。那么悲伤、恐惧背后的需要是什么呢，是需要被看见，害怕被抛弃，渴望被爱和联结。事实上，表达悲伤或脆弱会让人靠近和安慰，而愤怒地指责则让人远离。

（2）追逃（fight-flight）模式。相互指责其实只是在幻灭期试图改变对方的前奏，是“魔鬼式对话”的第一阶段，争吵只是权力争夺的第一个工具，如果无果，就会进入一种新的模式，即其中一方觉得争吵达不到解决问题的效果，又不知道该如何解决而不断退缩，用沉默、逃避等方式表达自己的不满。一方的回避通常会让另一方感觉到被拒绝和抛弃，在由恐惧而生怒的情绪驱动下，会导致更多的要求、抱怨和指责。彼此陷入了一种一个追着要“沟通”（其实是要改造对方）而另一个逃着要回避的恶性循环。此种模式常为一方迷恋而另一方回避的追逃模式。

双方其实并非不愿意沟通，而是在用自己熟悉的方式表达需要。一方是因为对方在情感上疏远自己提出抗议，另一方则是在抗议对方使用指责的方式，双方都想化解不满，但是这种互动模式只会让两人之间的关系越来越紧张。

背后的需要仍然是对爱的呼唤，遗憾的是，双方都以为自己给出了爱，但对方感受到的却是无形的“刀”。

（3）冷战（frozen-frozen）模式。如果在追逃模式下问题得不到解决，久而久之，追逐的一方可能会对另一方彻底失望，或者感情冷淡，也以沉默来应对伴侣，此时就进入了最伤感情的冷战模式。在此模式中，双方都自我封闭，进行冷酷的防御与否定，切断了对伴侣的情感和期待。绝望感充斥伴侣关系，双方可能有很多的自我怀疑，觉得自己不会处理关系，不可爱，也不被爱，从而深受折磨。正如依恋理论的创立者鲍尔比所提出的那样，我们由所爱的人眼中去确立自我形象，我们所爱的人正是我们的镜子。这一点不只是在亲子之间，伴侣之间也是如此。

一些关系在冷战模式下可能走向结束。有的伴侣一方或双方可能在极度痛苦的折磨下，努力想要摆脱痛苦的状态而寻求解决之道，开启自我成长之路。通常而言，一旦能够识别出这些恶性循环，并意识到对方不是你的敌人，无效的互动模式才是共同的敌人，你就迈出了学习摆脱这种模式的最重要的一步。

● 分享与讨论

结合自己或身边好友的经历，讨论如何识别这些模式。在不同的模式中，如何打破固定的模式，开启真正有效的沟通？

三、反思与内省阶段

内省，顾名思义，从外部转向内部，即外求失败，在关系当中的幻灭与求而不得的绝望中，回过头看向自己。你会发现，在亲密关系中，所有的幻灭其实都是自己将幻想投射到了对方身上。比如，你看到对方遇事不急，就认为对方是一个踏实稳定的人，后来却发现，他不是情绪稳定，而是不知道该如何做而保持退缩或沉默；你看到对方爱笑，就认为对方乐观向上、善解人意，但在相处中发现对方不只是爱笑，还爱哭、爱生气，甚至还会歇斯底里。此种表现是正常的，因为其情感的体验和表达都很强烈，自然正负情绪的呈现都轰轰烈烈。

> 你对对方的指责、抱怨和怀疑，其实也是朝向你自己的问题。一名同学问心理咨询师："老师，你说我男朋友是不是真心喜欢我？因为我既不是学霸，长相一般，身材也一般，我实在不能理解他为什么会喜欢我。"这名同学看似是怀疑男友，其实怀疑的是自己是否值得被爱，她要做的不是不断地向男友求证，或者寻找蛛丝马迹来证明自己不值得被爱，而是回头看向自己的内心深处问自己"我值得被爱吗？"

个体在亲密关系中的反应模式可能是幼年亲子关系中反应模式的翻版。你会不断重复幼年"行之有效"的方法，用从父母那里寻求爱或保护自己的模式，在亲密关系中重复类似的感受。此时，或许你可以问自己：在这段关系中，我做出了什么样的贡献？在这样的反思中，你会发现自己的责任，也拥有了改变的权利。

● 实践与练习：开启良性互动模式

活动内容：肯定自己、欣赏他人。

A：写下自己的优点（5～10 个），找个小伙伴对他说出自己的这些特质。感受自己的内心、倾听他人的反馈。

B：写下对恋人（如果无恋人，可以选择其他亲近的人，如密友、父母等）的欣赏，至少5～10点，然后看着对方，逐一表达你对对方的欣赏。

请记录：恋人（他们）有什么反应？根据情况，邀请恋人（他们）反馈与分享体验。

简单分享感受与反思。

同学们的活动感受

● 练习：你们都收到爱了吗

你是否想过，你们彼此表达爱的方式能否被对方理解？表达爱除了使用语言，还有别的方式。想一想，你是如何向亲密关系对象（如果没有恋人，可以拓展到其他亲密关系）表达爱的。当你所爱的人做了什么，你认为对方是爱你的，即你期待对方如何向你表达爱。请按重要性排序。

我表达爱的方式	我期待对方向我表达爱的方式

选择一个亲密关系对象（可以拓展至亲子、密友等），邀请对方和你一起完成上述排序，写下自己表达爱的方式和自己期待对方向自己表达爱的方式，越是重要的，排序越靠前。（提醒：分享前要相互保密，不能商量。）

写完后和对方分享，看看你们彼此之间表达爱的方式是否匹配，有哪些困惑和发现。

专业链接

爱的五种语言：让关系更和谐、更深厚

每个人都渴望爱，也都在表达爱，虽然爱是每个人都懂的语言，但每个人说的“方言”却有所不同。美国婚姻辅导专家盖瑞·查普曼（Gary Chapman）列出了五种独特的“爱的方言”，即“爱的五种语言”。这五种语言分别是：肯定的言辞、精心的时刻、接受礼物、服务的行动和身体的接触。

1. 肯定的言辞。即用语言来表达对对方的赞美、鼓励和肯定。心理学家威廉·詹姆斯（William James）说过，人类最深处的需要，就是感觉被人欣赏，尤其是那些安全感低、有自卑情绪模式的人，在缺少安全感时，就会缺少勇气。而这时，如果伴侣能说一些鼓励的话语，往往会激发出对方极大的潜力。

2. 精心的时刻。即与伴侣度过的、无干扰的、全身心投入的时间。给予对方全部的注意力，重视与伴侣的独处时光，这会让人们感受到被重视和被爱护。

3. 接受礼物。即通过给予和接受礼物来表达爱、感受爱。礼物是爱的象征，无论大小，都能使收到礼物的人感到被珍惜。礼物是爱的视觉象征，它可以是买来的、自己做的或者找到的。礼物是一个载体，提醒对方"我还爱着你"。

4. 服务的行动。即通过实际行动来表示爱意。对一些人来说，行动胜于言辞。他们更倾向于通过实际的努力和付出来表达爱。比如，帮伴侣做饭。

5. 身体的接触。即通过身体的接触来传达爱意和感受爱意。身体接触是人类沟通感情的一种微妙方式，也是表达爱的一种有力工具。最好和伴侣讨论喜欢的身体接触是哪一种。比如，一个拥抱、一个亲吻或是握手，都可能让彼此深深感受到爱意。

资料来源：查普曼．爱的五种语言．北京：中国轻工业出版社，2006：27－116.

如果一对伴侣共同经历了前几个阶段，就会有一种顿悟的体验：原来亲密关系中的彼此既是独立的，又可以相互联结和滋养。

四、如何面对：把痛苦当成反思和成长的机会

从表面上看，伴侣之间的冲突、矛盾和不同的负面关系模式等都是恋爱关系中的问题。然而，这些问题并非真正的问题，因为从幻想到现实，终究会有幻灭的过程，是关系发展和深入过程中必然要经历的痛苦。就像婴儿断奶要经历痛苦，成长要经历分离之痛，这些都不是真正的问题，真正的问题是如何应对和处理这些痛苦。刚开始无意识地进入这些负面关系模式不是问题，但是如果碰得头破血流仍然固执地认为自己是关系的受害者，全部是他人的责任，这样的应对才是真正的问题。因为它会不断地在你的生活中重复类似的模式，让你感觉到受困而无助。显然，从逻辑上看，既然认为都是他人或这个世界的问题，我们自己自然是无能为力的，只要拥有这样的逻辑，就会活出这样的现实。

恋爱关系中的两人如果都深感痛苦，那么一定是关系模式出了问题，我们要学习后退一步，透过爱情，探索自己真正想要的是什么。通常而言，情感的安全是其中最重要的需要之一，除此之外，还有归属感、被接纳、被认可、被爱、价值和意义等，只是每个人的排序可能不同。正如匈牙利诗人裴多菲在《自由与爱情》这首诗中所写：生命诚可贵，爱情价更高。若为自由故，二者皆可抛。该诗表达了诗人不愿意沉溺于自己的生活，毅然为了国家的独立和自由，把生命和爱情置于次要位置。虽然每

个人都有内在深层次的需要，但不同的人排序是有差异的。当我们透过爱情发现自己真正想要的是什么时，满足需要的方式就会变得灵活，而不会在一些小事上痛苦挣扎。比如，拘泥于一句话的内容、一件事是否做得如你所愿等，其实背后只是反映了自己对爱的定义或者信念而已。

此外，觉察自己的恋爱关系脚本和自己在爱情中的感受和反应，从无意识的反应转向有意识地回应。疏离型个体和恐惧型个体的共同特点是高回避，可以尝试突破之前的回避行为，有意识地容忍关系亲近所带来的焦虑，走出舒适区，给自己体验新经验的机会（这既是挑战，也是痊愈和成长的机会）。迷恋型个体最主要的特点是，对自己的认知是消极的，认为对方比自己更重要，常常患得患失，自己制造焦虑。因此，迷恋型个体在感受到焦虑时，要有意识地提醒自己向内看，给自己更多的关爱，认可自己和对方一样重要而有价值。刚开始时，我们可能会感觉到不真实，多鼓励和肯定自己的价值，就会体验到更加轻松的关系。我们要学习为恋爱关系的发展共同负责，为自己的需要负责，从这个意义来说，爱情中的酸甜苦辣、爱恨情仇，都是自己走向成长和成熟的道场。

我们要觉察自己的心理地图，也要看到对方的心理地图，既尊重自己的需要，也关注对方的需要。爱一个人并不代表我们拥有以下权力。

爱他，要他以我们认为他爱我们的方式来爱我们。

爱他，要他听从我们的话。

爱他，要他照顾和负责我们的成功、幸福和快乐。

如果我们拥有这些权力，则对方亦有这些权力。

● 实践与练习：心情报告

心情报告是一种旨在促进双方感情的心理练习方法，可以实现双方的有效沟通，并且提升双方的自我价值感。面对你的恋人或者拥有亲密关系的人，按照下面的步骤尝试进行沟通。

（1）表达欣赏和感谢。

（2）表达抱怨、不满和改进的建议（谁表达不满，谁提出改进的建议）。

（3）表达新的决定、计划等和希望获得的支持。

根据情况调整频率，可以是每天、每周、每月等。

与同学分享一下实践感受。

● 小采访

采访父母或者谈恋爱超过一年的好友，请他们谈一谈恋爱经历了一个怎样的阶段。

在关系里，他们面临压力是怎样处理的？效果怎样？感觉到联结亲密的时刻都有哪些？

你在活动中有哪些感受？

第 3 讲 选择与责任：如何面对恋爱中的性议题

奥托·克恩伯格（Otto F. kernberg）在《爱情关系》的开头说道："性与爱紧密相关，这一点毋庸置疑。"因此，在恋爱中，性是一个不可避免的话题。如何处理性问题，不仅关乎双方的身心健康，还关系到恋爱关系的稳定和发展。

一、性在恋爱关系中的位置变迁：从伦理判断到自我选择

弗洛伊德认为性是一种原始的生物欲望。后期的精神分析学派认为，性是界定自我表征和边界的强有力的组织者（米切尔，2021）。从心理学的角度看，性包括心理和行为两个层面，它不仅包括性交、性爱抚等所有直接的行为层面的性活动，还包括人们对性的情感、态度、价值观和性方面的喜好等心理活动的表现。

在恋爱关系中，性是一把双刃剑，既可能增加彼此之间的情感联结和依恋，对关系起到促进和升华的作用，也可能因为性关系处理不当，使关系更快地结束，甚至对彼此造成更深的心理伤害。无论如何，性问题在现代人的恋爱关系中占据着一个重要的位置，其中一个现实因素起着重要的作用，即人们初婚年龄越来越大，性作为一种自然的生理需要很难像传统社会下在婚姻中得到解决。例如，唐代规定"男十五、女十三以上，得嫁娶"；明代则是"凡男年十六、女年十四以上，并听嫁娶"。根据《中国人口普查年鉴 2020》，2020 年中国人平均初婚年龄从 2010 年的 24.89 岁上升到了 28.67 岁。全国多地民政部门公布的 2022 年度婚姻数据显示，各地平均初婚年龄基本接近 30 岁，一线城市超过 30 岁。因此，相对于传统社会对未婚男女发生性关系严苛的道德评判，现代社会对恋爱中的性关系有很高的包容度与接受度。恋人之间是结婚后再发生性关系，还是两人觉得亲密关系达到一定程度就可以发生性关系，已经不能单纯地从伦理的角度来看，而主要取决于两人的选择和观念。

因此，是否可以在婚前发生性关系，已经从传统社会中的伦理判断转变成一个成熟个体的自我选择和判断。

● 分享与讨论

你是如何看待性在恋爱关系中的位置的？和组员讨论一下，看看大家都有哪些观点。通过讨论，你有哪些新的发现和启发？

二、性与爱关联，但绝不对等

● 道德两难选择

某地有一条鳄鱼满布的河，河上只有一座小桥。在河的两岸分别住着一对恋人，姑娘与小伙子每天都要见一次面。一日，山洪暴发，小桥被冲垮了。姑娘牵挂着恋人，到处求人渡她过河，但都遭到了别人的拒绝，只有一个叫法尔的小伙子说："如果你肯同我过夜，我就帮你渡河。"

姑娘没有同意，但她想了三天三夜也没有其他办法（假设确实没有其他办法）。她非常担心恋人，万般无奈之下答应了法尔。后来，法尔帮她渡了河，姑娘来到了恋人身边。但恋人知道她是怎样过来的之后，怒不可遏地打了她一巴掌，把她扔回了法尔的船上。法尔见状牛劲大发，冲上岸把那个小伙子痛揍了一顿。

分享与讨论：在这三人中，你最欣赏谁？最同情谁？最厌恶谁？请说出理由。从大家的讨论中看看有什么新的启发。

提出意义疗法的心理学家维克多·弗兰克尔曾经说过："一个人不谈论爱就不能谈论人类的性。然而，当谈论爱的时候，我们应该记住，爱是为人而不是为其他低级的生命形式而保留的……人类的性，始终不只是性，它超越性，并达到了这样的程度——成为某种具有超越意义的身体表达形式。它是爱在身体上的表达方式，只有当性执行了这一功能时，它才成为真正的、有价值的体验。"当爱情遇到性，会发生很多浪漫唯美的故事，也会有许多无奈错误的悲剧。无论是过去、现在还是未来，人们都面临着这样或那样的关于爱情、关于性、关于爱情与性之间的矛盾冲突，以及调节升华等一系列问题。虽然呈现出的现象不同，每个人面对的具体情况也不同，但透过现象看本质，我们不难发现，其实有一些是我们共有的、都会面临的有代表性的问题。

在两性交往过程中，有人会有这样的想法：我们已经如此相爱，是不是应该通过性这一最显亲密的行为，来加深我们之间的感情？或者有人认为，只有交付身体才能体现出对彼此的爱。由于男女双方在生理、心理上的差异，常常是男方主动要求与女方发生性行为，如果女方拒绝，或不主动与男方有亲密接触，男方就认为女方爱得还不够深。这些想法都是有失偏颇的，因为对爱的渴望，不仅来源于性欲望，还有与人建立关系的愿望。

甚至有一些人觉得性可以解决两人间的感情危机。然而，性体验未必带来两性关系的深化，相反，婚前性行为对两人感情的发展、关系的发展有很多不利影响。人自身的尊严感和对他人是否尊重，都会在性关系中充分体现出来。性，其实是人格的一面镜子。当双方把彼此的交往局限于性时，很容易感到单调、重复，同时很容易忽略沟通和交流，阻碍爱情的发展。此外，发生性关系还有可能损害两人之间的信任，男方有时会在发生性行为之后觉得女方太“随便”，对女方的信任度降低，而女方也有可能怀疑男方是否和别的女性有过性关系。过早的性行为会破坏彼此的神秘感，还可能带来大量的情绪困扰，如紧张、内疚、冲突等。更重要的是，发生性行为可能要付出自己不一定能够承受的代价。

对未婚同居的研究发现，现在大多数年轻人在结婚之前便选择了共同生活。然而，如果人们并没有切实的结婚计划，未婚同居并不能确保婚姻生活幸福美满；相反，未婚同居增加了夫妻离婚的危险。因为同居的时间越长，双方对婚姻的热情越低，越容易离婚。然而，对于已经订婚并准备结婚的情侣而言，这些有害的同居效应相对轻微，但是仍有一定的危害性（米勒，2015）。

在现实中，也有男性在与恋人发生性关系后把所有的负担和责任都留给女性。有的情侣在发生性关系后，感情不但没有加深，反而更加疏远，最终分手。因此，男士们，请从对自己和女性负责的角度出发，慎重对待性。女士们，请从保护自己和对感情负责的角度出发，勇敢地表达自己的意愿，为自己做出负责任的决定。

归根结底，爱是一种能力，一种懂得如何表达爱、接纳爱的能力。恋爱中的两人透过爱情，都在经历着成长，学习以宽容、尊重、理解、忠诚等态度面对自己，面对对方和两人的关系。

三、恋爱中的性行为该如何选择

对于在恋爱关系中是否要发生性关系这个议题，当从社会伦理判断发展到自我选择时，其实是对身在其中的个体提出了更高的智慧要求。因为选择并不只意味着自由，同时意味着需要为选择的结果承担责任。能够为自己的选择负责，是人格成熟的重要标志之一。恋爱中的个体要学习处理性问题，其实就是学习面对性问题时如何做出负责任的选择。

栗莉和男友交往了一年左右，彼此都很喜欢对方，希望最终能修成正果，步入婚姻殿堂。春节时，栗莉去了男友家，男友提出了性要求，但是栗莉以前从没想过在婚前发生性关系。男友却说“交往这么久了，你难道还不信任我”，并表示如果不答应就说明还不够爱他，栗莉陷入了纠结，不知道该怎么办。

● 分享：为她支招

和小组成员分享并讨论，你们觉得栗莉应如何面对男友的性要求？并说明理由。

在恋爱关系中是否要发生性关系，当事人需要自己权衡，最终的决定要以自己主观的意愿为主。此外，因为发生性关系对男女双方的客观影响不同，女方在其中处于相对弱势的位置，所以女方更要注意。

（1）不要因为感受到性胁迫而发生性关系。

不要无意识地认同对方对性意义的认定。如同栗莉男友所言，栗莉正处于一种由对方定义性意义的处境中。如果栗莉为了证明自己爱对方而发生性关系，显然与恋爱关系中给双方带来愉悦、亲密和满足的健康性关系是背道而驰的。从心理动力方面来说，如果自认为发生性关系之后爱情的天平会有所倾斜，那么随之而来的则是想要获得某种补偿，或者想要拥有更多权力。这就造成恋爱关系中新的矛盾和问题，很容易让对方感到厌烦或者被束缚，从而加快关系的结束。当然，如果是有意识地选择，明确可能带来的结果并且愿意承担，那便无妨。要避免那种无觉察状态下的委曲求全。

切勿因为对方的强烈需求而感到不好意思拒绝。如果面对这样的处境，像栗莉一样纠结，没有做好心理准备，那么就不要发生性关系。因为这可能会变成将来后悔的决定，甚至成为恋爱中的阴影。

（2）以平等的心态看待双方在性关系中的地位，为自己做出负责任的决定。如果你能够在恋爱关系中带着平等的心态看待性关系，没有谁吃亏谁占便宜之说，只是彼此之间情到深处自然表达亲密的方式，你自然可以有意识地选择发生性关系，也可以有意识地拒绝发生性关系，这都是负责任的决定。总之，面对恋爱中是否发生性关系，可以问问自己，你能为自己负多少责任，那么就做多少事。

（3）以尊重理解的态度，选择自己的行为。对于栗莉而言，她可以选择尊重对方的性需求，温柔而坚定地表达自己的看法。尊重指我们面对恋人想要发生性关系这件事本身是理解的，然而，尊重对方的需求并不代表在行为上一定要满足对方，这是每个人都拥有的自由选择的权利。

（4）在面对恋爱中的性关系时，首要的态度是尊重对方的意愿。在大众观念中，男性在性关系中通常处于进攻或者强势的位置。在恋爱中发生性关系，人们更倾向于认为女性是一种付出，男性是一种获得。因此，男性在恋爱关系中如何正确地面对性关系，对守护好恋爱关系、促进恋爱关系深入发展起到举足轻重的作用。其中，最重要的是尊重对方发生性关系的意愿。正如前文所述，性要求未被满足时，不能试图通过胁迫逼对方就范，因为在这种情况下发生的性关系可能会给未来关系埋下隐患。

四、恋爱中的性行为要确保安全、守护身心

安全性行为是指有保护措施的性行为。这里的保护指身心两方面：一是在安全的环境下，双方出于自愿发生的性关系，确保心理安全；二是在女性月经期禁止性生活，避免感染妇科疾病。发生性关系需要有保护措施，避免非意愿的怀孕和可能的疾病传播，确保身体安全。正如前面提到的，做自己可以负责任的选择，比如，如果没有准备好抚养一个孩子，那么务必做好保护措施。

（1）首推全程使用避孕套。避孕套是非药物的避孕方式，安全系数较高，通常可以达到95%的避孕效果，同时，也可以防止性疾病传播。但是，避孕套也不是绝对安全，其作用与多种因素有关，如避孕套尺寸、是否破损、佩戴是否规范以及有效期等诸多细节。

（2）事后服用紧急避孕药，但不能作为常规避孕手段。在紧急情况下，未做防护的性行为，补救措施之一是在72小时内服用避孕药进行避孕，越早服用越有效，随着时间的延长，防护有效性越低。避孕药不能作为常规避孕方式使用，一是因为其防护效率相对较低，最新的双盲实验研究（Li et al.，2023）发现，使用比较广泛的左炔诺孕酮的避孕效率仅为63%，并且排卵后服用无效；二是因为事后口服的避孕药是激素类药物，可能导致内分泌系统失调，长期服用还可能导致月经不调、怀孕困难、流产等。

（3）安全期和体外排精法都不安全。一项对大学生的调查研究（杨月华 等，2021）发现，大学生对避孕方法的知晓率排在前5位的依次是避孕套、紧急避孕药、复方口服避孕药、安全期避孕和体外排精法。事实上，安全期避孕和体外排精法都是非常不靠谱的避孕方法。

安全期即根据女性规律的排卵周期进行计算，以期避开精子和卵子相遇的时间。由于卵子存活的时间为1～2天，精子为2～3天，因此，如果以月经周期28天为例，排卵日大约是下次月经来潮前的第14天，排卵日的前5天和后4天以及排卵日被称为排卵期，即危险期。除去排卵期和月经期，其余的日子都是所谓的安全期。然而，女性的生理周期并不是完全准确的，影响生理周期的因素有很多，如药物、心情、压力、身体条件，甚至天气等。因此，没有办法准确计算出排卵日，所谓的安全期在理论上并不成立。安全期避孕失败率相当高，无论是排卵期还是安全期，都要采取防护措施。

体外排精法，即男性进行体外排精，从而避免精子进入女性体内。虽然在理论上听起来合理，但在实践中存在问题，因为并不是只有射精阶段的精液才含有精子，早期的分泌物中也存在少量的精子，同样会造成怀孕。因此，不建议采用此种方法。

● 实践：小调查

针对大学生对安全性行为的认知和对防护措施的认识做一个小调查。和小组同学分享与讨论调查结果，看看有什么新的发现和启发。

本章小结

● 爱情花开不但有生理密码，也有心理密码。

● 不管我们是否意识到，通常在恋爱之前，内心已经有理想情人的形象。在起冲突时，我们需要问自己我们爱的是真实的人还是理想情人。另外，幼年与主要抚养人的依恋关系通常是成年亲密关系的雏形。理解不同的依恋类型可以帮助我们更深入地理解爱情中的自己。

● 亲密关系也有发展变化的阶段，通常会经历准备阶段、绚丽的热恋期、冲突与幻灭期、反思与内省期等。冲突与幻灭期是关系发展的危险期，通常充满了权力的争夺和强烈的情感体验，同时也是反思和成长的机会。

● 性在恋爱关系中的位置从之前的伦理判断变为自我选择，因此对自己负责的能力要求更高了。

● 性与爱关联，但绝不对等。在恋爱关系中的性行为选择最关键的是以平等的心态看待双方在性关系中的地位，为自己做出负责任的决定。同时，如果发生性行为，一定要确保安全，守护好身心。

拓展阅读

查普曼.（2006）. 爱的五种语言. 北京：中国轻工业出版社.

克恩伯格.（2023）. 爱情关系. 北京：中国人民大学出版社.

米勒.（2015）. 亲密关系：第5版. 北京：人民邮电出版社.

主题 5

破解人际密码，非暴力沟通创造好关系

为了倾听他人，我们需要先放下已有的想法和判断，全神贯注地体会对方。

——马歇尔·卢森堡

假设你要参加一次实习的面试，在面试前，你得到一些信息，对方对你很满意，也希望你实习后能够留下来。想象一下，接下来，你的内心会发生什么变化。去面试之前你的心情怎样？面试的过程中又会发生什么？结果怎样？

可以想象，面试结果通常是好的。

原因是人们通常无意识地带着对关系的预期进入关系，因此，人际关系的状态很大程度上在开始前就已经被决定。除非发生大的超出预期的事件，否则，人们常常会发现结果“果然和我猜的一样”，或开心，或沮丧。人们常常会重复一些困扰自己的关系模式，哀叹自己倒霉。实际上，当我们透过关系的表象，理解人际互动的内在过程，关注自我、他人和情境三要素，就有机会停止无意识的自动化反应，选择真诚回应，建立起好的关系。就像盲人恢复了光明，对自己的人际关系更有意识。

第 1 讲　人际关系背后看不见的手

在市场经济中有一只“看不见的手”，这只手即市场，在资源配置中起着决定性作用。人际关系虽然看似复杂，但背后其实有一个起着核心作用的隐秘心理过程，像一只“看不见的手”，指挥着人们在人际关系中的感受、反应，塑造着人际关系模式。

这一切是如何秘密实现的呢？如何发现这只“看不见的手”呢？

一、看似无解的人际关系困扰

1. 实验：个体对关系的期待变成现实

先来看一个著名的实验（Curtis & Miller，1986），实验结论是个体对关系的描述和期待最终变为现实。为了更好地理解这一实验过程，请大家将自己代入被试的角色，亲身体验其中的感受。

主试告诉你，为了研究不同类型的人际交往，他会提前给陌生人 B 提供一些关于你的虚假信息。所以，与 B 见面时，你预期会从 B 那里得到友好或冷漠的回应（你被告知，B 会因为提供的关于你的虚假信息喜欢你或不喜欢你）。

接下来，主试告诉你，陌生人 B 要么喜欢你，要么讨厌你。然后，让你与该陌生人 B 交谈。

但实际上，B 并不知道你的信息。

实验结果表明，你实现了自己的期待，预期喜欢你的 B 对你的评价是“富有魅力，开朗积极，B 真的喜欢你”；预期讨厌你的 B 对你的评价是“小心翼翼，戒心重重，畏缩不前，B 确实讨厌你”。

（说明：这里的你和 B 并非一人，而是多人。）

你知道 B 形成的对你的态度并非基于真实的你，但你还是成功在真实的关系中让自己的期待成真。

- 自我探索

在你的生活中是否发生过类似的现象？回想一下自己的人际关系，有没有一些让你感到困惑但又找不到原因的现象，甚至在意识层面自己明明已经很努力，但结果非但不如自己所愿，反而更糟糕。

结合对实验的认识，举例分享并讨论感受。

2. 担心是一种诅咒

当父母、其他长辈或者你信任的人在你考试前不断地对你说“不要紧张”时，你对自己的信心是增加还是减少？显然，在大部分情况下，你会更加紧张，更加焦虑。在关系中，你担心得罪朋友，努力维护又小心翼翼，结果还是会得罪朋友。其实，原因不在于如何做，而在于你对关系的描述，因为你的担心反映了你对关系的负面预期。

3. 人们总是容易掉进同一种人际关系模式

令人困扰的人际关系模式总是莫名其妙地在生活中重复。桃子上了大学，心想要在这个全新的环境中改变过去的人际关系模式。然而，不到一个学期，却发现大学的朋友和高中的朋友很相似。朋友还是习惯性地忽略自己，有时很爱误解自己，桃子感到很无助。事实上，这是桃子在关系中对自己的描述和位置影响了人际关系模式。她想要别人喜欢自己，一旦别人和自己的想法不一样，她立刻就放弃自己的观点，因为担心关系受影响，所以她难以表达自己的真实想法。久而久之，大家就很容易忽略她的想法。

4. 再有道理的人际交往技巧也可能无效

燕燕很困惑，明明自己认真准备了心仪实习的面试，按照正确的方式表现，比如鞠躬问好、表达感谢等，但这些却未能给自己的面试加分。奇怪的是，自己平时没有太用心准备的那些面试，结果却很不错。实际上，关键原因不是技巧本身，燕燕认真准备本身也没有什么问题，问题在于她太用力，故而患得患失。比如，在鞠躬时，心里面会感觉焦虑紧张，认为自己处于低位而不是平等的。她虽然做出的是礼貌的行为，但心里却有一种不得不低头的卑微感。也就是说，燕燕对关系的描述变成了现实。

以上心理现象的背后是心理学中被称为“投射性认同”的心理过程在起作用，就像人际关系中那只“看不见的手”一样，把人们一次次带入熟悉的人际关系模式，使人们感觉被困住。

- 练习：角色扮演

两名同学一组：选择以上某种情境（也可以选择自己生活中常见的情境）进行角色扮演。把自己代入角色，尤其是调整心理状态，进行 2 分钟左右的情境交流，带着觉察细致体验自己的感受和想法变化。

分享并讨论在此过程中的体验，有什么启发和发现？

二、关系中看不见的手：投射性认同

投射性认同是现代精神分析客体关系学派的一个核心概念，这种心理机制是藏在人际互动背后的深层次心理过程，对人际互动的影响深远而持久，但人们常常并不知情。就像童子功一样，这些过程伴随着个体成长，人与模式往往合二而一，因此常常没有觉察，就像人们无法看到自己的眼睛一样。

（一）投射

● 启动小游戏

请看右侧这幅图，你看到了什么？

和小组同学相互对照，看看有什么发现。

相信同学们的答案一定有很多大大小小的差异，甚至是完全不同的看法。对于同样的一幅图，大家看到了不同的内容，这就是投射。投射，英文是 project，指将光线等射向某一表面，让本来没有内容的表面有了内容，如将电脑上的内容投射到幕布上。心理学中的投射是指个体依据自己的需要、情绪的主观指向，将自己的特征转移到他人身上，其实质是个体将自己身上所存在的心理行为特征套到他人身上。用通俗的语言来讲，即一个小气的人总是能看到他人的小气。

《东坡志林》（苏轼，2010）所记载的苏东坡和佛印和尚的故事，非常生动地呈现了什么是投射。即心中有什么，就看见什么。

有一次，苏东坡到金山寺打坐参禅，苏东坡与佛印和尚两个人对坐了一会儿，苏东坡问佛印和尚："禅师，在你的慧眼看来，你看我坐禅的样子怎样？"佛印和尚看了一眼苏东坡，点头赞道："好庄严，像一尊佛。"苏东坡听了之后心里很是得意，可是他看着佛印和尚想打趣一下后者，于是说道："禅师，你知道我看你像什么样吗？"佛印和尚平静地问："像什么？"苏东坡讽刺答道："像一堆牛粪。"苏东坡答后看着佛印和尚，却见佛印和尚眼观鼻，鼻观心，岿然不动地端坐着。这时，苏东坡因为自大而感到飘飘然，但佛印和尚只是笑而不语，似乎没有生气。

苏小妹在听说他们的事情后，对哥哥说："就你这个悟性还参禅呢！佛门讲究心境，佛印和尚看你像一尊佛，那是他心里有佛，而你看他像屎，那说明你自己心里有屎。"

投射在生活中无处不在，我们每一个人都有不同程度的投射。无意识地投射就像一个人闭着眼睛走路，觉察就是睁开眼睛。有投射很正常，关键是当遇到障碍或者困扰的时候，能够有意识地提醒自己，向后退一步，看看自己是不是以己度人，并想当然地认为自己所看到的就是真实的。

（二）认同

认同的英文是 identification，还表示确认、鉴定、识别、身份证明等。认同的心理学定义是个人通过体认与模仿他人或团体的行为态度，使其逐渐融入个人的人格之中。在幻想层面上，即成为另一个人。例如，一名大学生留了胡子，是因为他十分仰慕一位知名教授，该教授留着很有个性的胡子，此学生以留胡子的方式向教授表示认同。还有追星者常常购买明星使用的同款产品，留有与明星一样的发型等，借此在心理上获得一种满足感，并与偶像建立一种深度的联结。历史小故事“东施效颦”便是认同的经典例证。图中的孩子（见图 5－1）戴上与父亲一样的眼镜，是想要像父亲一样，即在心理上认同父亲。

图 5－1　认同父亲示例图

● 头脑风暴：一分钟组词

请大家以“（　　）认同”组词，在一分钟内，看谁组得多。

和同学分享并讨论，通过组词，体验认同在生活中的影响。

（三）投射性认同

从大家的组词中，我们可以看到多种多样的认同，比如文化认同、国家认同、学校认同、自我认同、性别认同等。接下来要讨论的认同，即人际关系中看不见的手——投射性认同。顾名思义，这种认同是别人投射给自己的，而不是自己有意识做出的选择。讨论投射性认同的定义之前，先结合下面的案例“怎样把男友改造成不喜欢的类型”，理解投射性认同发生的过程。选择恋爱关系作为例子的原因是，恋爱关系本质上也是人际关系中的一种，而且恋爱关系的张力更强，因此呈现的过程会更加生动明显。

小敏想找一个独立、成熟、有主见的男友。然而，在谈了两次恋爱之后，她发现起初符合自己要求的男友，随着时间的推移，变得越来越没有主见，小敏最后都无奈地提出了分手。接下来是小敏的第三次恋爱，她这次非常谨慎，经过多方的考察与了解，她觉得本院的足球队师兄阿伟在各方面都比较符合自己的期待。每次阿伟踢球，小敏都是最忠实的拉拉队成员，并且非常热心地给阿伟拿毛巾、递水等。不久之后，阿伟也对小敏动心了，于是两人恋爱了。

恋爱开始时，小敏改造男友的历程也悄悄开启，只是这一切都在不知不觉中进行着。

第一步，小敏把“理想男友”的幻想投射到阿伟身上。这不仅包括上面提到的特质，随着关系从远到近，小敏还将对理想男友的更多期待无意识地融入其中，而期待的背后则是对爱的需要。小敏认为：“爱自己的男友应该处处照顾自己的需要和感受，否则就是不爱自己。”她把更复杂的理想男友的形象像从电脑投到幕布上一样投射到男友身上，期待男友按照自己“理想男友”的脚本与自己互动。

第二步，男友虽然最初难以接受或认同小敏的幻想，但小敏通过行为、语调、语气、情绪、肢体语言等隐私但又非常强有力的方式强迫男友认同。这种强有力不是公开直白的语言表达，而是一种潜在的威胁，即“如果你不这样做，你就是不爱我”。这种无法进入个体意识的心理内容往往是最有力量的，因为只要意识到就可以对其进行管理。

在这个层面上，每个人在无意识中都有一套天然且娴熟的表达方式。以下是小敏在恋爱日常中自然流露出的表达方式。

(1) 小敏进行投射，男友不认同。小敏想考托福，于是报了培训班，因为周末也要上课，所以就想让阿伟也一起报班，这样学习、约会两不误。然而，阿伟没有想过出国，也不想把周末的时间用来上课，阿伟喜欢周末和队友踢球。刚开始，阿伟不接受（不认同）小敏投射的对理想男友的幻想，他认为爱一个人可以有很多种方式。小敏听到后，虽然在理性上无法反驳，但是在情绪上马上拉响警报，“他不够爱我，如果他爱我，是愿意为我做出改变的”。小敏感到受伤和愤怒，但在理性层面又觉得对方没错，于是对阿伟说：“好的，那你就陪你的队友好好踢球吧。”阿伟感受到了情绪的力量，于是问小敏：“你生气了?”小敏冷笑道：“生气，为你这点事我犯不着。”阿伟再三确认，小敏否认生气，阿伟这才放下了心。然而，接下来，小敏微信不回，电话不接，再看到阿伟打电话，直接关机。

(2) 阿伟被迫认同小敏对理想男友的投射。阿伟此时意识到，小敏真的生气了。于是，阿伟找小敏吃饭、看电影，尽心尽力地讨好她。经过一番努力，两人终于和好如初。然而，类似的事情多起来后，阿伟总结出与小敏的交往之道，即“听小敏的安排，不让小敏生气”。在这个过程中，阿伟逐渐认同了小敏的投射，按照小敏内心的想法去扮演一个爱她的男友角色。实际上，人们和身边人的交往体验会影响到对自我的感觉以及其他人际交往情境，阿伟也不例外。后来，有朋友约阿伟周末踢球，他不敢马上答应，而是去问小敏：“这个周末的活动，你是怎么安排的?”阿伟成功认同了理想男友的角色，变得越来越像小敏幻想中的男友，但是却表现得越来越没主见、犹豫不决等。

(3) 虽然阿伟认同小敏的投射，但小敏却生起了分手的念头。起初，阿伟处处以小敏的安排为主，小敏感觉挺开心、挺满足的。然而，久而久之，小敏内心开始感到厌烦，心想："为什么总是问我怎么安排，自己就不能主动安排吗？"慢慢地，小敏怎么看都觉得男友无趣、没主见，竟然萌生了想要分手的想法。

至此，小敏成功地把男友改造成了不喜欢的类型。

理解了小敏改造男友的详细过程，就可以轻松理解投射性认同。投射性认同指个体诱导他人以一种限定的方式来做出反应的人际行为模式。这与一般的投射不同，一般的投射本质上是一种心理活动，并不需要任何外显反应。例如，在敌意的投射中，进行投射的人认为他人的脾气不好，而不管他人实际上是否有此种感受和行为。同时，普通的投射不需要任何互动便可以发生，而投射性认同实际上涉及对他人行为和情感的操纵（卡什丹，2006），只不过是无意识的过程。它源于一个人的内部关系模式（通常是当事人早年与重要抚养人之间形成的稳定互动模式，也可以理解为人际关系模板），并将其置于现实的人际关系中。

● 分享与讨论

读了小敏与阿伟的故事，结合投射性认同的概念，与小组同学分享一下你的想法和感受。在你或你身边人的生活中有类似的现象吗？请举例谈一下。

三、投射性认同的心理分析

(1) 别人对待你的方式，可能是你教会的。从小敏的案例中可以看出，阿伟对待小敏的方式是小敏教会的，因为小敏用自己的行动告诉对方，只有这样做才可以，其他路都走不通。当然，阿伟可以不认同，但是这段关系可能就会破裂。只要阿伟还想维持这段关系，在没有觉察的情况下，就要按照这个脚本演出，关系才可能维持下去。然而，矛盾的是，如果按照脚本演出，最终可能依然面临被分手的命运。

其实，我们何尝不是小敏呢？我们总是努力地想要控制和改变他人，最终却发现事与愿违。我们同时也是阿伟，有时为了维持关系，放弃了自己的很多权利，按照对方的期待去做事，结果反倒不被尊重，还惨遭拒绝。

总之，投射性认同是个体将自己的一部分（坏的或理想的部分）投射到他人身上，以隐秘的形式强迫对方认同，同时诱导他人以一种限定的方式来行动或做出反应。由于在这个过程中没有真实的人与人之间的相遇，因此投射性认同是一个孤独的脚本。其中，每个人都是自己人际关系的导演，脚本是提前写好的，我们在不同的关系里拿出相匹配的脚本，给他人分配不同的角色，让他们来扮演我们自己内部脚本的角色，一旦他们没有按照我们的脚本表演，我们就可能产生各种各样的情绪（比如怀疑、愤怒、焦虑）和想法（比如，他这个人太过分了，他不爱我了）。

当然，不要忘了，在人际关系中还有对方，他也有自己的脚本，他也承担着自己的那部分责任。这里的责任不是评判对错，而是拥有影响关系的权利。看到自己的责任，就同时获得了改变的权利，二者是同时存在的。

（2）投射性认同主要在无意识层面运作。阿伟是小敏的第三个恋爱对象，小敏之所以仍然重复之前的关系模式，是因为这些心理过程是在无意识层面运作的，人们无法对没有意识到的心理内容进行选择和调整。有的人一生都被困在一定的关系模式里，直到能够意识和觉察，才有可能切断这种强迫性重复的关系模式。

（3）投射性认同是内部关系模式在外部人际关系的呈现。在日常生活中，当个体感到困于某些人际关系时，通常会想："我怎么又遇到这样的人？我真是倒霉，我得想法避开这类人。"然而，真相往往是相反的，即外部人际关系是个体内部关系模式的呈现，内部关系模式在前，外部人际关系呈现在后，是存乎内、形于外。

显然，不管一段关系多么糟糕（尤其是成人之间的关系），每个人作为这段关系的一部分，一定产生了自己的影响，都对这段关系的状况有部分责任。听起来，这可能让很多人不舒服，认为"怎么可能有我的原因，都是对方的责任！"然而，责任意味着改变的权利，否则，如果我们的人际关系取决于遇到什么样的人，那将是一件多么无助无奈的事啊！惩罚对方和认为责任在对方并不会让我们过得好，不要把精力和时间消耗在抱怨和自怨自怜上，即使你想要还击，也应该用这些能量勇敢地自我成长，这才是最漂亮的还击。

专业链接

伤痕实验：人们对自己的错误知觉影响了对关系的知觉

美国达特茅斯学院的 Kleck 和 Strenta 两位研究人员于 1980 年发表了一篇名为《人们感知到的负面身体特征对社会交往中知觉的影响》的论文，即著名的伤痕实验。以下抽取部分内容简述过程。

被试有两组：

第一组被试有两名学生，他们并不知道实验目的，只是被告知会和一些学生讨论一些特殊的主题。他们的任务之一是，在与不同的人互动时，要保持行为的一致。

第二组被试被告知，他们将要和一个人讨论一些话题，实验的目的是想要查看被试的行为会不会受到其身体特征的影响。

实验过程：

第二组被试被安排到不同的没有镜子的小房间里，由专业的化妆师在他们的脸上画出一道触目惊心的伤痕。画完之后，被试可以用一面小镜子看看自己化妆后的效果，看完以后，镜子就会被拿走。在之后的整个实验过程中，被试都没有机会再看到自己的样子，同时也被告知不可以讨论任何与脸上伤痕有关的内容。然后，化妆师告诉被试说，要在他们的伤痕表面上涂一层粉末，以防止伤痕被不小心擦掉。事实上，化妆师用纸巾偷偷抹掉了画出的伤痕。当然，对这件事情，被试毫不知情。然后，他们被要求与第一组被试进行互动。

实验结果：以为自己带着伤痕的被试声称自己受到了他人的不友善对待，甚至是嘲笑的眼神。他们觉得别人总是盯着自己的脸看，而且认为别人对他们比平时更加粗暴无礼。然而，实际上，他们跟平时并没有什么区别。

结论：被试对自己的认知影响了他们对外界的感知，即内心怎样看自己，就会感受到外界怎样的目光。

资料来源：Kleck，R. E.，& Strenta，A. Perceptions of the impact of negatively valued physical characteristics on social interaction. Journal of Personality and Social Psychology，1980，39（5）：861－873.

四、投射性认同的四种常见类型

在投射性认同中隐藏着这样一个句式：“你必须如此，否则……”这传递着一个强有力的威胁性信息，完整的逻辑表达是：“我以此种方式对你，你也必须以一种特定的方式对我，否则你就是……”

那么，有哪些让人不舒服的投射性认同呢？通常有以下四种。

（一）权力的投射性认同

投射方扮演的角色是支配者，其内在逻辑是：我对你好，但你必须听我的，否则你就是不爱我，就是一只白眼狼。投射方对关系的信念是“我行，你不行，只有我在你面前掌控一切，我们之间才能建立关系”。比如，强势的父母与软弱的孩子之间，关系紧密的师生之间，好朋友之间等。当你处于此种关系时，你常会有一种无能感，这种无能感其实就是一个提醒，提醒你可能认同了他人对你投射的信息。

子正竞选班长成功，刚开始他意气风发，心中期盼带领班委共同营造一种其乐融融的班级环境。然而，过了近一个学期，子正发现班委们越来越被动，好多事情最终只能自己来做。虽然自己做了很多，但班委们好像并不领情，子正感觉又累又委屈。

直到他了解了投射性认同，结合自己和班委们之间的互动，子正瞬间理解了班委们为何会这样。其实，刚开始大家还是挺积极主动的，只是每次有活动，大家在提出方案时，子正总是指出各种各样的问题，觉得自己的想法才是最好的，随后让大家修改，大家修改后他又不满意。既然如此，大家慢慢地都应付着干活了。

子正意识到自己处在权力的投射性认同中，他向大家投射的幻想是“我行，你们不行”，班委们逐渐认同，反正自己也做不好，那便由你来做。

意识到这些，子正开始主动改变，大家再做事情时，他会先提醒自己，有意识地站在对方的角度看事情，并提出自己觉得好的地方，然后提出自己的建议和想法，供对方参考。慢慢地，他惊喜地发现，班委们更加积极主动了。

（二）依赖的投射性认同

投射方扮演的角色是依赖者，其内在逻辑是：我如此无助，你必须帮助我，否则你就是不爱我，就是一个没有良心的家伙。投射方对关系的信念是“我不行，你行，我只有依赖你、听从你，我们之间才能建立关系”。比如，有的人本来可以独立做很多事情，但是在依赖的关系里，他就变得无助无能，甚至连每天穿什么衣服、吃什么饭都变得失能。处于这种关系的被投射方会有一种强烈的必须为对方负责的感觉。

红红最近谈恋爱了，每次晚上从自习室出来都要求男友来接。热恋时，男友要么和她一起自习，要么来接她并送她回宿舍。热恋期过后，天气也变得寒冷起来。有一天下雪，红红期待男友像往常一样来接送自己，但男友说“你和你的同学一起回去吧，我在宿舍不想出门了。”红红有些生气，说了一句“没事，我自己回去”。在回宿舍的路上，红红越想越委屈，觉得自己的恋爱这么快就到了冬天，一边走一边想：“摔一跤就好了。”结果，红红脚下一滑，摔倒在地上。当时的她觉得特别无助和难过，感觉自己像是真的被抛弃了一样。睡觉前，红红和男友语音聊天，男友知道红红摔跤后，心里感觉特别内疚，向红红道了歉，并检讨“都怪自己”，表示以后都会送她回宿舍。

（三）迎合的投射性认同

投射方扮演的角色是迎合者或牺牲者，其内在逻辑是：我为你付出了这么多，你必须感激我，否则你就是不爱我，就是一个大坏蛋。投射方对关系的信念是“我只有牺牲自己才能得到爱和价值，才能与你建立关系”。比如，在一段关系里，你本可以轻松完成的事情，迎合的投射方主动帮你承担，并巧妙地让你感觉到歉疚，好像不时地提醒你欠了他什么。迎合者刚开始会让人很舒服，但随着时间的推移，会令人感到非常愤怒，但同时你可能会觉得：“我怎么能对这么好甚至表现得卑微的人生气呢？”从而你感觉到内疚，这是一种既愤怒但又无法表达的困境。

丽丽的妈妈是一位家庭主妇，丽丽考上大学后，妈妈突然从过去的忙碌中闲下来，感觉很不适应。如今，丽丽放假回家会感觉很有压力，因为回家后她发现自己必须完全失去生活能力。吃饭时，丽丽稍微多夹了一口菜，妈妈就赶紧把盘子移到她面前。丽丽有时很随意地拿起杯子，妈妈就赶紧给丽丽倒水……最让丽丽不舒服的是，妈妈总会说“妈妈为了你，吃再多的苦、做再多的事也愿意，只要你知道就好。”丽丽向妈妈表示，自己不喜欢这样，只想自由自在地生活，结果没想到的是，妈妈竟然难过地哭了起来。妈妈认为自己辛苦付出，任劳任怨，不仅没有得到感谢，反倒被指责，叹息怎么会养育出这么一个不懂得感恩的孩子！

（四）情欲的投射性认同

投射方扮演的角色是诱惑者，其内在逻辑是：我这么性感，你必须满足我并对我好，否则你就是不爱我，你就是一个性无能的家伙。投射方对关系的信念是“只有拥有性的吸引才可能被爱，只有借着性才可能与人建立关系”。诱惑者通常会展现出性感迷人，常常在言语和行为上挑逗别人，并且不具有排他性，因此在关系中弥漫着性的意味。投射方往往在原生家庭中获得一种感觉，认为性是建立关系的唯一通道，如果想要和人亲近，就必然要通过性的方式。作为被投射方，人们会强烈地感受到一种性诱惑。

柳儿渐渐意识到自己年龄不小了，便开始发动朋友给自己介绍对象。结果，见了两三个后，她非常生气地对朋友说：“你们给我介绍的都是什么人呀，刚见一两面就想上床，我只想找一个正经人谈恋爱！”朋友感到特别惊讶，也很抱歉，没想到自己介绍的人品行如此让人失望。

然而，事实上，柳儿每次约会都打扮得很性感，还会用一种特别的香水，因为她了解到“男人喜欢你身上的气味才会喜欢你这个人，更可能爱上你”。对方在约会中就会接收到一种强烈的信息，“我这么性感，你怎么会不爱我，否则你就是一个性无能的家伙”。

对于这一切，其实双方已经合谋，但均没有觉察和意识到发生的过程。

柳儿为何会形成这样的关系模式？这源于她从小形成的信念。由于父母离异，柳儿被判给父亲，父亲虽未再婚，但常常有年轻漂亮的女友，因此，幼年的柳儿无意识地获得了一个信念，即男女之间只有依靠性吸引力才可能建立关系。但在意识层面却并非如此，所以才会出现开头的情况。

事实上，在投射性认同中，不只是被投射方会感觉到不舒服，投射方也同样感觉到挫败和无力。投射方的秘密愿望是“堆积（deposited）在接收者身上的感受将会加强他们之间的关系”。例如，迎合者只相信迎合的方式，所以当对方疏远他时，迎合者在恐慌中会对付出更加执着。但他越付出，对方越想逃离，由此形成了一种恶性循环，最终导致迎合者最在乎的关系反而破裂。

然而，从个体自身成长的角度来说，这种方式是人们过去学到的生存策略和智慧，因为与他人亲近是我们内心深处的需要，但很多人只学会了一种与别人亲近的方式，甚至把这种方式当成唯一的通道。同时，也是个体试图解决自己人际关系问题的一种努力，虽然常常会失败。如支配者学会了权力的方式，依赖者学会了示弱的方式，而迎合者学会了牺牲的方式。与依恋类型相似，这些方式都是我们幼年为了更好地活下来学到的生存策略和智慧，但是，现在时过境迁，我们却仍然用过去的方式面对当下的关系。

● 分享与讨论

结合上面四种常见的投射性认同类型，反思一下自己或者身边的人是否有类似的经历，请结合具体例子，讨论如何面对投射性认同。

五、如何面对投射性认同

投射和认同是我们生活中很自然的现象，不管是投射方还是被投射方，首先要接纳自己，这是调整和改变的基础；其次是切断投射性认同的循环。

投射性认同的公式可以简化为：我（投射者）做了A，你需要做B，否则你就会得到C。被投射方在C的潜在威胁下通常会做B，这反倒强化了A，从而形成了一个无限循环。直到被投射方不再认同，这个循环才会发生变化，要么关系破裂，要么产生新的平衡。或者投射方觉察到自己在关系中的贡献，主动切断了ABC的循环。

（一）作为投射方，主动切断ABC的循环

回到案例中的小敏，经历了三次恋爱相似的模式，小敏第一次开始反思这是否和自己有关。当小敏发现男友的变化原来对应自己的行为时，她就放弃了想要分手的打算，并从收回投射开始，主动切断这个循环。

之后，阿伟再来询问小敏的意见和安排时，小敏不再像之前那样带着厌烦，而是很平静地说："我记得你以前周末最爱的是踢球，你想踢就去踢吧，我这边有事了再说。"阿伟听到小敏这么说，第一反应并不是开心，而是担心地问小敏是不是生气了，自己是不是哪儿做得不好。小敏再三保证真的没有生气，阿伟这才放心地主动约队友去踢球。阿伟看到小敏真的没有生气，感觉有些不真实的同时又很释然，这时恰巧看到小敏喜欢的一部电影要上映的宣传海报，就邀请小敏一起看电影。小敏特别开心，这是阿伟最近几个月以来第一次主动安排两人的活动。

原来，改变的核心竟然是先调整自己的行为，然后自然会影响别人的改变，而不是只想着去改变对方。

当然，在现实生活中，并非投射方调整行为对方马上就会发生改变，通常对方的第一反应是像阿伟一样有所怀疑。所以，改变绝不是套路，目标并不是改变对方，而是把关注点放在自身的改变上。因为我们不可能改变他人的行为，能改变的只有自己的行为。

（二）作为被投射方（认同方），主动打破循环

前面提到，投射性认同取得成功也需要认同方的配合才能进行下去，在某种意义上，其实这是两个人潜意识合谋的结果。因此，认同方也需要从自己身上入手，有意识地觉察他人的情绪和行为反应，以及自己的情绪和想法，审视自己在面对投射时不自觉地做出了怎样的回应。停止这种回应，同时改变思维逻辑，最终会发现，原来解决烦恼的最关键钥匙始终都在自己的手上。

简单而言，即我们需要在觉察（自己的情绪感受、身体姿态、语音语调、肢体行为

等）的基础上，从自动化反应转向选择性地回应。

所以，我们需要寻找和思考自己的哪些行为和情绪会引发别人对我们类似的反应，当我们突破自己的认知限制时，就可能会看到不一样的图景，获得改变的方向和更多内在的自由。

● 练习与实践：结对子

反思一下自己的人际关系，是否有作为投射方或认同方感觉不舒服的关系？如果有，选择其中一种关系，结合以上内容的学习，制定一个调整方案，并和小伙伴沟通完善。然后在实践中刻意练习，与小伙伴保持沟通并相互支持。

第 2 讲 非暴力沟通，沟通什么

家庭治疗大师萨提亚提出，任何人际互动通常都会涉及三大要素，即自我、他人和情境。显然，在投射性认同形成的关系模式里，个体通常只关注自己，深陷在关系中，无法跳出来看见对方，自然无法找到解决方案。爱因斯坦曾经说过，你无法在创造问题的系统中找到解决该问题的方法（爱因斯坦，2020）。因此，要想解决问题，我们要用觉察力帮自己跳出来，提升到更高的维度或系统。这样，我们就可以站在产生问题的系统之外，看见问题产生的全貌，自然就会明了解决问题的方法。

在投射性认同的人际关系模式里，个体只关注自己的感受和想法，因此，本讲主要聚焦于感知和识别他人的情绪，然后在了解自我、了解他人的基础上进行真正的沟通。情境作为背景要素，在每个人际互动场景中都需要我们有意识地予以考虑。

一、为什么要进行非暴力沟通

● 角色扮演：昨日重现

请回顾自己在一段关系中产生的困扰，或者冲突的沟通片段。尽量把双方的对话还原，写在下面的横线上。

与小伙伴进行角色扮演，你扮演互动对象，小伙伴则扮演你。尽量考虑到情境，生动地还原片段（然后扮演小伙伴的角色）。

体验在对话过程中的感受和想法。在彼此分享后，有什么新的启发和发现？

在谈及非暴力沟通之前，我们先谈一下几乎人人都会使用的暴力沟通。感受一下，你使用的是暴力沟通还是非暴力沟通呢？

暴力沟通因对关系的伤害，也被称为豺狗语言。豺狼虎豹，豺为凶残之首，表示暴力语言带来的伤害不亚于对身体的伤害。豺狗个子矮小，贴地而行，眼睛聚焦，目光短浅，且性格急躁，生性凶残，易被激怒，当它被攻击时，会快速地反咬回去。而使用豺狗语言的人经常评判、指责、攻击、诋毁他人，做不恰当的比较，命令和要求别人，给对方留下心理阴影和创伤。豺狗语言通常包含以下内容：

指责：你一点都不用心，学习一点都不认真。

贴标签：我就知道你是这样的，胆小、懦弱，什么都不敢，一点用都没有，不会有出息的。

翻旧账：我告诉你多少遍了？你为什么总不放在心上？

夸大其词：你对我就没有一句好听话。你从来都没有认真听我说过一句话。

做比较：你看看人家的恋人，肯定不会像你这样。

回避责任：你让我真的很难过。我不得不起床上早 8 点的课。

强人所难：你必须为此受到惩罚。

结合你听到的，或者你所说的，是否有类似的声音？

此刻，你可以停下几秒钟观察一下，在日常的人际交往中，尤其是亲密关系中，是否出现过豺狗语言呢？

也许我们并不认为自己的沟通方式是暴力的，但我们的语言确实常常引发自己和他人的痛苦。虽然我们很努力地想要表达爱，但很多时候对方并没有接收到，接收到的反倒是暴力。前面案例中的小敏认为自己只是想要感受到被爱而已，恋人阿伟更是为了努力想要做个好男友而放弃很多，但并没有收获认可，反而被嫌弃。显然，暴力沟通遮蔽了人与人之间的爱。

卢森堡（2015）在《非暴力沟通》一书中曾无比真诚地说道：

> 我从小就学着以貌似客观的语言表达自己。一旦遇到不喜欢的人或不理解的事，就会想别人有什么不对。如果老师布置的作业我不想做，那他就“太过分了”，如果有人开车横冲到我前面，那他就是“混蛋”。同样，要是达不到自己的期待，我也会觉得自己有毛病。我一心分析和确定错误的性质，而忽视自己和他人的需要。因此，如果女友想要多一些体贴，那她就是“太黏人了”。可是，如果我想要

多一些体贴，那她就“冷漠得像根木头”。如果朋友更关心细节，那他就是“强迫症”。反之，如果我更在乎细节，那他就是“粗心大意”。

以上卢森堡分享的这些内容，相信大家并不陌生。这些内容中关于自己或他人的评判其实并非我们沟通的本意，其传递的是我们的价值观和需要。然而，直接表达需要通常有很多阻碍：一是我们羞于表达需要。比如，我们需要被朋友认可，然而，当感觉朋友没有认可我们时，我们通常就会进入防御状态，而不是直接表达需要。二是我们可能根本就不知道自己的内在需要是什么。我们在吵架，却发现争执的是表面哪句话、哪个表情，甚至不知道究竟为什么而吵；我们在努力，却不知道自己真正想要的是什么。

当我们以这样的方式提出主张时，很可能会招来敌意，使我们的愿望更难得到满足。即使迫于各种压力，对方做出让步，通常也可能心不甘情不愿，并迟早为此付出关系质量降低的代价。小敏和阿伟的例子生动地向我们呈现了暴力沟通的结果。显然，他们在暴力沟通中只能看到自己（事实上也并非完全看到自己），结果就是所做的与想要的背道而驰。

非暴力沟通需要我们跳出自我的局限，看到他人的需要。与暴力沟通相对，非暴力沟通旨在通过建立彼此的理解和尊重，促进更加和平、有效的交流。正如卢森堡所言：“当我们褪去隐蔽的精神暴力，爱将自然流露。”因此，非暴力沟通也被称为长颈鹿语言、爱的语言，并在 2003 年被联合国教科文组织列为全球正式教育和非正式教育领域非暴力解决冲突的最佳实践之一。

为什么称非暴力沟通为长颈鹿语言呢？因为长颈鹿的几个重要特征特别符合非暴力的核心理念。首先，它有长长的脖子，代表倾听，此外，个子高，视野开阔，能够看到更多可能的选择。性格温和，很少有攻击性。其次，它是陆地上心脏最强大的动物，一头成年长颈鹿的心脏平均重约 11 千克，心胸宽广，代表它很有慈悲心和爱心。最后，长颈鹿能分泌一种酶，可以消化带刺的食物，代表有能力消化那些负面的语言，并转化为自身所需的营养。

二、非暴力沟通，沟通什么？观察-感受-需要-请求

非暴力沟通的内涵非常丰富，但其中最为简便且实用的表达方式是一个包含四个要素的句式，即观察-感受-需要-请求。具体而言，一是使用“观察＋感受”代替评判。比如，使用“我看见你今天一上午写了 300 字（观察），我有点担心你下午可能完不成任务（感受）”，代替评判性语言“你一天啥也没干，怎么可能完成任务”。二是使用“需要＋请求”代替命令。比如，使用“我需要被尊重，希望你与我交谈时语气能温和

些”，代替评判性语言“怎么说话呢？说话放尊重些”。体会一下，是不是有不同的感受？接下来，我们将针对这四个方面进行更加详细的阐述。

（一）观察

留意发生的事情，不管我们是否喜欢，清楚客观地表达观察结果而不进行判断。然而，我们太容易把判断当成观察，并且以为自己做的判断就是真实发生的事情。这常常引发误解。

图 5-2　你看到了什么

- 头脑风暴：你看到了什么？

请看右图（见图 5-2），根据你的第一反应说出你看到的内容。

____

____

____

相互分享看到的内容都有哪些，总结一下异同。

____

____

____

区分观察和评判。看到上面的这张图片，可能很多同学会自然地说“看见用拳头打人”，或者看到了“暴力”“愤怒”等。然而，你真的看到打人，看到暴力了吗？事实上，并没有，那只是你的判断而已。如果在现实生活中我们预判对方要对自己动手，便先发制人，结果对方说是我们先动手的，而我们坚称是对方先动手的，谁都觉得自己是受害者。“还不是你先怎样，我才怎样的”，这听起来是不是很熟悉？

更客观的观察是，“我看到一只拳头在一个人头部左上方×厘米处”。这就像拍了一张照片，描述你在照片中看到的场景，没有前后的推测和判断，这才是此处所指的观察。因此，观察是动用我们的眼、耳、鼻、舌、身，获取可见、可听、可嗅、可尝、可感的相对客观的信息。

诗歌《我从未见过懒惰的人》（卢森堡，2014）反映了观察和评判的区别。

> 我从未见过懒惰的人，
> 我见过，有个人有时在下午睡觉，在雨天不出门，
> 但他不是个懒惰的人。
> 请在说我胡言乱语之前，想一想，他是个懒惰的人，还是他的行为被我们称为懒惰。
> 我从未见过愚蠢的孩子，
> 我见过有个孩子有时做的事，我不理解，或不按我的吩咐做事情，
> 但他不是个愚蠢的孩子。

请在你说他愚蠢之前，想一想，他是个愚蠢的孩子，还是他懂的事情与你不一样。

我使劲看了又看，但从未看到厨师。我看到有个人把食物调配在一起，打起了火，看着炒菜的炉子——

我看到这些，但没有看到厨师。

告诉我，当你看的时候，你看到的是厨师，还是有个人做的事情被我们称为烹饪。

我们说有的人懒惰，另一些人说他们与世无争。

我们说有的人愚蠢，另一些人说他学习方法有区别。

因此，我得出结论，如果不把事实和意见混为一谈，我们将不再困惑。

因为你可能无所谓，

我也想说，这只是我的意见。[①]

如果我们把观察当成对事实的评判，就开启了暴力沟通的过程，结果对关系造成的伤害往往很大，有时甚至无法弥补。

下面是一个恋人之间的沟通片段。

女：我觉得你不够爱我！

男：（不知道发生了什么，反问）你这话什么意思？别整天那么多事，行吗？我怎么不爱你了？是不是又想要闹分手？

女：（自己被爱的需要没被看到，赌气回击）分手就分手，威胁谁呢？离了谁都照样活，说不定活得更好呢，哼！

其实，女孩只是希望男友更看重自己，满足被爱的需要，更合适的表达方式是直接把这种感受和需要说出来（例如：我昨天给你发微信，但到现在都没有收到你的回复，我感到有些难过，我需要感受到你在乎这段关系），而非直接带有主观色彩地评判，并把这种评判当成客观事实去指责对方。因为评判的语言会让听的人感觉被批评，从而想要反驳。

你是否听到父母说过以下类似的话？

评判：你学习时怎么这么不认真？

观察：我看到你学习时望着窗外。

体会一下听到第一句和第二句的区别，你会有什么不同的反应？其实，关系的互动就在这样一些细节之处悄悄发生了转变。

最后，请大家牢记一句话并提醒自己，即未经确认的信息叫作揣测，而揣测背后叫作自以为是。想一想，我们大概有多少时间是在揣测呢？

---

① 作者为鲁思·贝本梅尔。

（二）感受

1. 觉察并表达感受

在日常生活中，我们都会有不断变化的感受。然而，人们从小被鼓励按照社会标准来要求自己，习惯于考虑自己做得对不对，而忘记倾听自己的感受。渐渐地，当被问及“你有什么感受”时，很多人会困惑地说：“我不太清楚你说的感受是什么，我没有什么感受。”如果你也对“感受是什么”很困惑，那么此刻，请移动你的右手，找到你的左手背面靠近手腕中间处狠狠地掐一下。再问“你有什么感受”时，我相信，大部分同学都会不假思索地说：“当然是疼啊！”是的，这就是感受。

卢森堡（2015）在他的《非暴力沟通》一书中，提到了一个案例：

> 在一个研讨班上，一位大学生说，室友将音响的声音放得很大，他怎么也睡不着。我询问他当时的感受，他说：“我觉得在晚上不该这么大声。”我提醒他，虽然他用“觉得”这个词，但他表达的是看法而非感受。我请他再试着表达感受，这一次，他说：“声音太大了就会打扰到别人。”我向他解释，这依然是看法而非感受。他想了想，斩钉截铁地说：“我没什么感受！”
>
> 很明显，他有强烈的感受，不幸的是，他体会不到，更不用说表达它们了。

表达感受并不会因为展现脆弱而助长对方气势，反而可以让对方卸下防御，联结彼此人性深处最温柔的地方。如果这名大学生能够直接表达感受，会发生什么呢？例如：“你把音响的声音放得很大，我很努力入睡，但怎么也睡不着，你好像一点也没有意识到，我感到焦虑和生气，想和你沟通，但又担心会影响我们之间的关系，因为我很在乎这份关系。”同学们可以试着代入室友的角色，体会一下你可能会如何回应。

2. 区分感受和想法

卢森堡课堂上的这名大学生表达的一直只是想法，并非感受。很多时候，我们以为表达的是感受，但其实只是想法，哪怕你用“我觉得……”“我感觉……”等这些听起来像是表达感受的词语作为开头。

比如，你今天刚刚考完试，觉得考得不好，有些沮丧。当朋友或家人问你考完了有什么感受。你可能会怎样回答呢？捕捉头脑里自动冒出来的内容。笔者曾问过学生，得到的回应有：我考得不好；我觉得自己没有复习好；我觉得题目出得太偏；我要在学渣的路上越走越远，肯定得拉低学分绩点……事实上，这只是一些判断，并不是感受。

那么，如何表达感受呢？假设认为自己考得不好，失落、焦虑、难过、沮丧、郁闷、懊恼等，甚至可能会心跳加快、心情沉重等。这些才是感受，而不是判断。

● 分享与讨论

下列词语看似在表达感受，但其实是在表达想法，请分享你的看法，并和大家讨论与这些词语相匹配的感受可能有哪些。

被抛弃、被羞辱、被虐待、被打扰、被拒绝、不受重视、被束缚、被欺负、无人理睬、得不到支持、无人赏识、被利用、被贬低、被误解、被忽略等。

● 练习：表达感受

两人一组，针对日常生活中一种令你困扰的关系，让组员扮演互动对象，你对着组员直接表达你的真实感受，然后组员反馈听到后的感受和想法。两人轮流表达。最后分享活动感受。

3. 丰富表达感受的词汇

当表达感受时，我们习惯使用诸如很好、挺好的、不错、糟透了、很差、郁闷等词汇。这些词汇虽然表达的也是感受，但是不够具体。比如，当你说“我感觉很好”时，具体是开心、感动、喜悦、轻松、平静还是别的呢？有时，人们喜欢使用一些时下流行的词汇，如很丧、很嗨、我太难了等。但同样不够具体，不利于深入地沟通情感。

● 情绪词汇大搜罗

小组提前准备，每人准备 20～50 个表达具体情绪的词汇，并将其分成两类，一类是需要得到满足时的感受，另一类是需要没有得到满足时的感受。分享在这一过程中的感受和新的发现。

需要得到满足时的感受	需要没有得到满足时的感受

（三）需要

感受产生的根源其实在于需要是否得到满足。需要是我们的生命得以维持的心理和精神营养。当我们采用暴力沟通的方式批评别人时，其实是在诉说我们的需要没有得到满足；反过来，当他人指责我们时，是在诉说我们没有满足他的需要。因此，感受背后就是需要，当我们能够觉察感受，并且联结需要表达出来时，沟通的效果就会朝更积极的方向。

当你说“你从来都不理解我”时，实际上是渴望被理解。当你抱怨舍友下课后不等你就去吃饭时，实际上是渴望对方看重这份友谊。体验一下，如果我们能够主动表达出自己的需要，把“你从来都不理解我”改成“我渴望得到你的理解”，是不是感受会不一样呢？

人们习惯于用批评来提出主张，然而，对方的反应通常是为自己辩护或直接反击。如果我们直接表达需要，对方就有较大的可能针对我们的需要做出积极的回应。

需要和感受一样，是我们自己的，只有当我们能够为自己的感受和需要负责时，我们才可能真正承担起改变的责任。如果我们认为自己的感受都是别人导致的，是“你让我感觉……”，那么自己的需要自然也要由别人来满足，这样怎么可能有主动改变的动力呢！

- 练习：学习为自己的感受和需要负责

两人一组，轮流向对方用心地读出下列句子。

（1）你把我的书忘在了图书馆，太令我失望了。

（2）你这样和我说话，我感觉有些紧张，我需要被尊重。

（3）你没有说到做到，让我很郁闷。

（4）你无法和我一起去看电影，我感到有些难过，我本来想要和你一起享受一段不被打扰的时光。

（5）朋友用嘲讽的语气和我说话让我很难受。

（6）你得了奖学金，我很开心。

（7）你这样的行为让我很焦虑。

读者和听者分别就自己的感受和体验进行分享。讨论上面的句子有哪些是为自己的感受和需要负责的，哪些是不负责的，并说明原因。

● 在生活实践中练习

举出一个生活中令你苦恼的场景，探索自己的感受和未满足的需要。你打算如何在生活中为自己的感受和需要负责？向小伙伴承诺将在生活中实践，实践后进行反馈。

（四）请求

● 自我探索

回想一下，在生活中，当你希望别人做什么或者得到对方的帮助时，通常你会怎样表达？会得到哪些回应？分享你成功的经验或挫败的教训。

表达请求通常在表达需要之后，那么以什么方式提出请求容易得到积极回应呢？

（1）首先，清楚地告诉对方你希望他做什么。然而，在现实生活中，我们通常会请求他人不做什么，这样对方并不知道我们到底想要什么。最关键的是，以否定句提出请求还容易引起对方的反感和防御。

在一个以关系为主题的工作坊中，有一对谈了很多年的恋人在进行一个表达期待（类似于请求）的练习展示，以下是他们的一个练习片段。

> 男友：我希望你不要总说我。
>
> 女友：我怎么说你了，还不是你……？
>
> 老师叫停，重申“请用肯定句表达对对方的期待”。
>
> 男友（不好意思，想了想说）：我希望你不要总指责我。
>
> 女友立刻做出了反应，刚想要指责，老师再一次叫停，对这位男学员进行了纠正：肯定句，咱们小学时学的肯定句要用“是”，而不是用“不”来表达。
>
> 男友（好像突然悟了一样）：我希望你对我说话时语速慢一些、温柔一些。说完竟然有些不好意思地笑了。
>
> 女友（表情立刻松弛了下来）：哦，那你说说我什么时候说话是温柔的？

这位男士惯常的表达听起来是不是很熟悉？这种带有否定的表达通常并不能让对方知道你想要什么。比如，“不要指责你，那打你可以吗？”练习用肯定的句式清楚地表达具体请求，往往可以收获积极的效果。上面片段的画风仅因为一句话就让沉重的爱自然流动起来。

（2）其次，明确表达你想要的是什么，而不要只是表达你的感受。有些时候，我们以为只要表达感受别人就会知道我们想要什么。比如，阿华因为室友在床上打游戏太晚而睡不着，他希望室友能够12点前关了电脑睡觉，但他只是说："我睡不着，太烦了。"但他的舍友却以为阿华只是在表达失眠的心情而已，这让阿华更加生气，因为阿华认为室友应该知道自己因为什么而心烦。

（3）再次，核对和请求反馈。即使我们清楚地表达了，也不能保证别人一定能够理解我们的意思，因此，如果无法确定对方是否明白，就需要核对并请求反馈，这样才能确保对方准确把握我们的意思。

（4）最后，区分请求和命令。区分请求和命令的一个关键标准是，当你的请求没有得到满足时，你如果批评、指责或不满，那就是命令。如果想利用对方的内疚来达到目的，那也是命令。从这个层面而言，在投射性认同人际关系模式中"否则"之后的内容就是命令。

在这里，必须强调的一点是，如果我们只是想要改变别人，以使他们的行动符合我们的目标或利益，那么非暴力沟通并不是合适的工具。因为非暴力沟通关注自我、他人和情境，而不是把他人当成达成自己目标的工具，他人和我们一样，是需要尊重的存在，因为非暴力沟通是爱的语言，而不是操控的套路。正如卢森堡（2015）所言："我们希望人们的改变和行动是出于对生命的爱，一旦人们相信我们看重彼此的感情，并能兼顾双方的需要，那么，他们就会相信我们所表达的愿望是请求而非命令。"

● 分享与讨论

如果你在人际交往中感受到对方不是真的关心你，只是在使用套路想要改变你，或者达成他的目标，虽然对方表现得十分友好，言辞中充满赞美等，你可能会有怎样的感受？分享并从体验层面讨论为何说非暴力沟通是爱的沟通。

三、非暴力沟通：表达自己、倾听他人

在练习非暴力沟通时，完整的步骤即依次表达出观察、感受、需要和请求四个要素。前面的讨论主要是站在我们自身的角度来阐述四个要素的内容，但在实际沟通时，自我和他人的四个要素需要同等关注，同时，也要把情境考虑在内，以便灵活处理。

（一）真诚表达自己

我们借用前面卢森堡所提的那名大学生做例子，试着从这名大学生的视角进行表达：

"快到晚上12点了，你的音响声放得比较大（观察），我很努力入睡，但怎么也睡不着，你好像没有意识到自己放的声音大。我感到焦虑和生气，想和你沟通，但又担心

会影响我们之间的关系（感受），因为我很在乎这份关系，也需要正常的休息（需要），你能在晚上 11 点半之后戴着耳机听音乐吗（请求）?”

当然，我们都知道要使用长颈鹿语言，但当我们情绪波动、难以保持稳定时，就要带着觉察，尽量诚实地表达自己的感受。比如，你很想进行平和的沟通，但你现在处在愤怒的情绪中，你需要先平静一下，等你平息下来，再去沟通这件事。因为“非暴力沟通是用来帮助我们在诚实和倾听的基础上与人联系”。(卢森堡，2015)。

以下是一些长颈鹿语言常用的句型：

我看到，听到……

我感觉，我承认……

我其实是想……

我需要被尊重……

我感到难过……因为…… 我希望你能够……

非暴力沟通不仅是一种沟通方法，更是一种真诚一致的沟通姿态。因此，不一定每次沟通都要有完整的四个要素，有时只是带着一致的姿态，表达其中的部分要素，这同样属于长颈鹿语言。

● 练习：使用长颈鹿语言

选择一个人际沟通中的困扰（最好是前面讨论提及的），和小组同学交流一下，如果采用长颈鹿语言，可以怎样表达？请写在下面的横线上。

然后，与小组同学练习两到三遍，切记：一定要带着真诚和体验的态度去沟通，而不只是把头脑里的话说出来而已。小组同学要提醒练习者关注自己的感受和体验，充分投入进去，然后轮流分享各自的感受。

（二）用心倾听他人

● 代入角色练习：让我成为你

找一个自己的物件，代入这个物件的角色，向小伙伴介绍在它眼中你的人际交往特点。

组员轮流介绍。

分享活动感受。

用心倾听需要我们带上非暴力沟通之耳，了解他人的观察、感受、需要和请求，甚至变成对方，这样才可能真正听到。然而，这真的不容易，因为我们太容易带着自己的成见去倾听，哪怕很多时候是带着好心。设想一下，你的朋友对你说“我长得真丑”，你会怎样回应？你听到了什么？也许有人会好心地说：“不，亲爱的，你才不丑呢，你在我眼中是最漂亮的！”猜测一下，你的朋友可能有哪些感受？

● 角色扮演

两人一组，针对上述片段，分角色进行扮演，体会说出自己丑时的感受是怎样的。你希望得到什么样的回应？对这个回应你有什么感受？两人互换角色，再次进行扮演。随后分享活动感受。

（1）放下自己的成见去倾听。实际上，倾听他人怎么说、如何说、说什么都没有以下这一点重要：先放下自己已有的想法和判断，全神贯注地体会对方。有的人认为他们可以做到，实际上，绝大部分人不具备这种能力，甚至绝大部分人对此根本毫无觉察。当倾听他人的痛苦时，我们常常急于提出建议、安慰，或表达我们的态度和感受。然而，倾听意味着放空自己，全心全意体会他人的信息——这为他人充分表达痛苦创造了条件和空间。不要急于做什么，就在那里，全心倾听。

（2）在指责和批评中倾听需要。在日常的沟通中，运用非暴力沟通尚有难度，更何况面对暴力沟通时要带上非暴力沟通之耳？然而，这恰恰是非暴力沟通的魅力：暴力退却，爱自然就会流露出来。批评、指责甚至骂人的背后其实都是未满足的需要。当对方使用这种暴力语言时，我们可以尝试深吸一口气，稳定自己，全身心地倾听他当下的感受是怎样的，背后什么样的需要未被满足，对方希望你做些什么等。当你带着愿意倾听的状态与对方沟通时，或许会发生神奇的转变。

（3）在询问时，可以先表达我们的感受和需要，鼓励对方表达自己。朋友说自己丑，或许她只是希望你能留意她的感受。你可以问她：“你对自己今天的形象感到失望吗？”或者“听起来你对自己有些不满意，发生了什么，可以给我说说吗？”通过这种询问来表达自己的关心，进而了解朋友等。当然，如果我们只是询问，有时并不能获得有效信息，此时，我们可以先提及我们的感受和需要，鼓励对方主动表达自己。例如：“听你这么说我很困惑，能告诉我发生了什么吗？”

（4）核对并请对方给予反馈。当然，在倾听他人的观察、感受、需要和请求之后，我们也可以主动表达自己的理解，但是当对自己的理解没有把握时，我们可以请对方进行反馈，给予对方澄清的机会，这不但可以减少误解，还可以让对方感受到被尊重和被关注。

观察：你这么说，是因为昨天我们一起去照相让你产生了这样的感受吗？

感受和需要：你很难受，你希望对外形更自信吗？

请求和核对：你是不是想让我陪你出去走走，散散心？

以下是倾听时使用的一些长颈鹿句型。

- 当我听到/看到……我感到……我看重……你是否愿意……
- 发生了什么……
- 你的意思是……
- 你需要我做些……可以帮到你……
- 我很欣赏你……
- 祝贺你，恭喜你……

● 倾听沟通练习 1

三人一组，角色分为 A、B、C，确定好后开始。

B 向 A 讲一件让自己感到有点困扰的事情。A 则想方设法让 B 无法继续。C 是观察员。

C 向 A、B 反馈所看到的以及所听到的内容。

讨论：哪些因素会阻碍倾听和沟通？

● 倾听沟通练习 2

B 向 A 讲另一件让自己感到有点困扰的事情。A 想方设法让 B 愿意和他聊下去。

C 向 A、B 反馈所看到的以及所听到的内容。

讨论：哪些因素有助于我们认真倾听和沟通？

四、非暴力沟通的道和术

最后，必须强调的是，没有绝对固定的话术来指导我们的表达。只要带着爱，尽全力去倾听，站在对方的位置上去考虑，说出来的话便自带非暴力沟通的精髓。在沟通中要利用好道和术，此处的道即带着爱全身心倾听，术是技巧。如果缺少了道，技巧将无用武之地。

全身心倾听即是最高的同理心，再加上对人、对生命的好奇心，构成了非暴力沟通之道的两翼。同理心让我们把脚穿在别人的鞋里，成为对方，好奇心则帮助我们打破成见，以婴儿般的姿态，生出对另一个生命的好奇心。

此外，非暴力沟通深层的道是我们对这个世界的责任和爱。我们常常把对身体的伤害当成暴力，觉得自己不会做暴力的事。然而，给人造成精神伤害的暴力其实是更隐蔽的。这些隐蔽的暴力存在于人的内在精神世界，常常不为人知。因此，这些隐蔽的暴力就像地狱之火的燃料，若不觉察并加以改变，怎能促进世界的美好与和平呢？

在面对问题时，我们总是希望别人先开始改变。当外部环境不佳时，我们很容易把自己当成受害者，期待对方凭一己之力改变环境。然而，除非我们每个人从自身开始，否则梦想的世界就不可能实现。当然，非暴力沟通不是让我们没有原则，消极无为，相反，是让我们更加积极主动地推动事情朝积极的方向发展。

我们自己就是改变世界的原点。

本章小结

- 人际关系背后有一只看不见的手，投射性认同指挥着人们在关系中的感受和反应，强化着旧有的人际模式。
- 投射性认同的心理过程告诉我们：别人对待你的方式可能是你教会的；投射性认同主要在无意识层面运作，我们通常不知情；投射性认同是内部关系模式在外部人际关系的呈现。投射性认同通常分为权力的、依赖的、迎合的和情欲的投射性认同。
- 面对投射性认同，投射方要主动切断循环过程。感觉被困住和限制的认同方（被投射方），要有意识地觉察自己在面对他人的投射时不自觉地做出了怎样的回应，停止这种回应，主动打破旧的循环。
- 在投射性认同的关系中，没有真实之人的相遇，因此是孤独的游戏。非暴力沟通帮助我们通过表达自我和倾听他人进行真正的沟通。

拓展阅读

卢森堡．(2016)．非暴力沟通．北京：华夏出版社．

卢森堡．(2014)．非暴力沟通：实践篇．南京：江苏人民出版社．

卡什丹．(2006)．客体关系心理治疗：理论、实务与案例．北京：中国水利水电出版社．

主题 6

了解人格底色，推动命运齿轮的积极转向

时间决定你会在生命中遇见谁，你的心决定你想要谁出现在你的生命里，而你的行为决定最后谁能留下。

——H. D. 梭罗

今天你回到宿舍，发现房间变得很整洁，心中不禁想到："一定是张三从家里回来了，因为他这个人勤快、热心又友善，是宿舍里温暖的大哥。"走进教室，好朋友宁宁说给你留了座位，你自然地在教室的后面或角落里寻找，因为你知道这位朋友性格比较内敛、安静，喜欢不容易被人注意的位置。同学邀请你一起参加学校的一个大学生创新项目，你婉拒了，理由是你觉得自己思维不够灵活，缺乏创新力，申请也没有希望，而且是个悲观主义者，不想无谓忙碌……

在这些情境下，你有意无意做出的判断所依据的是什么呢？其实，你天生就是一个朴素的人格理论家，使用一套自己用来评价人格的体系和标准。基于这些标准，你在人际交往中识别他人、选择朋友，决定与谁保持距离等。通过对他人的人格解读，你找到应对他人的策略。比如，你和恋人吵架后，他把你的微信拉黑了，你便把他加回来，真诚道歉，你们俩就又和好了，因为你知道恋人有些情绪化、孩子气，每次这样对他都很奏效。

接下来，我们将和大家一起探讨如何更有觉察地了解自己的人格底色，理解自己的生活和行为模式，不断完善自己的人格。

第1讲 了解你的人格底色

如果你面前坐着一位人格心理学家，他开始对你进行研究，你认为他会如何描述你的人格特点呢？他会认为你的哪些早期经历可能塑造了你现在的行为或思维模式呢？当下你的哪些状况又对你的行为和思维方式产生了重要影响？是什么使得你与处于相同环境中的其他个体相异？带着这些问题，我们一起走近人格，走近自己。

一、人格是什么

“格”的汉语解释包含以下几种：（1）用线条隔成的方形框。（2）阻隔，限制。（3）格式，标准。（4）品质，风度。显然，“格”代表了一种风格、标准，也是一套限制或者模式，并且作为一种品质，具有好坏之分。心理学中的人格，英文是“personality”，源自“面目”（persona）一词，原指演员在舞台上佩戴的面具，类似于我国京剧中的脸谱。如右侧这两幅面具图，第一张展示了一个人的多种面孔，类似我们的不同面目（见图6－1）；第二张是不同的京剧脸谱，适用于不同的角色和情境（见图6－2）。

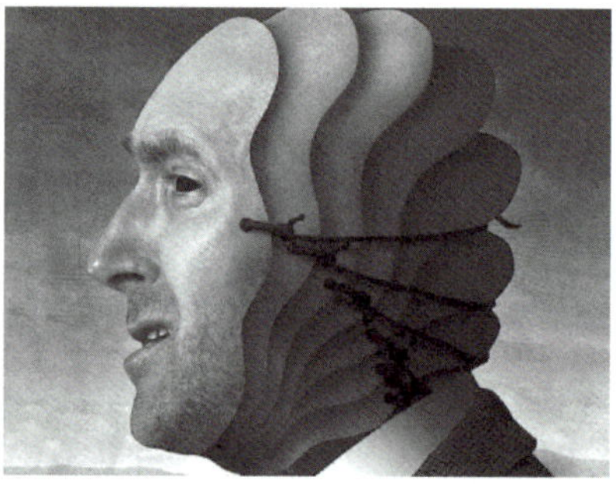

图6－1　一个人的多个面具

后来，心理学借用“面具”一词，来比喻在人生这个大舞台上，人们会根据社会角色的不同更换面具，这些面具即为人格的外在表现。比如，当你感到悲伤时，作为孩子的角色面对父母和作为学生的角色见到老师，你呈现出的面具通常是不一样的，有时甚至是完全相反的。在生活中，不同的人在描述同一个人时，有时会用完全相反的字眼，这也不足为奇。显然，既然在人生这个舞台上扮演不同的角色，那么角色面具后面必然还有一个“我”。这个“我”虽然没有直接以可见的角色站在舞台上，但其实一直都透过各种角色在舞台上呈现自己，不同的角色也会因此呈现出某种一致性和稳定性。

图6－2　脸谱

不同的人格理论提出了各自的定义，尽管没有一个能让所有人格理论家都接受的统一定义，但大多数人都认同的观点如下：人格是由终身的特质（trait）和独一无二的特征（characteristic）构成的一种模式，它使人的行为具有一致性和个体性（费斯特等，2023）。特质使行为具有个体差异，并且在时间上和情境中保持一致性和稳定性。比如，一个人可能具备情绪稳定性、自律性、独立性等人格特质。不过，同样的特质在不同人身上的表现模式并非一样。比如，同样是神经质的特质，有的人爱哭泣，有的人则表现出担心和失望等。特征是个体独特的品质，包括气质、性格和能力等属性。因此，尽管每个人与他人有相似之处，但每个人的人格都是独一无二的。

- 自我探索

回顾一下自己的生活，反思自己是否有过压抑、掩饰自己情绪和想法的经历。当你在不同的人面前展现自己的不同部分时，是有所觉察还是自动化地去适应？当你独处、面对陌生的群体或熟悉的群体时，会有什么不同的表现？

和小伙伴分享，并讨论活动感受或者新的发现。

二、人格理论

在探讨人格理论时，首先需要强调一下理论的概念。在科学领域，理论（theory）是指一组互相关联的假设，科学家通过使用合乎逻辑的演绎推理，根据理论提出可检验的假设。因此，理论是一种假设。所有的人格理论都只是一种假设、一个视角，而不是一个事实（fact）或真理（truth），在运用任何人格理论时，切记不要将其误当作真理或事实。

前面提到，每个人都是朴素的人格理论家。心理学家同样如此，他们提出的人格理论总是与他们这个独特的人相关联（俞国良，2022）。比如，新精神分析主义者阿德勒基于自己幼年时身体方面的缺陷体验，提出了超越自卑；荣格基于自己的经历和体验，提出了集体无意识；等等。因此，我们对自己和他人的理解也总是在一定的理论视角下。在西方心理学的发展过程中，由于理论家的出发点、数据来源以及解释现象的不同，他们研究人格的方法也各不相同。有些理论着重于个体人格结构的分析，比如精神分析的自我、超我和本我理论，麦克雷和科斯塔的大五人格特质理论（格里格，津巴多，2016）。有些则关注人格是如何发展的，如埃里克森的社会心理发展阶段论（埃里克森，2021）。还有一些理论对个体所做的事情感兴趣，无论是特定的行为还是重要的生活事件。而另一些理论则研究人们对自己的生活感受如何。一些理论试图解释心理问题患者的人格特点，如女性主义心理学家霍妮对神经症人格特点的分析（霍妮，2021）；而另一些关注的则是健康的个体，如人本主义心理学家马斯洛对自我实现者的探求（马斯洛，2009）等。本主题关注的是健康的大多数。事实上，健康与不健康并非质的不同，只是程度有所差异。

纵观我国传统文化，从未停止过对人格和人性的探索。孟子人性本善中的善，即道德的根源，来自人的内心，意即本自具足，如恻隐、是非、善恶之心等人皆有之。被后人称为“千古第一等人”的明代王阳明（王守仁，2024），其心学达到了中国哲学的巅峰。他以儒立行，以道修身，以佛见性，集儒释道三家精华于一身，开创了“知行合一”的修行模式。王阳明心学的一个核心即致良知，而良知不存在于外，而是人的本性中本来就有的。当然，还有荀子的人性本恶观，他认为人的本性是恶的，通过后天的努力才可以成为善良的人。因此，性本善的人性观强调向内求，如孟子强调通过修养来恢复和发展人的先天善性，实现个人和社会的和谐。王阳明提到“本自具足，不假外求”，指出了成长的路径。强调性本恶者，是向外求，不断地学习和约束自己。

显然，古今中外的每种理论都可以解释人格的一部分，某种理论也可能更适用于某一类型的群体。同理，每个人可能会发现某种理论的解释比较符合自己的体验。因此，需要提醒的是：理论永远无法详尽描述复杂丰富的人。在鲜活的人面前，理论的位置永远是在旁侧，提供对人性的理解和参考，而不是在眼前，挡住对真实的人的了解。因此，切忌让自己活成理论的模样，而是要用理论来理解自己，并促进自己的成长。理论永远是为作为主体的人服务的。

- 分享与讨论

赵丽刚上大学时，参加了一场心理学讲座，随后便对心理学产生了浓厚的兴趣。于是，她开始阅读各种心理学书籍，做心理测试，试图更深入地理解自己。然而，随着不断学习，她开始感觉到困惑和担心。原因是她读到书中的一些观点，总是担心自己没有像书中所说的那样正确地生活和面对自己，对自己的一言一行不断核对，检视是否符合标准或者正确做法。这样下来，她非但没有通过心理学帮助自己更放松地生活，反而越活越拧巴，以致现在都有些排斥心理学了。

分享一下，你或你身边的人有没有类似的经历或观点？读完这个案例后，你有哪些感受和想法？和组员讨论，有哪些启发？

如果你是赵丽的朋友，可以如何帮助她解惑？

三、基于荣格的人格类型理论，了解你的人格底色

人格理论众多，提出人格理论的人，其人生也是各具色彩。在众多人格理论中，有一种是由分析心理学的创立者卡尔·荣格（Carl Jung，1875—1961）提出的。荣格不仅注重理论建构，也注重运用科学的研究方法，捍卫自己作为科学研究者的身份，避免成为神秘主义者和哲学家。目前与荣格有关的大多数研究（苗丹民等，2000；顾雪英，胡湜，2012）主要集中在他对人格类型的描述和应用上。美国心理学家迈尔斯和他的母亲

布里格斯以荣格提出的心理类型为基础，编制了“迈尔斯-布里格斯类型指标”，即近年在我国广为人知的 MBTI（Myers-Briggs type indicator）人格测试（迈尔斯等，2008）。

荣格（1989）认为，感知和判断是大脑的两大基本功能。大脑做决定的瞬间可以慢动作分解为两个阶段：感知阶段（又分为感觉感知阶段和直觉感知阶段）和判断阶段（又分为感性判断阶段和理性判断阶段）。

为方便我们理解，我们把大脑做出决定的瞬间直观想象为以下流程：大脑获取信息后，经过感觉感知—直觉感知—感性判断—理性判断，最后做出决定。然而，事实上，这一过程是在瞬间交织（并非想象中简单的线性思考）中完成的。

虽然每个人的大脑做出决定的瞬间都包括这四个步骤，但是不同的人在某个环节中的倾向程度不同（也可以理解为停留时间长短不同）。有些人更倾向停留在感觉感知环节，而直觉感知一带而过；在判断环节中，有些人更倾向停留在感性判断环节，而理性判断一带而过。此外，布里格斯在编制人格测试时提出，大脑的这两大基本功能还受到每个人的精力来源与生活方式差异的影响，最终做出的决定自然会千差万别。经过多年的实践和不断优化，荣格的人格理论成为目前国际上有数据支撑的性格分类模型的理论基础。

本主题仅以 MBTI 人格测试为例，呈现如何借助人格理论和测试理解自己。

（一）测一测，看看你可能是哪种人格类型

以下是 MBTI-28 的人格测试量表，该量表共有 28 道题，题量较少，可以相对快捷地了解自己。

请仔细阅读问卷，并选出一个答案，将你的答案写在后面的括号中。在答题时，不必对每道题多加考虑，只要按照你的感觉作答即可。另外，所有题目都源自人们的日常生活，你的回答只是表明你通常是如何看待和处理事物的。所有回答都无所谓对错，更无好坏之分。

请注意：每道题都要作答，尽管有些题目可能不适合你！同时，在这一测试中有测谎的题目，如果发现你没有诚实回答，整个问卷将作废。

（1）我倾向于从何处得到力量：（　　）。

（E）别人那里

（I）我自己的想法

（2）当我参加一个社交聚会时，我倾向于：（　　）。

（E）在夜色很深时，一旦我开始投入，也许就是最晚离开的那一个

（I）在夜晚开始的时候，我就疲倦了，并且想回家

（3）下列哪一种听起来比较吸引人？（　　）

（E）与我的恋人到有很多人且社交活动频繁的地方

（I）待在家中，与我的恋人做一些特别的事情，例如观赏一部有趣的电影，并享用我最喜爱的食物

（4）在约会中，我通常：（　　）。

(E) 整体来说蛮健谈的

(I) 持续保持安静，直到我觉得舒服

(5) 过去，我倾向于怎样遇见我大部分的恋人？(　　)

(E) 在宴会中、夜总会中、工作中、休闲活动中、会议中，或当朋友将我介绍给他们的朋友时

(I) 通过私人的方式，例如个人广告、录影约会，或是由亲密的朋友和家人介绍

(6) 我倾向于拥有：(　　)。

(E) 很多认识的人和很亲密的朋友

(I) 一些很亲密的朋友和一些认识的人

(7) 过去，我爱的人和恋人倾向于对我说：(　　)。

(E) 你难道不可以安静一点吗

(I) 可以请你从你的世界中出来一下吗

(8) 我倾向于通过以下方式收集信息：(　　)。

(N) 我对有可能发生之事的想象和期望

(S) 我对目前状况的实际认知

(9) 我倾向于相信：(　　)。

(N) 我的直觉。

(S) 我直接的观察和现成的经验。

(10) 当我置身于一段关系时，我倾向于相信：(　　)。

(N) 永远有进步的空间

(S) 若关系没有被破坏，置之不理

(11) 当我对一次约会感到放心时，我倾向于谈论：(　　)。

(N) 未来，关于改进或发明事物和生活的种种可能性。例如，我也许会谈论一项新的科学发明，或一个更好的方法来表达我的感受

(S) 实际的、具体的、关于“此时此地”的事物。例如，我也许会谈论品酒的好方法，或者我即将要参加的新奇旅程

(12) 我是这种人：(　　)。

(N) 喜欢先看整个大局面

(S) 喜欢先把握细节

(13) 我是这种类型的人：(　　)。

(N) 与其活在现实中，我宁愿选择活在我的想象里

(S) 与其活在我的想象里，我宁愿选择活在现实中

(14) 我通常：(　　)。

(N) 偏向于去想象一大堆关于即将来临的约会的事情

(S) 偏向于拘谨地想象即将来临的约会，只期待它能自然地发生

(15) 我倾向于这样做决定：(　　)。

(F) 首先依据我的心意，然后依据我的逻辑

（T）首先依据我的逻辑，然后依据我的心意

（16）我倾向于比较能够察觉到：（　　）。

（F）当人们需要情感上的支持时

（T）当人们不合逻辑时

（17）当和某人分手时：（　　）。

（F）我通常让自己的情绪深陷其中，很难抽身而出

（T）虽然我觉得受伤，但一旦下定决心，我会直截了当地将过去恋人的影子甩开

（18）当与一个人交往时，我倾向于评量（　　）。

（F）情感上的兼容性：表达爱意，对另一半的需求很敏感

（T）智能上的兼容性：沟通重要的想法，客观地讨论和辩论事情

（19）当我不同意恋人的想法时：（　　）。

（F）我尽可能地避免伤害对方，若是会对对方造成伤害，我就不会说

（T）我通常毫无保留地说，并且对我的恋人直言直语，因为对的就是对的

（20）认识我的人倾向于形容我：（　　）。

（F）热情和敏感

（T）逻辑和明确

（21）我把大部分和别人的相遇视为：（　　）。

（F）友善及重要的

（T）另有目的

（22）若我有时间和金钱，我的朋友邀请我到国外度假，并且在前一天才通知，我会：（　　）。

（J）先检查我的时间表

（P）立即收拾行装

（23）在第一次约会中，若我所约的人来迟了：（　　）。

（J）我会很不高兴

（P）我一点都不在乎，因为我自己也常常迟到

（24）我偏好：（　　）。

（J）事先知道约会的行程：要去哪里、有谁参加、我会在那里待多久、该如何打扮

（P）让约会自然地发生，事前不做太多的计划

（25）我选择的生活循环着：（　　）。

（J）日程表和组织

（P）自然发生和弹性

（26）哪一项较为常见？（　　）

（J）我准时出席而其他人迟到

（P）其他人都准时出席而我迟到

（27）我喜欢这样的人：（　　）。

（J）下定决心并且做出最后肯定的结论

（P）做出开放的选择并且持续收集信息

（28）我是这种类型的人：（　　）。

（J）喜欢在一段时间里专心于一件事情，直到完成

（P）享受同时做好几件事情

针对以上问题，将同一答案相加，并把每项选择的数目填入以下对应的括号，然后把每一组（八个字母、上下两行对应为一组）得分较高的类型圈起来，四组中得分较高的字母代表四种偏好，把它们组合起来时，就是你本次所测出的性格类型（如 ENFP）。

I（　）　S（　）　T（　）　P（　）

E（　）　N（　）　F（　）　J（　）

你本次测出的性格类型：（　　　）

能量倾向：内向 I（Introversion），外向 E（Extraversion）。

接收信息：感觉 S（Sensing），直觉 N（iNtuition）。

处理信息：思维 T（Thinking），情感 F（Feeling）。

行动方式：判断 J（Judging），知觉 P（Perceiving）。

（二）科学解读人格类型，避免误用

在解读自己的人格类型之前，有几点需要强调，以免过度使用或者滥用结果。

（1）测试结果只是作为了解自己的工具或参考。测量本身受多种因素影响，测试结果只是作为了解自己的工具或参考，而不是就此认定自己就是哪一种类型。而且，随着时间的推移和我们自己的变化，人格类型也可能发生变化。一定要提醒自己，切勿对结果过度使用。人是丰富的，结果是简化的，结果只是根据理论测出的对人的理解的视角之一。

（2）即使测出两人的类型是一样的，偏好强度也可能差别较大。例如，你如果在 E 上得了 7 分，则表明你非常外向，喜欢花很多时间和其他人在一起，同时享受说话的乐趣。如果你在 E 上得了 4 分，则表示你的外向是适中的。这表示你比一般的内向型人格更外向和健谈些，但同时却比强烈的外向型人格更为保守和内敛。

（3）版本的差异使结果可能会有变化。本版本是简版 28 题，还有通用版 48 题、高级版 93 题。题量越大，测试的稳定性与准确率相对越高。此处使用简版，目的是让大家了解该量表，对量表涉及的人格类型有深入的理解，同时初步对自己的人格类型有大概的了解。在现实生活中，大家可以根据自己的情况和需要选择不同的版本。比如，93 题的版本通常在高中生填报高考志愿、大学生做职业规划、企业招聘测评等场景中使用。

（4）了解 MBTI 的底层逻辑，才能正确使用结果。MBTI 人格测试最近几年非常流行，俨然成为性格介绍的必备内容。比如，在自我介绍时会提到“我是一个 I 人或者我是一个 E 人”。人们提问时会问“I 人如何社交，E 人怎样情绪管理”等。在征友征婚中会提到“我身高 180，体重 75 公斤，ENTP 人”。如果你不了解 MBTI，那么你可能看不懂自我介绍和征婚广告。然而，正如前面所言，人格类型是会变化的，切记不要把这种类型当成诊断或定性结果。这只是一个测出来的表层结果，正如发烧 40 摄氏度只是体征现象一样。不要只盯着这个结果，而是要了解 MBTI 的底层逻辑，这样才能正确使

用结果。或许在了解了底层逻辑后，你可能就不太在意自己到底属于什么类型了。

（三）了解人格测试背后的底层逻辑，读懂人格类型

荣格认为，不同的心理类型有两种基本态度，即内倾和外倾，以及四种独立的功能，即思维、情感、感觉和直觉，后来迈尔斯-布里格斯类型指标中又增加了判断和知觉两种生活态度。因此，内外倾基本态度、四大功能以及两种生活态度的不同组合，形成由四个字母代表一种人格类型（如 INFJ）的 16 种人格类型。

1. 第一维度：能量倾向（内倾和外倾），即能量来源于内部还是外部

荣格将态度定义为采取特定的行动或反应的倾向。他认为，每个人都有内倾和外倾的态度，不管人们是否意识到，内外倾相互对立并且互为补充。荣格是一位东方文化的研究者，他用中国的阴阳鱼图案来说明内倾和外倾。

如何理解内外倾呢？其实，回顾我们自己的生活，你或多或少经历过两种力量的斗争，即独处的渴望和走出去的冲动。内倾即是对自己内心活跃的思考和幻想的兴趣，外倾即是对外面的人和可见之物的兴趣。内外倾即代表我们的能量主要来源于内部世界还是外部世界。内部世界指内在的精神世界，外部世界指自身以外的现实世界。我们每个人都需要生活在内外两个世界中，因为我们不仅需要思考人生、分析问题和做出各种计划等，而且需要确保和现实世界的接触，比如社交、工作、购物等。

“倾”代表一种趋势、倾向、偏好。因此，内外倾并不代表我们百分百内向或外向，因为每个人都会有这两面，只是在绝大多数情况下，在大部分时间里，在最自然最舒适的环境下，我们更喜欢待的世界是哪个。当倾向于从自身以外获得能量时，表现为外倾；相反，当倾向于从自身内部获得能量时，表现为内倾。

显然，能量获取来源不同，就会导致外在行为的差异，也就有了内外向人格之分。因此，内倾的人多表现为安静、喜欢独处、思考较多，而行动相对缺乏；外倾的人多表现为活泼开朗、热情好动、善交际，并且先行动后思考。生活中人们常说的“说话做事不过大脑”，多为外倾的人。

然而，内外倾只是表明我们喜欢待的世界，而现实世界在特定情境、不同角色中对我们有着不同的要求，我们也会佩戴荣格所称的人格面具，以实现社会功能。这种情况可能导致真实的性格被掩饰，难以被发现。

需要强调的是，内外倾也不是固定不变的。荣格本人有两个时期的基本态度是内倾，一是青春期，二是中年期。他在童年期的基本态度则是外倾。因此，荣格特别强调，人们既不会完全外倾，也不会完全内倾。内外倾就像跷跷板的两端，内倾者如果偏重于内倾一端，那么外倾一端相对较轻，外倾者则与之相反。在通常情况下，人们可以在两种态度之间取得平衡，在某个时间，个体会处在跷跷板的某一个位置，对自己的内外部世界同样感到自在。

● 自我探索

你的基本倾向是哪一种？结合你自身的感受，你对自己有什么新的了解和困惑？

2. 第二、第三维度：四大功能

功能可以分为两类四种。第一类是搜集或获取信息的方式，包括感觉型 S 和直觉型 N；第二类是运用所搜集的信息做出决定的方式，包括思维型 T 和情感型 F。

（1）第二维度，搜集信息偏向的方式：识别感觉型 S 和直觉型 N。人们在搜集信息或者感知世界时，要么偏向于运用感觉型 S（感觉、实感、敏锐观察等），要么偏向于运用直觉型 N（直觉、预感、想象等）。比如，当你想要学习一项技能时，需要去了解是什么、怎么学等信息。“去了解”的动作就是在搜集信息。了解自己搜集信息时偏向哪种方式能帮助我们做出更好的决策，以及感知决策背后是哪些信息在起主要的作用。那么如何进行区分？偏好差异又有哪些呢？

一是生活中的偏好。感觉型的人善于使用五官感受，因为实实在在的真实事物能给他们带来安全感，故倾向于关注眼见为实的事物，喜欢凭事实和数据做出客观的决定。直觉型的人善于使用心灵观察了解事物，追求背后的规律、真相等，相信灵感、启发和感受，喜欢凭自己的愿望、目标做出主观的决定。

二是行动和思想的偏好。感觉型的人倾向于去做，不愿意想太多，专注于行动。比如人们常说，“先做再说，边做边学”。直觉型的人倾向于多想，想清楚后才执行，专注于在脑中构建行事方法。比如人们常说，“我还没有想清楚”。

三是冒险和守旧的偏好。感觉型的人倾向于活在当下，享受现在拥有的，追求确定性，不愿意打破常规而冒险。直觉型的人倾向于活在未来，喜欢改变，追求可能性，因此喜欢创新。

四是工作和职场的偏好。感觉型的人更偏好有基本保障和稳定的工作，喜欢可具体执行的工作内容，喜欢务实型老板。直觉型的人注重未来发展，喜欢策划，倾向创意而非单一执行的工作内容，喜欢充满情怀热血的理想型老板。

除此之外，还有其他方面的区别，大家可以根据自己的情况，进一步查阅学习，同时留意自己是如何搜集信息的。

● 自我探索

结合测试的结果和自己的体验，在生活中，你搜集信息的方式偏向于哪一类？有哪些感受和启发？

（2）第三维度，做决定的方式：识别思维型 T 和情感型 F。人们运用搜集到的信息来做出决定，要么偏向于通过思维 T（客观实际、符合逻辑），要么偏向于通过情感 F（感性主观、个人价值）。不管我们是否有所意识，我们几乎随时随地都在做决定。下课后，你选择吃什么、去哪吃，拍的美食照片要不要发朋友圈。闲暇时，你会做些什么，是看书还是约朋友出去玩。学习和工作时，面对任务，你是全力以赴快速地完成，还是拖延到最后才去做。这些行为都和我们做决定的方式有关，这些决定通常又呈现出相对稳定的模式，那是因为背后有一股影响我们做决定的力量。

思维型的人用客观的方式思考并做决定，情感型的人通常以个人价值为基础做决定。在生活中，我们应如何识别不同的倾向呢？

一是在生活中。思维型的人行为冷静，与人有距离感，看上去缺乏情感。情感型的人行为温和，待人友善，容易情绪化。相对而言，男性偏思维型的比重比较大，女性偏情感型的比重比较大。

二是交流习惯。思维型的人习惯性地认为别人是错的，常常批判、怀疑，不习惯被夸，也不常赞美他人。情感型的人习惯性地认为他人是对的，常常认可、友好、赞美他人。

三是身体语言。思维型的人沉着，面部表情较少，即使和人亲近，肢体动作也较少。情感型的人面部表情丰富，肢体语言较多，喜欢用拥抱、拍后背等表达亲近。

四是交往习惯。思维型的人倾向于给出建议，说教多于鼓励。情感型的人倾向于倾听、安慰，给予关爱和正能量。思维型的人解决问题，情感型的人慰藉心灵。

五是工作习惯。思维型的人倾向于根据事实和数据进行逻辑分析，组织各种概念、想法或者事实，或者制订一份行动计划、处理复杂问题的基本原则等工作内容，很少把个人的感情牵涉其中。情感型的人即使使用客观数据进行评估，相对于主观意见，也更容易被外部价值和判断标准左右。

需要提醒的是，我们每个人在做决定的时候都会用到这两种方式。不存在方式的优劣之分，也不存在百分百思维型或百分百情感型的人。关键是看在大多数情况下，在绝大部分时间里，在自然而然习惯舒适的感觉中，你做决定的方式是偏向思维型还是情感型。

● 自我探索

结合测试的结果和自己的体验，在生活中，你做决定的方式偏向于哪一类？有哪些感受和启发？

3. 第四维度：对待生活的态度，是判断型 J（计划型）还是知觉型 P（感知型）

什么是对待生活的态度？比如，有的人喜欢说走就走的旅行，对不确定抱有开放的态度；有的人则一定要做好旅行攻略，计划周全后才可以安心出发。有的人喜欢房间井井有条，分类摆放；有的人喜欢随意自在，不喜欢被约束。这就是我们在面对外部世界时接触和处理的方式，亦即对待生活的态度，也是我们日常的生活行动方式。你倾向于哪一种呢？如果是计划周全才能出行，则可能偏向判断型J，也称为计划型；如果是说走就走的旅行，则偏向于知觉型P，也称为感知型。

做决定的过程就是我们使用第三维度功能（思维/情感）处理第二维度功能（感觉/直觉）搜集的信息后，最终做出理性或感性决定的过程。荣格本人并没有使用J-P指标来描述这些类型。J-P指标是在迈尔斯-布里格斯类型指标中添加的，作为一种标记类型的简短方式。然而，许多人没有意识到这一点，以为J-P标签意味着什么。实际上，J-P标签只是描述了某一人格类型中第一个外倾功能是计划功能（T或F）还是感知功能（N或S）。

因此，知觉型（P）的人喜欢不断体验生活、感知世界，他们喜欢自由、顺其自然的生活方式，也更容易随遇而安，给人一种舒适的感觉。而计划型（J）的人更喜欢做判断、做决策，做各种计划，且严格按照计划行事，他们喜欢掌控和管理生活的方方面面，这样他们才有足够的安全感，他们常给人一种认真严谨的感觉。计划型的人“一切尽在掌握之中”，秩序和条理是他们的鲜明特点；知觉型的人“允许一切发生”，有洞察力的他们不太讲究、较为随和。

在学习和工作中，计划型的人喜欢以结果为导向，有明确、详细的计划并执行，会充分利用闲散时间看书、学习、做点事。知觉型的人喜欢体验过程，喜欢随性、自由、较为松散的工作类型，能够享受安逸。计划型的人休息也是带着目的性，比如旅游是为了放松，回来后可以更好地投入学习和工作。

在生活中，计划型的人喜欢收纳整理，用完东西后立即放回原处；知觉型的人相对比较凌乱，有的会乱中有序。计划型的人日常作息更有规律；知觉型的人休息时倾向于怎样舒服怎样来。计划型的人忽然被告知要马上开会时会恼怒生气，因为打乱了计划；知觉型的人则觉得临时的安排也可以接受。

偏好类型虽然不是固定不变的，但是想要彻底地改变也很困难。我们要做的是接纳自己的偏好类型，在这两者之间找到一个相对平衡的位置。偏好生活体验多一些，则必定控制少几分；偏好计划多一些，则自然体验少几分。因此，从另一个层面而言，这也是一种选择，因为一旦选择太多的控制，便也意味着放弃更多的体验。

关键是要意识到，不管是哪种类型都有自己的闪光点，拿自己的短板和别人的长板比较没有任何意义。说不定你自觉短板的地方，正是他人可望不可即之处。希望我们都能够找到自己发光的部分，在属于自己的位置上夺目绽放！

- 自我探索

结合测试的结果和自己的生活体验，有哪些感受和启发？测出的人格类型和自己的真实感受一致吗？在深入了解人格类型后，你可以如何应用到现实生活中？有哪些困惑？

- 实践拓展

如果想要更详细深入地了解自己的主导功能、辅助功能等，可以进一步拓展学习。利用课余时间，试着阅读以下两本权威级别的图书。与同学们分享并讨论。

○《心理类型》，作者荣格。

○《天资差异》，由美国的伊莎贝尔·布里格斯·迈尔斯和彼得·迈尔斯所著。

四、现在开始

在《天资差异》一书中，作者强调理解人格类型对人生具有极为重要的意义，无论你处在哪个年龄，了解自己人格类型的基本知识都能够帮助自己。当下即是最好的时机。

人们有意识地去做的任何事情要么是知觉的行为，要么是计划的行为。任何事情的成功也都离不开知觉和计划的恰当使用。人们在正确地决定如何处理所遇到的事情之前，必须先发现问题的所在、解决问题的方式。发现是对知觉功能的使用，决定是对计划功能的使用。为了确保先知觉后决定的使用顺序，人们必须理解两者的区别，并且知道在特定时间使用的是哪一种方式。我们可以在一些小事上进行实验和理解。例如，当半夜被雨声惊醒时思考，“噢，原来是下暴雨了”，这就是使用知觉。如果再思考，“我得看看是不是漏雨了”，这就是使用计划。

在人格类型的发展中，意识到某种情境中的某种心理过程比另一种更恰当是一个重要的里程碑。只有觉察到这种差异，人们才会有意识地关心和注意自己使用的是怎样的过程。当你能够意识到，在对事实的观察收集上感觉比直觉重要，在寻找可能性上直觉比感觉更重要，抑或是思维更适用于进行组织，情感更适用于人际关系，你就掌握了在不同的领域有效使用优势的关键，并且可以让自己的主导功能和辅助功能平衡发展。

专业链接

MBTI 的 16 种人格类型的简单描述和职业倾向

ISTJ	ISFJ	INFJ	INTJ
• 管理者 • 行政管理 • 执法者 • 会计 或者其他能够让他们利用自己的经验和对细节的注意完成任务的职业	• 教育 • 健康护理（包括生理、心理） • 宗教服务 或者其他能够让他们运用自己的经验亲力亲为帮助别人的职业，这种帮助是协助或辅助性的	• 宗教 • 咨询服务（包括个人、社会、心理等） • 教学/教导 • 艺术 或者其他能够促进他们情感、智力或精神发展的职业	• 科学或技术领域 • 计算机 • 法律 或者其他能够让他们运用智力创造和技术知识去构思、分析和完成任务的职业

续表

ISTP	ISFP	INFP	INTP
• 熟练工种 • 技术领域 • 农业 • 执法者 • 军人 或者其他能够让他们动手操作、分析数据或事情的职业	• 健康护理（包括生理、心理） • 商业 • 执法者 或者其他能够让他们运用友善、专注于细节的相关服务的职业	• 咨询服务（包括个人、社会、心理等） • 写作 • 艺术 或者其他能够让他们运用创造和集中于他们的价值观的职业	• 科学或技术领域 或者其他能够让他们运用自己的专业技术知识独立、客观分析问题的职业
ESTP	ESFP	ENFP	ENTP
• 市场 • 熟练工种 • 商业 • 执法者 • 应用技术 或者其他能够让他们利用行动关注必要细节的职业	• 健康护理（包括生理、心理） • 教学/教导 • 教练 • 儿童保育 • 熟练工种 或者其他能够让他们利用外向的天性和热情去帮助那些有实际需要的人的职业	• 咨询服务（包括个人、社会、心理等） • 教学/教导 • 宗教 • 艺术 或者其他能够让他们利用创造和交流去帮助他人成长的职业	• 科学 • 管理者 • 技术 • 艺术 或者其他能够让他们有机会不断承担新挑战的职业
ESTJ	ESFJ	ENFJ	ENTJ
• 管理者 • 行政管理 • 执法者 或者其他能够让他们运用逻辑思维和组织能力完成任务的职业	• 教育 • 健康护理（包括生理、心理） • 宗教 或者其他能够让他们运用个人关怀为他人提供服务的职业	• 宗教 • 艺术 • 教学/教导 或者其他能够让他们帮助别人在情感、智力和精神上成长的职业	• 管理者 • 领导者 或者其他能够让他们运用实际分析、战略计划和组织能力完成任务的职业

第 2 讲　人格如何决定命运

在四大名著《西游记》中，孙悟空三打白骨精之后，一向好脾气的唐僧也有些愤怒，执意要赶走孙悟空，表示就是入阿鼻地狱也不要再见这个泼猴。这件事侧面反映了孙悟空随心所欲、自恃本领高强，以为实力强大就是天下第一、心浮气躁的人格特征。这次事件以及由此所经历的痛苦，是孙悟空的人格走向成长成熟的转折点。孙悟空再次回归取经队伍后，增加了理性的思考和判断，从只注重自己强大到遇事智取，从心中只有自己到心中开始有他人的悲喜，行为自然地从除恶转向了行善。此外，在取经路上，孙悟空也从只为自己开始延伸到主动行善助他人。最终，孙悟空被封为斗战胜佛（佛即觉醒者的意思），成就了圆满的人生。

那么，人格是如何决定命运的呢？

一、人格的特点

梭罗在《瓦尔登湖》中写道："时间决定你会在生命中遇见谁，你的心决定你想要谁出现在你的生命里，而你的行为决定最后谁能留下。"因此，我们的人生轨迹和所遇见的人并非完全偶然。时间和机遇的安排，以及外在环境的变化，确实会影响在我们生命中出现的人，但最终我们会邂逅哪些人，最后谁能够留下，更多地取决于我们自己选择的方向和行动。孙悟空的人格成长和成熟的过程就是一个很生动的例子，这也是《西游记》之所以成为经典的重要原因。

此外，谈到人格，就绕不开我们常提的性格的概念，人格和性格既有区别又有联系。性格是一个人在现实稳定的态度和习惯化的行为方式上表现出来的人格特征。因此，性格是人格的一部分，人格包含性格。性格侧重于人的个性化表现，是个人的品行与具有道德评价含义的心理品质，强调人社会层面和价值观的成分较多。因此，人们会说一个人的性格有好有坏。

人格对个人的情感稳定和行为准则有着明显的作用，而性格则决定了人们在特定情况下的反应方式。"阿堂这人性格就这样，对自己熟悉的人总是大大咧咧的，你别在意"，这是性格在特定情境下的表现。

人格主要具有以下四个特点。

（1）独特性。人心不同，各如其面。不同人的人格多多少少都会有差异，有自己独特的部分，即使是遗传物质 100%相同的同卵双胞胎，其成年的人格也是有差异的。同一个家庭的生长环境也会成长出不同人格的孩子，正如俗语"一母生九子，九子各不同"，意思是一个娘胎里出生的孩子，各有各的长相、脾气、个性和志趣等，其中的个性就是人格的部分。因此，人与人之间的差异是有普遍性的，这也提醒我们接纳自己人格的独特性，也接纳他人与我们行为和思维模式的差异。

（2）整合性。人格整合性是心理健康的重要指标，指人格是由多种成分构成的一个有机整体，具有内在一致性，并受自我意识的调控，人格的各个方面相互协调、平衡并融合在一起，维持个体的稳定和和谐。然而，当失去整合性时，人格的各个方面各自为政，就有可能出现人格分裂、多重人格、人格障碍等。

（3）功能性。功能性是指人格功能正常，健康有力。当个体人格功能正常时，个人就会相对积极健康，能够实现学习、工作、生活、社交等正常的社会功能，生活就可以有序进行下去。当功能失调时，个人就会呈现懦弱无力的状态，甚至失控变态，如强迫型人格障碍、自恋型人格障碍等各种人格障碍。严重的强迫型人格障碍患者会因为强迫严重影响到正常的社会功能，承受很大的痛苦。

（4）稳定性。人格的稳定性是指那些经常表现出来的特点，是一贯行为方式的总和。“江山易改，本性难移”，指一个人的某种人格特质一旦稳定下来，要改变是较为困难的事，这种稳定性还表现在人格特征在不同时空下的一致性。人格决定了一个人的生活方式，甚至有时会决定一个人的命运。人们常常使用人格稳定性来解释某人的言行及事件的原因。比如，“我一猜就知道这事准是你干的”。

当然，人格也具有可塑性，所以，不管我们处在哪个年龄，人格的变化和成长都是可能的。

二、人格对命运产生影响的逻辑

从人格的四个特点可以看出，人格稳定地影响着人们的生活方式、行为，并且具有跨情境的稳定性，因此，人格甚至会决定人们的命运。我国研究人格的心理学家许燕提出人格对命运产生影响的逻辑过程，即人格对命运具有决定力，自我对人格具有控制力，最后是人格对未来具有预测力。

辅佐刘邦夺取天下的有两个主要的功臣：张良和韩信。两人一文一武，但是命运却截然不同。刘邦称帝后，变得多疑猜忌，连续追杀功臣。刘邦的军事功臣韩信自恃功高，欲分天下，他不明白“战神”（项羽）已死，“兵仙”（韩信）要么成为老大、要么乖乖就范的道理，却想走中间路线，显然是自找死路，结果被满门抄斩，一代猛将就此陨落。然而，刘邦的谋臣张良则审时度势，急流勇退，不贪恋权位，拒绝高官厚禄，隐退江湖，逍遥自在地度过了一生，因为张良深知“狡兔死，走狗烹；飞鸟尽，良弓藏；敌国破，谋臣亡”的结局。

历史上类似的故事并不在少数。那么，为何英雄的命运竟如此不同？其实，我们每个人何尝不是自己人生的导演，如同那两位英雄一般呢？

（一）人格对命运具有决定力

回顾一下自己的过往，你此刻所处的境遇、环境以及状态，与你过往的选择有哪些关系？那个当下的选择具有情境的稳定性吗？比如，遇到困难的你是迎难而上，重视学习和体验的过程，还是因为担心挫败而选择了逃避？你在一段关系中常常自觉是受害者而怨恨自怜，还是积极反思，主动地去影响关系的走向呢？

其实，人的命运并非由宏大的事件组成，而主要是由看似很小的事件组成的连续体。正如存在主义大师萨特所言，“我们的决定决定了我们”（Our choices make us）（萨特，2014）。

张良和韩信对环境的认知、对自我的认知以及对所辅佐君主不同阶段的心理认知不同，导致他们在面对汉政权大局已定的背景，根据感知到的信息，做出了不同的决定，最终导致命运的巨大差异。韩信个性张狂，居功自傲，低估风险，过于自信，最终被诛杀。张良谋略过人，审时度势，淡泊名利，退隐山林，得以善终。这就是张良的人生智慧。有时我们无法控制环境，但可以选择环境，其中人格就是背后一股强大的力量，一步步把人推向命运的终点。

（二）自我对人格具有控制力

人格的整合性告诉我们，自我意识对人格的各个部分具有统一协调的作用。因此，人格决定命运并非宿命论，因为人格是“我”的人格，命运在一定程度上掌控在自己手中，自我是人格的统帅。在人格与环境的交互作用中，谁强大谁就占据主导权。觉察力强并能够自我掌控和选择的人可以评估环境的优劣因素，有效地防止不良环境对自己人格的侵蚀与诱导，保持人格的独立性，展示出强大的人格力量。相反，自我掌控能力弱的人通常缺少觉察力，无意识地随波逐流，失去对环境影响的觉察，把自己的命运交给了无意识的行为习惯，像闭着眼睛行走的人一样，陷入反复的折磨而不自知。

因此，面对同样的人生磨难和处境，有人自强不息，有人一蹶不振，不同个体的人格决定了不同情境下的行为，从而导致了不同的命运走向。所以，人格决定命运，自我掌控人格，我们每个人都是自己命运的推动者。

心理学中存在许多典型的心理效应，即人们面对一些情境的习惯反应。然而，如果你能够对自己的行为更有意识，强大的人格力量就会帮助你克服这些惯常的效应。

美国著名空军将领乌托尔·恩特在执行一次飞行任务时，他的副驾驶生病了，总部临时给他派了一位副驾驶。跟传奇将军同飞，这名副驾驶觉得特别荣幸。起飞之前，乌托尔·恩特哼起歌来，头也跟着歌声的节奏打拍子，副驾驶看到乌托尔·恩特的动作，以为是让他升起飞机，于是就把操纵杆推了上去。结果，飞机的腹部撞到了地上，乌托尔·恩特因为这件事终身残疾。事后，有人问副驾驶为什么把操纵杆推上去，那位副驾驶回答说，他以为是将军让他那么干的。

乌托尔·恩特的故事反映了普遍存在的一种心理现象，即对权威盲从的绝对信任。副驾驶在面对权威时，在失去人格独立性的同时失去了独立的判断力，导致了悲剧的发生。

- 自我探索

在生活中，我们会不知不觉地被各种标签定义、被流行文化催眠、被他人的看法左右自己的判断等，举例说明你是否遇到过类似的情况。分享并讨论，在面对外部环境时，我们如何保持独立清醒的判断，从而把握自己的人生方向？

（三）人格对未来具有预测力

在面对同一位多疑的君主，且自己功高盖主的情境下，同样是英雄，为什么张良和韩信的选择不同，是什么让张良在生死关口做出了恰当智慧的选择呢？这反映出高人黄石公识人的智慧。虽然看似是张良人生中一个偶然的选择，但其实是张良人格的稳定性和一致性所呈现出来的必然结果。

张良拜师的故事出自《史记·留侯世家》，黄石公为什么会把《素书》传给张良？因为《素书》上有一秘诫写道："不许传于不道、不神、不圣、不贤之人。若非其人，必受其殃；得人不传，亦受其殃。"显然，黄石公认为张良是贤人，是可造之才，他识人运用的便是人格的预测力，他考察的是张良的人格。

故事简要梗概如下：一日，张良在下邳（pī）一桥头遇到一老者，老者把鞋扔下桥，然后傲慢地让张良去捡鞋，张良捡了鞋之后，老者又让张良给自己穿上，张良给老者穿上后，老者对张良说"孺子可教"，约张良五日后再到桥头相见。五日后，张良早早赶到，老者已在等待。于是，老者让张良五日后再来相见，结果张良自认为已经起得很早，但还是晚了老者一步。到了第三次，张良索性半夜就到桥上等候。于是，老者送给他一本书，说："读此书则可为王者师，十年后天下大乱，你可用此书兴邦立国……"说完老者就扬长而去。这位老者就是黄石公。

黄石公赠送给张良的书就是《素书》，张良品悟其中道理，并帮助刘邦夺得了天下。《素书》使张良"明于盛衰之道，通乎成败之数，审乎治乱之势，达乎去就之理"。

黄石公三试张良，考察的是张良人格中的德行。他发现张良有耐心、有胸怀、有气度，具有心诚、勤奋的品格，因此预测张良可以很好地使用《素书》，服务世间。

为什么人格具有预测效应？因为人格具有跨时空的稳定性和一致性特点。在时间变化的维度上，人格具有稳定性，俗话说"三岁看大，七岁看老"，说的即是人格的稳定性，所以黄石公可以通过考察当时的张良来判断他在未来的表现。在情境变化的维度上，人格具有一致性，黄石公通过扔鞋、穿鞋、等人的不同情境就可以预测张良在治国理政情境中的作为。同时，最重要的是，知识掌握在人格品质积极向善者的手中，才能真正造福于人类。显然，黄石公的预测是准确的。

三、人格决定命运的心理过程

性格是人格的一部分，决定了人们在特定情况下的反应方式。人格决定命运，最终还是要落实到特定情境下个体的反应方式，心理过程如下：

（1）性格决定认知。即人们常说的心态或三观，具体而言可以简化为"我认为，我看到，我相信……"。例如，张三性格乐观，李四性格悲观，两人的成绩不相上下。在高三一次重要的考试中，两人都失利了：乐观的张三虽然感到痛苦，但会看到改变的可能性，因而抱有信心和希望。悲观的李四特别感到挫败，担心自己下次的考试成绩会更差，如果这样下去，那么自己肯定无法考上大学。

（2）认知决定行为。人的认知一旦确定，就会指导自己的行为。乐观的张三由于抱有信心，接下来就会积极主动地寻求解决方案，退一步讲，即使没考上大学，天也没塌下来，世上的路千万条，自己一定能靠自己的双手生活。悲观的李四因为觉得自己再努力也没用，一想到考不上大学未来便无望，内心不禁感到焦虑恐惧，晚上开始失眠。

（3）行为决定结果。任何行为都会使事情发生或多或少的变化，正如蝴蝶效应一样，最终累积下来，导致结果显现。乐观的张三努力学习，考得不好也不放弃，最终他的学习成绩取得了明显的进步。悲观的李四因失眠而精神不好，加上太焦虑导致常拉肚子、胃疼等，学习时缺少信心，学习状态比较差，学业越来越差。

（4）结果决定命运。乐观的张三学业越来越好，最终考上了心仪的大学。悲观的李四因为担心焦虑，最后两个月连学都无法正常上，当年的高考也没有参加。

然后，人们可能就会说，本来一样的人，最后命运的差别竟然这么大。

- 实践训练：倾听负面的内在语言，运用乐观的思维

在日常生活中，影响我们行为的认知通常是一些内在重复的自动化语言，因为缺少觉察，所以无法调整和改变。如果这些内在语言是负面的，就会使人感觉生活糟糕，命运不好，犹如黑暗中的行人找不到方向。

觉察一下，你熟悉以下内在语言吗？

两人一组，带着体验，向你的小伙伴大声读出左栏中消极无助的悲观语言，体会内在的感受。然后，大声读出右栏中主动负责的乐观语言，体会相比前面自己的感受有什么不同。分享并讨论活动感受。

消极无助的悲观语言	主动负责的乐观语言
• 我已无能为力	• 试试看还有没有其他的可能性
• 我就是这样	• 我可以选择不同的行为
• 他把我气死了	• 我可以选择自己的情绪
• 他们不会答应的	• 我可以想出有效的表达方式
• 我只能这样做	• 我能选择恰当的回应方式
• 我不能……	• 看看我可以从中有哪些收获
• 我不得不……	• 我能做些什么来影响进程
• 要是……就好了……	• 我选择……
• 我肯定不行	• 我打算……

花一天的时间，认真仔细倾听自己的内在语言，记录你使用“但愿、要是、我不得不、我办不到”等消极回应语言的频率。

再花一天的时间，记录刻意提醒自己采用积极回应的语言。

总结活动感受和启发，你是否有新的决定？与小组同学分享。

同学们的作业反馈

第3讲 升级人格系统，推动命运齿轮的积极转向

假如你身边有一台电脑，不妨仔细观察一下。硬盘和处理器是我们在购买电脑时不可忽视的关键配置。然而，再高级的硬件配置如果没有相匹配的操作系统支持，电脑执行和解决高端任务也会变得很困难。有些困难在固有的软件环境中几乎无法解决，但升级一下系统或版本就可以轻松解决。

人格其实也是如此。MBTI 等测试出的人格特点，犹如电脑硬件，是展现在我们眼前的可触摸部分。而支撑人格各个维度、服务最终目标的底层操作系统，就像电脑操作系统，虽然你看不见它，但是它却在背后推动着生命的走向，因此它是人格的最高统帅。

一、成熟人格的底层操作系统：爱、善、良知、信心、社会感、团体感等

此处的成熟人格指的是以爱、善、良知、信心、社会感、团体感等为底层操作系统的人格发展水平。这些词其实也只是一些符号，虽然不同的理论和观点说法不同，但它们共同指向的人格内容是相近的。既然是人格底层操作系统，就一定会通过人的行为稳定地呈现出来，正如《西游记》中的唐僧一样。幼年时看西游记，对唐僧很是不满，“他怎么每次都把妖错当成人，不听孙悟空的劝告，使得整个取经团队一次次陷入险境”。如今再看，发现唐僧的人格底层操作系统主打的正是善。既然底层情况如此，他的行为自然是有1%救人的可能，就要冒99%的危险。我们常常无法理解一个人，往往是因为对其人格底层操作系统缺少兼容性。一旦能够理解，就可以深层地读懂一个人的行为。当读懂了没有火眼金睛、一心向佛的唐僧的善和对世人的爱，再看他的行为，便会充满敬佩和感动。

为何要升级人格系统呢？或许在提到唐僧的爱和善时，你会有所质疑：“你说的这些，请问有几个人能做到？你能做到吗？我可做不到，我也不相信有人做得到。”俗话

说“人善被人欺，马善被人骑”，或者还有人说“我与人为善，那世人爱我吗”，“我要先确定对方是善的，我才会呈现出善”等，相信一定会有一大堆反驳的话。事实上，当我们把视角放在日常小范围的体验层面上，确实如此。暂且不说面对人生困境升级人格系统很难，仅仅意识到要升级人格系统就并非易事。因为我们很难在创造问题的系统里找到解决办法（爱因斯坦，2020），因此，只有升级系统才可能找到解决方法。查看电脑操作系统的不断升级，便可明了其中的道理。

（一）面对日常困境：升级人格系统、问题不再是问题

在阐述内在逻辑之前，我们先来通过现实生活中的小例子获得感性的认识。当我们心中装下他人、拓展心理空间时，我们就升级了人格底层操作系统，问题解决的方向就会自然地呈现出来。

苏红来自山区，由于中学时期英语教学条件有限，她的英语基本上停留在“哑巴英语”的水平。到了大学后，苏红发现很多同学的发音特别标准，甚至有的同学可以流利地用英语和外国人交流。再听听自己的发音，简直不忍卒听，口语课成了噩梦。没想到，期末一项重要的作业便是站到讲台上介绍与自己相关的内容。苏红提前两周便开始焦虑，一想到站在讲台上磕磕巴巴地说英语，就心跳加速，无处可逃，也无力面对，苏红的内心几近崩溃。

好在天无绝人之路，恰好在心理课上听到老师分享自己的经历，她惊呼：“那就是我！”

老师真诚地分享道：“我从事心理工作多年后，逐渐接到一些讲座或培训邀请，但每次都会拒绝，一直强调自己还没有准备好，不想误人。然而，内心也有另外一个声音，说自己应该多锻炼、多实践。就这样被困住纠结了很多年。”苏红从来都没有这么专心地听讲过，觉得此刻和老师深深地共情了。

“直到后来在一次专业培训上，”老师停顿了几秒继续分享道，“我才猛然意识到，其实一直以来我并非是在考虑听众的利益，担心误人，关注的只是自己会不会被认可，害怕任何可能的恶评，因为害怕1%可能的不认可，从而拒绝了尝试。那一刻，如电光石火般照亮了我的意识。此后，我开始转换视角，即讲课不是为了证明自己有多厉害，而是真正把听众放到心里，想着他们的需要，认真准备即可，全当是送给大家的礼物。当我的关注点从我好不好转变为我可以给大家带来什么、贡献什么时，我发现自己的心理空间一下子变大了，心也安定了。并且我大部分的心理资源都用在了做好这件事上，而不是纠结恐惧、不敢尝试。于是，我迈出了勇敢的第一步。”

老师的声音也充满了喜悦：“我体验到了从容的感觉，更愿意去尝试，当然这个过程一定还会有困难和痛苦，但那只是成长道路上要经历的困难和痛苦而已，不能来定义我这个人！”

苏红上大学以来自卑焦灼的心，瞬间被抚慰了，她告诉自己：“是呀，我不需要用口语的好坏来定义自己。我只需要心里想着同学们，给大家送出自己带来

的礼物，介绍一下自己的家乡。虽然家乡比不上大城市的繁华，但有大山的俊秀啊！”

苏红第一次感受到了力量，那不是一种拥有或占有什么的力量，而是一种从内心升起的力量。

苏红与其老师的经历有一个共同点，即人格底层操作系统的升级使他们所站的位置超越了“我的体验”的限制。因为站得高，所以看到的图景不一样，认知自然发生了巨大的转变，问题也就自然有了解决方向。当然，这绝不是解决问题的套路，而是基于爱和利他所推动的体验、认知和信念的转变。

类似的例子在生活中俯拾皆是。当我们帮助他人解决困难时，如何才能带来真正的益处呢？例如，一位母亲选择升级自己的人格系统，智慧地处理孩子在校园被欺负的事件。

一位母亲因为自己上小学二年级的儿子在学校被同学捉弄，心中非常愤怒，虽然告诉了老师，但效果微乎其微，反而使孩子更加害怕同学的报复。于是，这位母亲求助身边人，认真思考了自己的解决方式。她发现自己之前的操作格局太小：当看到孩子受委屈时，心中只有自己的愤怒，想让老师站在自己这边去惩罚对方。此时，她的心中只有自己的得失。后来站在利他的角度，出发点变成了如何在这件事情中做出自己的贡献，帮助老师一起解决问题，同时也帮助对方和更多的孩子一起成长。无解的问题有了方案。这位母亲精心制作了一份与同伴交往的课件，发给老师，请求自己到班里和孩子们交流。老师看后觉得很好，妈妈来到班上，带领孩子们体验什么样的行为是合适的，在什么样的情境下你需要勇敢地说“不”等。她的孩子因为她以教育者、贡献者的角色站在了学校讲台上，心中非常自豪，事情因此转向良性方向发展，不仅圆满地解决了问题，还推动了她的孩子和大家一起获得成长。

在课堂上，针对老师的提问，你是回答问题还是保持沉默？如果你能够升级人格底层操作系统，站在大家是一个团体、彼此联结的位置上，你就会自然地期待整个团体的成长与获益。因此，上课回答问题就从自我的得失变成为团体和课堂贡献自己的思考，反馈学习情况等。在课堂上做展示就会从我是否得到好评变成能给同学们带来什么，从限制中解脱出来。

- 自我探索与分享

想一想，你是否曾面临被困住的情境？如果有，请举例和小伙伴分享并讨论，可以如何升级人格底层操作系统，寻求解决问题的方向？

这个升级的人格底层操作系统，也可以称为人格系统的核心要素，在西方心理学和中国传统哲学中均有阐述。它在不同的理论和观点中有不同的名字，具体内涵虽然有差异，但基本内核是共通的。

（二）西方心理学家眼中的成熟人格底层操作系统

MBTI 等人格测试展现的是硬件特点，受制于人格底层系统的成熟度，如果作为统帅的自我陷入个人与他人的割裂和疏离恐惧中，再强大的感知、理性或直觉等功能也很难发挥作用。西方心理学家对理想或成熟人格的描述虽然有不同，但核心点是相通的，即个体与他人、世界的联结感在根本上是社会性的，如荣格、弗洛姆、罗杰斯、阿德勒、萨提亚等。接下来，我们将简单介绍这几位大师的观点，稍微详细介绍阿德勒和萨提亚的观点。

（1）荣格的人格理论。荣格除了提出 MBTI 所依据的人格类型理论，还提出了人格结构理论，认为人格由意识、个体潜意识和集体潜意识三部分组成。其中，集体潜意识是荣格最重要的研究内容，即从祖先种族那里传承下来的心理内容。因此，在人格中与他人联结是人类精神的天然需要（费斯特 等，2023）。

（2）弗洛姆的理想人格模式。弗洛姆是人本主义哲学家和精神分析心理学家，他提出，理想人格应该是成熟的、兼容并蓄各种生活取向的良好品质，表现为沉着、坚强、温暖、富有爱心、平易近人的内心取向，并朝着更富有创造性的方向努力。他特别强调创造性的生活取向和创造性的爱。精神上健全的人，是以爱、理性与信心来生活的人，是尊重自己与他人生命的人（王芳，2023）。

（3）罗杰斯关于人格积极本质的观点。罗杰斯在其著作《个人形成论》中提到，人性最内在的核心，人格的最深层面，在本性上是积极的（从根本上说是社会性的，是向前运动的、理性的、现实的）。就罗杰斯身处的时代而言，提出这个观点是非常有革命性的。他写道："当我回顾自己多年来的临床经验和学术研究，我觉得，自己花费了很长的时间，才终于承认这个在民间和学术界都很流行的观点是完全错误的。我认为，这基于这样一个事实，即在治疗中，总是存在着不加遮掩的敌意和反社会情感，所以，我们很容易做出假定，说这个现象体现了人类深层且根本的天性。因此，经过了很长时间之后，我才慢慢地承认，这些野性的和非社会化的情感，不是最深层的、最强烈的人类情感。人格的内核就是有机体自身，而有机体在本性上是自我保存的、社会性的"（罗杰斯，2004）。

（4）阿德勒认为社会兴趣是衡量心理健康的标杆。阿德勒是个体心理学的创立者，社会兴趣在他的人格理论中占据非常重要的地位。他认为，一切人类活动的价值都必须从社会兴趣的角度来看待。此处的社会兴趣意味着个体与全人类的同一感，所有人在社会共同体中的成员身份。社会兴趣表现为与他人合作以促进社会进步，而非谋求个人利益。阿德勒认为社会兴趣绝对不是强加的，而是人类的本能，是将社会团结在一起的黏合剂，它根植于每个人的潜能之中，但必须加以发展，才能促成一种有益的生活方式（阿德勒，2018）。

阿德勒把社会兴趣作为衡量心理健康的标杆，认为它是"衡量人类价值的唯一标准”，同时也认为它是判断个体价值的唯一标准。在某种程度上，个体具备社会兴趣，标志着他在心理上的成熟。而不成熟的个体缺乏社会兴趣，以自我为中心，他们努力争取个人利益，追求自己比他人优越。健康的个体真正关心人类，所追求的成功目标包含所有人的福祉。当然，社会兴趣并非慈善和无私的代名词，判断的依据是做事的动机，即是谋取个人利益还是从社会兴趣出发，因为初心比做什么事更重要。比如，有的人哪怕是做慈善，但如果他带着一种“我比你优越”的心态，而不是出于对他人福祉的关怀，仍然是缺乏社会兴趣的表现。

阿德勒还区分了自恋（追求卓越）与自尊（追求成功）的差别。他把追求个人卓越的人称为自恋者，自恋者几乎毫不关心他人的福祉。这类人努力的目标是证明自己比他人优秀，甚至是最优秀的，他们感觉自己应该享有特权，并缺乏应有的谦逊，但是这并不能增强健康的自尊心。阿德勒认为缺乏社会兴趣必然会导致适应不良，即人们之所以生活失败，是因为他们过分关心自己而很少关心他人。

显然，阿德勒的人格理论非常清晰地提出了人格底层的核心结构，即拥有社会兴趣是一个人成熟、拥有个人价值以及心理健康的标准。

（5）关于人的信念的萨提亚模式。萨提亚是美国家庭治疗的先驱，她创立的萨提亚模式关于人的信念包含以下几个观点：每个人都是同一宇宙生命力的独特显现，我们透过这股生命力来相互联结。每个人都拥有自己所需要的内在资源。人们因相似而联结，因差异而成长。人性本善，在人们的核心之中，人都是本然正向的。健康的人际关系建立在平等的价值之上。显然，从萨提亚对人的信念中可以看出，成熟的人格底层本质上是社会性的。萨提亚对人类本性的认识既深刻又开阔，可从主题 2 丰富又简洁的心理地图中可见一斑。此外，人类成长的方向是个人内在和谐、人际和睦与世界和平（萨提亚，2006）。

● 分享与讨论

读完以上心理学家对人格核心的观点后，你有什么样的思考或困惑？结合现实生活中的感受，谈谈你的看法。

（三）我国文化中的理想人格思想

中国文化作为一种源远流长、历久弥新的文明，体现了强大的生命力。我们延续五千年之久的古老文明，究竟孕育出怎样的思想理念与文化基因，使我们的文明得以延续并发展？作为西方心理学家的荣格非常喜欢中国文化，他曾经在其著作《分析心理学》中提到，未来世界的难题只有依赖东方文明才可能得以解决。

心理学者们的研究各自提出了不同的观点。结合理想的成熟人格，我国文化基因中的两个部分是深入中华民族心理的思想理念。一是仁爱。仁爱包含两种不同类型的爱，即亲爱与博爱，目标是提升人类普遍具有的内在道德情感、相互理解的良知良能，建立一个人人相爱的和谐共同体。二是家国。中国传统价值或者说中国人的自我不是以个体为中心，任何个体均是处于家族、国家关系之中，个体生命的价值、意义往往依托于家国的价值与意义。因此，“修身、齐家、治国、平天下”的思想即是人格成长、发展和成熟的路径，这一思想出自我国古代的《礼记·大学》。类似的思想贯穿于中华灿烂的文明长河。北宋张载在其《横渠语录》中写道：“为天地立心，为生民立命，为往圣继绝学，为万世开太平。”这被当代哲学家冯友兰概括为“横渠四句”，其所蕴含的思想内容非常丰富，阐明了知识分子的使命意识和责任担当，为读书人指明了实现自身人生价值的重要途径。

除此之外，孟子提出人性本善中的善，即道德的根源来自人的内心。这意味着每个人本身就具备恻隐之心、是非之心、善恶之心等内心情感。王阳明心学的一个核心即是致良知，而良知并非外在之物，它是人的本性中本来就存在的内在智慧。

总之，我国文化中的理想人格的核心要素在于个体不是孤立的，而是和团体、社会联结的共同体。这一观点不仅与西方心理学人格理论中的理想人格是一致的，而且是中华民族心理的核心内容。

● 反思与讨论

结合生活中的例子，你是喜欢与在乎你福祉和需要的人共事，还是与只考虑自己利益得失的人共事？相对而言，你更希望谁成功？请说一说原因。反思一下，如果我们想要成功，可以朝哪一个方向？

真正持久的成功从来都不能只靠自己，而要靠其他更多人的选择，亦即社会的选择。当大家都希望你成功时，你不成功都难。因此，伟人、名人或现实中的成功者不是因为成功才拥有理想人格，而是因为他们身上的理想人格作为底层操作系统，把他们引向了人生价值的实现。我们在描述伟人时常用“历史的选择”“人民的选择”（陈先达，2018），这些词汇表明，选择“我”的背后存在着一种超越个人的更大力量，这种更大的力量其实来自我们把谁的福祉放在心中。如果我们只考虑自己的需要，那么这种更大的力量可能将不复存在，甚至成为阻碍你前行的力量。如果你被困在其中，看不清真相，则会认为是命运不好，是世界错了。

当然，需要强调的是，拥有理想人格并不一定能够拥有世俗的成功。所以，才有《孟子·尽心章句上》所言“穷则独善其身，达则兼济天下”，即不得志时应注重自己的道德修养，而得志时则要努力，让天下人都能得到好处。

● 分享与讨论

从你身边的人或者你知晓的名人等举例说明，因为心中有他人，所以他们走向了成功。分享你的启发和感受。

二、升级人格底层操作系统，找到突围之路

升级人格底层操作系统的目的是促进自我人格的成长与成熟。前面只谈到了人格底层操作系统的定义，下面我们将阐述为什么要升级人格底层操作系统，也就是其内在的逻辑是如何实现牵一发而动全身的。

（一）当下多数人遇到的两难困境：躺平还是内卷？

也许你在学习和生活中感到疲劳无力时想要躺平。然而，看到周围人勤奋的身影，你又无法安然地放松，于是，你无奈地站起来加入内卷。事实上，教育者也因为自身处境不同而做出不同的选择。云南省丽江华坪女中张桂梅老师曾说："我们必须拼了，要不停地刷题，要死记硬背，要用填鸭式教育逼孩子走出贫困和大山，要考上……"（孙宽宁，2021）。同样，来自清华大学的刘瑜老师说："要沿着孩子的独特性，帮他找到他喜欢的事情……"（刘瑜，2020）。她们二人的选择均符合自己所面临的情境。那么，听到这两种不同的声音，你是如何理解的？你处在哪个情境中？又是如何选择的呢？

其实这两种观点本身并没有对错，都符合各自的情境。张桂梅老师执教的女子中学的学生是为了生存，为了走出大山，有能够体验到的目标。因此，女子中学的学生有自己可感知的目标引领她们努力过每一天。刘瑜老师的学生拥有比较富足的物质生活，那么在这种情况下，学生该如何找到可感知的目标呢？对物质生活富足的学生而言，努力改变命运显然不再适用。例如，一位妈妈对孩子说："努力学习可以改变命运。"孩子困惑地问妈妈："妈妈，我现在过得挺好的，吃住用行都挺好的，我为什么要改变命运？我不想改变命运。"这个孩子说的其实没有问题，问题在于，当孩子从小生活在物质生活富足的条件下，他的成长需要精神的引领才有可能找到匹配的人生目标和意义。

因此，如果你当下苦闷，找不到生活的意义，至少说明你现在没有缺衣少食，同时也表明你有更高的精神需求，只是暂时没有找到突围之道。你或许不知道你寻求的具体是什么，但你知道现在的人格系统中没有你要找的符合人类人格核心的内容。这种困境通常是一个升级人格系统的机会。你可以根据自己所处的情境来做出选择。如果你陷入躺平和内卷的两难境地，邀请你带有觉察地开启升级人格底层操作系统之路。

（二）升级人格底层操作系统的意义

向左还是向右，从表层来看是无解的。为此，人们还借用了一个词汇“仰卧起坐”来描述这样一种两难困境，因为这样的问题是人格底层操作系统未升级情境下的困境，当我们缺少社会联结感时，在心理上自然会有隔离、孤立的体验，一味追求阿德勒所提出的“自我的优越感”容易导致心理不健康和适应不良。突围之道就是升级人格底层操作系统，与人性深处最本质的社会性相联结。当我们与人类最本质的内核联结时，那些消耗我们的资源就会得到节约，并且转而用于支持成长的方向。

我们“如何体验自己的本质”是人格系统的基础。假设你戴上了一副灰黑色的眼镜，将一颗蒙尘的珍珠错当成了泥丸，以对待泥丸的态度对待珍珠，也即你把珍珠的本质体验成了泥丸。回到我们人类自身，你是如何体验自己的呢？或许当你取得好成绩、被人认可、获得荣誉时，你就把自己体验为珍珠。然而，当你考砸了、人际关系破裂、不被理解，甚至被批评时，你可能把自己体验为泥丸。那么，你是否想过你的本质到底是怎样的？你是把自己体验为匮乏、有缺陷的生命体，还是本自具足、生来就美好的生命体？对本质的体验不同，直接导致人格系统截然不同的两个方向。

下面两个方框所呈现的是两种人格系统的内在逻辑：一个是受困的人格系统，另一个是升级的人格系统。

受困的人格系统	升级的人格系统
体验自己：匮乏的、自卑的，想要填满匮乏，关注得失	体验自己：本自具足，关注爱、资源和贡献
体验的信念：	体验的信念：
（1）我是匮乏的、自卑的	（1）我是本自具足的、自信的
（2）拥有、占有和获得的需要	（2）生命有得到爱的需要，也有贡献和爱人的需要
（3）索取者、受害者的角色	（3）贡献者、影响者的角色
（4）外在物质引领	（4）内在精神引领
（5）竞争为主	（5）合作为主
（6）面对生活：压力、自卑、恐惧、焦虑、患得患失、被动、受阻、厌学、抑郁、无意义感等	（6）面对生活：平静、自信、从容、主动、积极、意义感等。
（7）资源用于自我保护、以生存为目的、追求优越感、逃避失败、不允许失败等	（7）资源用于如何做好事情、以成长为目的、允许失败（成长型思维）等
难以持久成功	更容易成功

（1）受困的人格系统。处在这一层面的个体体验是匮乏的、自卑的。既然自己是匮乏的，那么心理动力自然是填满匮乏，因而必然关注得失。生活信念系统是：我是匮乏的、自卑的，生命的核心主要是拥有、占有和获得的需要；生活中的角色更多是索取者、受害

者；价值追求主要受外在物质的引领；人际感知以竞争为主；生活中自然感受到较多的压力、自卑、恐惧、焦虑、患得患失、被动、受阻、厌学、抑郁以及无意义感等；有限的心理资源主要用于自我保护、以生存为目的、追求优越感、逃避失败、不允许失败等；该人格系统在短期内可能会获得成功，但往往难以持久，幸福感相对较低。

（2）升级的人格系统。拥有升级的人格系统的个体体验是本自具足的，因此内心的丰盈感自然而然地外溢。心理动力是关注爱、资源和贡献。生活信念系统是：我是本自具足的、自信的，生命有得到爱的需要，也有贡献和爱人的需要。针对这一点，大家可以通过回顾自己向他人提供帮助时的感受，就能够理解，这是一种更高的价值感体验。生活中较多的角色是贡献者、影响者；价值追求主要受内在精神的引领；与他人以合作为主；生活中自然感受到较多的平静、自信、从容、主动、积极、意义感等；心理资源主要用于如何做好事情、以成长为目的、允许失败等；相对于受困的人格系统，处于升级的人格系统的个体面对同样的外在处境，其幸福感会较高，也更容易突破和成功。

当我们真正相信自己生命本质的美好时，人格底层操作系统便会得到升级，我们就更可能看清生活的真相，减少精神资源的消耗，我们所拥有的优势人格特点和功能才可能真正被释放，进而将主要精力用于推动生活真正发生改变的事情。这一点大家可以结合前面苏红的例子来理解：苏红刚开始在受困的人格系统里找不到方向，不断地纠结挣扎，产生内耗。当她把同学放在心中，想着是给大家送礼物，而不只是关注自己是否会被认可或被嘲笑时，她的资源便被有效地用于解决问题了。

- 阅读材料与思考

玻璃大王曹德旺（2015）在个人自传《心若菩提》中总结了自己的创业人生：自 1983 年承包工厂开始，我始终以企业家的标准自勉，并认为企业家的责任应始终坚持三个信念——国家因为有你而强大，社会因为有你而进步，人民因为有你而富足。虽然这三句话看似宏大，但我始终将其作为人生价值观的灯塔，坚定不移地树立在心中。

试着了解一下类似的故事，结合两个人格系统的内容，谈一谈你的看法。

- 自我探索

回顾一下你的经历，请写下你觉得最有意义的三个时刻或事件，并说明理由。

三、如何升级人格底层操作系统

前面提到的人格系统的内在逻辑差异，正是升级人格系统的路径，即在引起无谓的内耗处着手升级。然而，在所有的升级路径上，都存在一件必不可少的装备，那就是觉察。觉察让我们睁开眼睛，清醒明了。在这样的精神状态下，有意识的选择才成为可能，否则就只是习惯性的反应而已。

（1）正确看待成败。追求成功和害怕、逃避失败是两种完全不同的内在能量状态，往往也会导致不同的人生境遇。“失败是成功之母”这句话或许你已经听了千百遍，但又有几个人真正地从内心接受，并且在生活中实践了呢？在现实生活中，我们厌恶失败，想方设法避免失败，希望一生不会遭遇失败。然而，逃避失败的结果注定是失败。被称为哲学王子的复旦大学哲学教授王德峰老师，曾经用阴阳鱼来解读失败与成功的关系。即成功与失败是相互依存、相对而言的，成功和失败就像黑和白、光和影一样，不能一方独存，所以有否极泰来、乐极生悲之说。

因此，在面对失败时，可以从以下两点进行转化。一是从心态上接纳。失败是生活的应有之义，只有接纳失败，方可超越失败，收获成长。事实上，我们只有时不时地经历失败，才有可能让成功更长久。如果一个人的成长过程过分顺利，他也就没有机会从经历中学习如何面对失败。二是在行为上积极面对。回想自己的生活，那些使自己成长的时刻是否通常伴随着痛苦？要想收获失败带来的成长礼物，需要我们积极面对，而不是消极逃避。面对失败时可以问自己：“我可以从这次经历中学到什么？我可以做些什么来影响事件的进程？以后再遇到类似的事情，我可以采取怎样不同的做法？”把关注点从失败的结果本身转向如何更好地做好的过程中，你就可能把失败转化为成长的礼物。

（2）拓展心理空间，联结更大的我，从只关注我的得失到把他人纳入心理空间，建立与他人、社会健康的积极联结。人类精神内核的深层本质本身就是社会感，但是并非每个人都有机会展现本质。正如阿德勒所提出的，自卑感在我们早年依赖他人以生存时便已萌芽。正常的自卑感在发展的过程中才会产生健康的生活方式，即展现出社会感。他认为，拥有对社会有益的生活方式的人，代表着人类进化过程的最高形式，并且有可能主导未来的世界。

因此，当我们面临困境、找不到出路时，可以有意识地提醒自己，转移关注点，拓展心理空间，这样就可能启动命运齿轮的转向。正如孙悟空开始关注他人疾苦、主动行善，他就开启了从顽猴到主动履行取经使命的转向。

（3）扶正去邪，突破困局，找到问题解决方向。

小花因为考试没考好不断地自责，自责后又因为未能自我接纳而更加沮丧。此时，问题从最初的没考好变成觉得自己不够豁达，因为不能接纳自己而苦恼。扶正就是小花要联结到自己自责、挫败的背后，这其实反映了她对自己有更高的要求，即取得好成绩。这恰恰体现的是生命天然向上的力量，而并非自己能力的不足。通过联结自己积极的生命本质，小花对自己的体验就会更加正向，接下来从自责中释放出的心理资源，就可以被运用到积极总结经验、继续努力的过程中。

扶正去邪是借用中医的一个治疗思路，治疗思路背后是如何看待疾病。《黄帝内经》认为，中医是整体观和系统观的医学，看的是人而不只是病，生病是因为身体偏离了阴阳平衡状态，扶正去邪就是通过扶植身体的正气，增加正气力量，邪气就会被驱除，让身体重新回到平衡状态。当然，治疗思路的前提是相信人体自身的疗愈力，犹如我们相信人的深层本质是积极正向的，所以才会去唤醒、联结或者调用这股正气力量。从小花的案例中可以看到扶正去邪的操作思路，找到破局的方向，正可谓“正气存内，邪不可干”。

四、人格成长的历程：曲折前进

人格的成长其实是一生的历程，因为原有的思维和行为习惯具有强大的力量，我们在缺少力量的时候很容易又被拉回到过去的轨道中。在《西游记》中，孙悟空三次离开取经队伍，每次都体现了原有的习惯和新的人格系统之间的力量对比。作者吴承恩所呈现的这三次离队绝非简单重复，而是人们真实的成长历程的再现。在这一过程中，孙悟空的人格中还分化出了一只六耳猕猴，承载了他本我的能量，直到最后合而为一，完成了其人格历史性力量的转折。因此，不断地提升自己的觉察力，切断自动化的反应模式，增加有意识的选择机会，哪怕早期的力量很微弱，只要在健康的方向上不断坚持，就一定会影响命运的走向。

最后，还要澄清以下三点。

一是升级后的人格系统是一个理想的完美系统，可以引领我们想要成长的方向，但不是一定要达到这样的状态，因为在受困的系统和理想的完美系统之间还有很长的路要走。不过，只要找对了路，我们就不怕远。

二是平衡。有社会兴趣，关心他人的福祉和利益，并不是让我们放弃自己的权益，只关注他人，而是尊重自我和他人之间的平衡。况且，当我们拥有社会兴趣时，最终最大的赢家其实恰恰是我们自己。

三是社会兴趣和因恐惧而讨好不同。真正拥有社会兴趣和因恐惧而讨好不同，后者的动机是聚焦个人利益。当然，澄清这一点并非批判讨好的动机，而是强调两者的内在能量状态不同，我们在实践中要有意识地觉察到这种差异，进行可能的选择和调整。

认知的高度决定了我们的行为和生活，决定了人格、眼界、格局和胸怀，决定了个人的道路。这不仅仅是伟人和牛人的专利，也是你我可以发展的方向。

● 实践拓展：用第三只眼看戏里人生

在生活中，当你读小说、追剧时，可以额外加上第三只眼，分析理解人物的人格底层操作系统是怎样影响人物的命运的。举一到两个例子，与小伙伴深入交流，有什么发现和启发？

讨论如何把学习的内容灵活地应用到自己的生活和成长中。

本章小结

- 每个人都是朴素的人格理论家，心理学家提出的人格理论总是与他们这个独特的人相关联。每种理论都可以解释人格的一部分，某种理论可能更适合某一类型的群体，所以，不要迷信任何一种人格理论和测试。通过广为人知的 MBTI 人格测试，可以了解自己的人格底色。同时，理解 MBTI 人格测试的底层逻辑，避免误用心理测试结果。
- 人格对命运产生影响的逻辑，即人格对命运具有决定力，自我对人格具有控制力，人格对未来具有预测力。人格决定命运的心理过程如下：性格决定认知，认知决定行为，行为决定结果，结果决定命运。
- 升级人格系统，命运的齿轮就可能朝向积极的方向。西方心理学家眼中的成熟人格的底层操作系统和我国文化中的理想人格的底层操作系统是相通的，即以爱、善、良知、信心、社会感、团体感等作为底层配置的人格系统。当下多数人遇到的两难困境——躺平还是内卷，呈现了一种受困的人格系统。只有升级人格的底层操作系统朝向成熟的人格，才可能找到突围之路。升级的路径如下：正确看待成败；拓展心理空间，联结更大的我，从只关注我的得失到把他人纳入心理空间，建立与他人、社会健康的积极联结；扶正去邪，突破困局，找到问题解决方向。

拓展阅读

迈尔斯．(2008)．天资差异．重庆：重庆出版社．
荣格．(1989)．心理类型学．西安：华岳文艺出版社．
俞国良．(2022)．心理健康经典理论思想研究．北京：北京师范大学出版社．
许燕．(2021)．成为更好的自己．北京：机械工业出版社．
霍妮．(2013)．我们时代的神经症人格．上海：上海文化出版社．
罗杰斯．(2004)．个人形成论：我的心理治疗观．北京：中国人民大学出版社．

主题 7

化解压力　自在生活

幽闭了一千年的黑暗山谷，只要有灯光照进来，就一下子除掉了千年的黑暗。

——《了凡四训》

时至今日，“压力”这个词几乎出现在我们生活的方方面面。人们失眠、焦虑、情绪崩溃，不停地刷视频、玩游戏，暴饮暴食，或者消化不良、慢性胃痛、腹泻，掉头发等，都是提醒人们可能正处在某种压力中的信号。我们周围也充斥着大量关于如何预防、管理甚至消除压力这样的信息，压力几乎成了现代人的另一个名字。

那么，压力到底来源于哪里？为何不同的人对压力的反应不同？人们是如何自动化地应对或者有意识地化解压力的？

第 1 讲　识别自己量身定做的压力

还有两周就是期末考试了，复习的压力陡增。张三焦虑到学不进去，总是控制不住地刷手机，刷完后又因为觉得浪费时间而更加焦虑；王花的胃一直不好，最近总是隐隐作痛；黄瑶已经连续两个通宵待在教室疯狂复习；张玲把考试时间和交作业的最后期限列成了一个表格，开始抓紧时间进行地毯式扫描复习和赶作业……

尽管某些共同的环境要求和压力会使身处其中的很多人产生应激反应，但反应程度差异和不同类型的个体或群体差异总是显而易见。

一、了解你的压力

● 自由联想

当看到“压力”这个词时，你头脑里会自动冒出哪些想法或画面？请自由联想，写在下面的横线上。分析这些描述是否可以分类，或者有什么特点。和同伴分享，看看从自由联想中有什么样的发现和启发。

____

____

____

我们常使用压力这个词来描述自己，那么，到底什么是压力呢？考前压力是外部环境考试事件的刺激导致的，还是我们本身抗压能力较弱导致的？如果认为是外部环境引起的，那么减轻压力的方式即取消或者弱化考试，比如我国基础教育的双减政策。如果认为是个人原因导致的，就要在个人身心层面下功夫，提升抗压能力，比如学习各种压力管理课程、进行压力的心理咨询等。

心理学中对压力的研究，最早始于 1966 年拉扎勒斯（拉扎勒斯，2020）对心理压力理论的全面阐述。压力的定义也经历了一个不断演变和发展的过程。压力被定义为刺激时，侧重于环境中的事件，比如金融危机、自然灾害等。压力被定义为反应时，指的是一种压力状态，侧重于个体的反应。然而，这两种观点只有有限的作用，因为一个刺激只有在引发应激反应时才有可能被定义为压力。目前，被广泛认可的定义强调了人和环境的关系，既考虑了人的特点，又考虑了环境事件的特性。这与疾病的概念相一致。疾病不是单纯由外部环境导致的，其发生还有赖于有机体的脆弱性或者易感性。同样，不考虑个体的因素很难用客观的方法预测作为一种反应的心理压力。因此，压力是一种人和环境之间的关系，这个环境被个体评价为超负荷的，或是超过个人资源能够应对的范围，威胁到了个体的健康，二者共同构成一种认知和行为体验过程。要判断特定人与环境的关系是否具有压力性，最终取决于认知的评价或者改变。这也是本讲所要关注的内容。

（一）初步了解你的压力状况

下面是一个“大学生精神症状自我诊断测试”，可以帮助我们了解自己的压力状况。请结合自己的实际情况，根据第一反应作答（A. 是，B. 否），不要在某一题目上斟酌太长时间。其中有些问题你可能从未思考过或不符合你的情况，如有这类问题，请尽可能做出倾向性选择。

1. 每当考试或被提问时，会紧张和出汗。
2. 看见不熟悉的人会手足无措。

3. 心理紧张时，头脑会不清醒。
4. 常因处境艰难而沮丧气馁。
5. 身体经常会发抖。
6. 会因突然的声响跳起来，全身发抖。
7. 别人做错了事，自己也会感到不安。
8. 经常做噩梦。
9. 经常有恐怖的景象浮现在眼前。
10. 经常会胆怯和害怕。
11. 经常感到恐慌、无助。
12. 经常稍不如意就怒气冲冲。
13. 当被别人批评时，就会暴跳如雷。
14. 别人请求帮助时，会感到不耐烦。
15. 做任何事都松松垮垮，没有条理。
16. 脾气暴躁，易着急。
17. 不能宽容他人，甚至对自己的朋友也是如此。
18. 被别人认为是个挑剔的人。
19. 总是会被别人误解。
20. 常常犹豫不决。
21. 经常把别人交代的事搞错。
22. 会因不愉快的事缠身，一直忧忧郁郁，无法摆脱。
23. 脑海中总是浮现奇怪的念头，自己虽然知道无聊，却又无法摆脱。
24. 尽管四围的人在嬉戏打闹，但自己却觉得孤独。
25. 常常自言自语或独自发笑。
26. 总觉得父母或朋友对自己缺少关爱。
27. 情绪极其不稳定，很善变。
28. 常有生不如死的想法或感觉。
29. 半夜经常听到声响，难以入睡。
30. 是一个感性且冲动的人。

● 分数解释

评分标准：答 A 得 1 分，答 B 得 0 分。总分：所有题目的得分加总求和即可。

• 0～5 分：你的精神状况良好，能合理安排学习，劳逸结合，请继续保持。

• 6～15 分：你的精神有些疲倦，最好能合理安排学习，劳逸结合，让神经得到放松，以便更好地学习。

• 16～30 分：你需要关注自己的心理健康状况，积极进行调整，必要的时候寻求心理咨询或治疗。

● 自我探索

你的得分处在哪个分数段？你对此分数有什么感受？是否符合你的实际体验？

和小伙伴分享并讨论，如何看待并运用测试分数？

（二）如何正确看待心理测评——合理参考、服务自我

在现实生活中，越来越多的人开始对心理测评感兴趣。在网络和刊物上不时可以看到一些有关心理测评的题目，这吸引了不少人的目光。然而，我们千万不要误用或过度使用心理测评。

（1）以科学的态度对待心理测评结果。由于心理的复杂性，任何心理量表的结果都只是被试了解自己心理的一个参考。心理测评题目其实和高考题目的逻辑类似，高考是要选拔出某个方面优秀的人才，而心理测评是要测出某个心理内容的情况，因此，量表本身就有效度和信度的高低差异，通俗地说，即量表是否可用。效度指的是工具的有效性，比如，如果高考想选出的是有能力的人才，但实际上选拔出的是高分低能的人，那就说明工具的效度较低。如果一个压力的心理测评测出来的是抑郁情绪的水平，那么说明效度较低。信度是指成绩的稳定性，如果同一个题库的题目，每次测评的结果差异很大，则表明信度较低。一般而言，信效度指标在 0.7 及以上是可以接受的，即测试有70%及以上的有效性和稳定性。

基于此，对心理测评结果不可过分迷信，特别是不能随便给自己"扣帽子""贴标签"。当然，完全不相信心理测评结果也是不对的。被试越认真做，测试的结果就越准，结果的参考价值就越大。心理测评结果只表示现实的心理状况，不存在"好"与"不好"的问题，只存在"准"与"不准"的问题。

（2）认识到测量工具和统计本身的局限性。任何测量工具都是在大多数人测试的基础上进行统计分析的，但并不一定适合每一个人，也不能完全反映一个人的某个方面。同时，因为分数是基于统计分析，我们要将测试分数视为一个范围，而不是一个点，避免过于死板地照搬给出的结果。例如，在上面的测评结果中，5 分和 6 分分属两个类别，然而，6 分和 15 分之间虽然有 9 分的差异，却属于同一个类别。后面的分类也是如此。

（3）考虑测试情境和个体因素。心理测评同样会受到外部环境和个体状态的影响，比如，一个人身体不适，或者未听懂主试的说明，天气太冷或太热等，都有可能影响测评结果。因此，测评结果要结合平时的表现进行综合解释，才能更加准确地反映真实情况。比如，测量人格的 MBTI 测试（参考主题 6），在不同的时间、阶段和心境下，测评结果可能是不一样的。

（4）有些测评报告需要专业人员帮忙解读。有些专业的测评报告一定要在专业人员的指导下解读，被试不可以自己解读，以免引起歧义，例如明尼苏达多相人格测验（MMPI）。

（5）把心理测评放到正确的位置可以帮助我们了解自己。心理测评有利于我们了解自己的心理以及健康状况，及时进行自我调节或者寻求心理帮助；有利于我们了解自己的个性特点，了解自己个性的优势和不足，以扬长避短。所以，心理测评对我们而言，是一次难得的自我认识的机会。

专业链接

压力与效率的关系：耶克斯-多德森定律，适度就好

耶克斯-多德森定律（Yerkes-Dodson law）由心理学家罗伯特 · M. 耶克斯（Robert M. Yerkes）和他的研究生约翰 · D. 多德森（John D. Dodson）于1908年首次提出。该定律描述了动机水平和工作效率之间的关系不是单一的直线关系，而是一条倒U形曲线。该定律指出，在简单或中等难度的任务中，随着动机的增强，工作效率通常会提升。然而，在困难或非常复杂的任务中，动机的最佳水平实际上相对较低。这是因为过强的动机可能会导致个体感到过度焦虑和紧张，从而干扰记忆、思维等心理过程的正常活动，降低工作效率。例如，中等压力对学生的学习效果最好，但随着压力的增加，当达到一定程度时，就会产生负面效应，甚至情绪崩溃，导致结果较差。

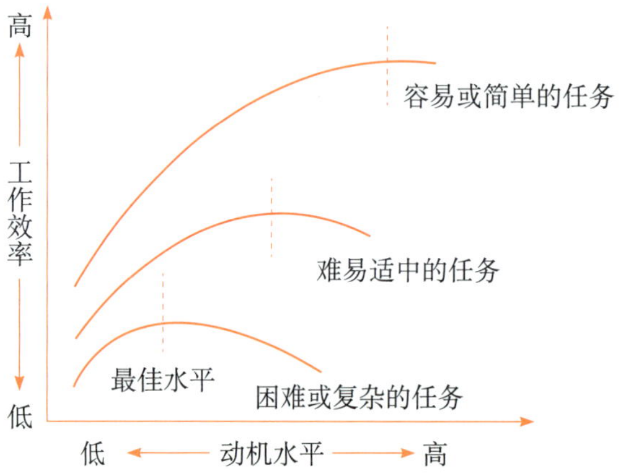

耶克斯-多德森定律

资料来源：皮连生．教育心理学．上海：上海教育出版社，2006：321.

● 阅读与讨论

阅读以上专业链接，举例说明适度的压力或焦虑水平具有最佳的工作效率。讨论并总结如何正确看待压力。

二、了解你的压力源

心理测试可以帮助我们了解自己的整体压力状况，接下来，还要能够识别自己的压力源，了解自己所面临的压力主要来自哪些方面，这样才可能有针对性地进行调节和化解。

● 探索压力源

列出你的压力源，和小组同学分享并探索你的压力主要来自哪些方面，为何是这些方面。

从高中到大学，我们迈入了一个全新的人生阶段，既然是新阶段，那就一定会有新的困难和压力需要我们去克服。总结起来，面临的压力主要来自以下几个方面（王赋香等，2023）。

（1）适应方面的压力。一方面，对于大一的学生来说，陌生的环境、陌生的同学和老师，尤其是学习方式的重大转变使得他们自由支配的时间增加，然而，自由带来的并非全是快乐，还有伴随选择带来的责任。另一方面，基础教育在学习选择的教育和实践方面相对较少，当从一个主要被安排的生活环境，跨越到几乎全靠自己安排的生活环境中时，很多同学一时无法适应，除了被安排的课表外，不知道每天该干什么。环视四周，再也找不到像高中时并肩战斗的同学，取而代之的是大学生活方式的多元化。自己该选择哪条路径、哪种生活方式？这种迷茫和对选择的恐惧，使部分同学感受到很大的心理压力和精神压力。此外，在现实生活中，有很多事情都需要自己独自面对和处理，也会面临适应的压力等。

（2）学业压力。首先，大学是新的学业起点，有些学生在大学感到失去了原有的优越感，找不到自己的位置，可能会感到失落和压力。其次，大学的学习内容更加专业，不仅包括知识的理解记忆，还包括各种旨在培养能力和素质的写作或者设计等大作业，一些同学一时找不到学习的方法，感到压力很大。还有考核标准的改变、大量的文献阅读任务等，使部分同学无法有效地安排时间，导致拖延行为加剧。

（3）就业压力。随着社会竞争的加剧，大学毕业生的就业压力也在增加。大多数大学生在毕业后需要找到一份工作，而就业形势日益严峻。为了提高自身的就业竞争力，学生需要根据自己的专业方向规划自己的职业道路。另外，有一部分同学为了提高在未来就业市场的竞争力，选择继续攻读研究生。这使得一些学生刚上大一就开始为保研而努力，看似是学业压力，其实归根到底是就业压力。

（4）生活和社交压力。有的同学因为家庭经济状况不佳，可能需要自己负担一部分甚至全部生活费用，这使得他们在生活和经济上面临巨大的压力。同时，在大学生活中，社交活动也是一个不可忽视的部分，社交活动除了带来人际方面的压力外，还可能带来为社交活动支付的经济压力。

综上所述，大学生面临各种压力，但同时也可以通过合理的规划和良好的心态来缓解这些压力。学习计划、就业规划、生活安排以及社交活动都是需要注意的方面。只要能够从各个角度来面对问题，合理利用所拥有的资源，就能够更好地缓解这些压力。

- 分享与讨论

不同的人的压力源不一样，不同地区或学校的学生所面临的压力也可能各有差异。结合同学们分享的压力源，讨论除了以上几个方面的压力，对于你所在的学校，比较常见的还有哪些方面的压力。

为了更全面地理解压力源，除了从外部层面对压力源进行分类，根据刺激的来源不同，压力也可以分为外在压力和内在压力。外在压力指来自外在的压力或威胁情境。内在压力指来自内在的负面情绪或感受，影响到对自己的感觉和体验。这一点犹如中医谈到的疾病来源。中医认为，邪气是人生病的原因，一是来自外部的风寒暑湿燥火，号称六邪；二是来自人内部的邪气，即由内部产生的病因，如七情、饮食等。因此，面对同样的压力情境，因为不同的人内部压力应对能力的差异，产生了不同的压力反应。一些即使看起来很小的外在压力，也可能引起某些人严重的压力反应。

那么，你惯常的压力反应是怎样的呢？

三、识别你的压力反应

当面临压力时，我们的身心可能都会产生一些反应，很多时候我们并不一定能够觉察并识别出来这些反应和压力有关。其中，我们容易忽略的是躯体反应。比如，有的同学容易胃痛，去医院也查不出问题，最终下的结论是“胃不好”，其实这种情况大多是慢性压力反应。还有偏头痛，甚至胸口疼、背疼等，都可能是压力反应。只有当我们对自己独特的压力反应有更多的觉察时，才有可能及时调整，有针对性地化解相关的压力。

圆圆最近容易心悸，甚至有时感觉胸口隐隐作痛，排除了器质性疾病，医生建议做心理咨询。结合最近的生活事件，圆圆才意识到是因为面临一个月后的重要考试，担心考不过导致压力太大。于是，在和心理咨询师讨论后，圆圆针对考试本身做了一个合理的规划，以及在心理上调整和接纳对结果的预期。同时，当再次感到心悸时，提醒自己“我的心脏没有问题，只是因为太焦虑了，放松下来，努力准备，考不过也不是世界末日，我也可以活下来”，等等。慢慢地，圆圆的心悸症状得到了很大的缓解。

那么，常见的压力反应有哪些呢？可以试着结合自己的体验核对一下。

（1）躯体反应或者生理反应。当面对压力时，人们的身体会出现一些不适的症状，比如头痛、胃痛、肌肉紧张、心跳加快等。这些症状是身体在应对压力时的自我保护机制，它们提醒我们需要采取措施来缓解压力了。然而，遗憾的是，在很多时候，人们很难意识到这些反应是提醒压力的信号。

（2）情绪反应。人们在感受到压力时产生的情绪反应及其强度受多种因素的影响，个体差异较大。适度的压力使人保持适度的紧张和焦虑，从而有助于任务的完成；若压力过大，则会引起过度焦虑和恐惧，还可能出现抑郁、愤怒、敌意、过度依赖和无助感等，这些情绪反应又会影响人们的思考和行为，使得人们更加难以应对压力。

（3）认知反应。压力也会影响我们的认知功能，压力引起的认知反应包括积极和消极两个方面。适度的压力可引起积极的认知反应，如警觉水平提高、注意力集中、思维活跃，且记忆力、判断力、洞察力和解决问题的能力均有所增强。回顾一下自己是否有过类似的经历，比如一套习题，自己练习时比较放松，可能两三个小时也做不完。然而，在考场上，大概 90 分钟就能完成，而且质量还可能更高。

然而，当压力超负荷时，则会导致注意力不集中、记忆力下降、决策能力减弱等，进而影响人们的工作和学习效率，导致恶性循环。

（4）行为反应。人们在压力大的状态下，行为也会出现相应的改变。常见的反应如下：逃避与回避，如拖延、闭门不出等；退化与依赖，如生病、退化到儿童的反应方式等；敌对与攻击，如毁坏物品、争吵、冲动、伤害他人或伤害自己等；物质滥用，如吸烟、酗酒等。

以上是压力反应包含的几个部分，具体到某一个人，则会呈现相对稳定的压力反应模式。这些压力反应模式通常是从小形成的、熟悉的应对策略，旨在帮助自己在那个当下活得更好。只是随着年龄的增长、情境的变化，这些应对策略有时不再适合。但是，个体并没有意识到，仍然在自动化地使用，这也是导致问题继续存在，甚至严重的重要原因之一。例如，采用的应对策略有讨好、指责、超理智或打岔等（参考主题 2）。

● 实践与应用：记录压力反应、探索压力反应模式

想一想，当你感受到压力时，你通常会有哪些感受、情绪或躯体反应？伴随着这些，你的头脑中会有哪些画面或者自动化的想法？认知方面有哪些变化？你又会做些什么来缓解或应对压力？记录在下页的表格中，尝试记录 3～5 天，看看有哪些规律。和小伙伴分享并交流。

压力反应记录表

事件	感受和情绪	躯体反应	头脑中的画面或自动化的想法	认知反应（注意力、记忆力等）	行为反应（说些什么、做些什么）

【第 2 讲】 问题不是问题，如何应对才是问题

当四五岁的小男孩看到一只小狗凑近自己时，他很害怕地看向爸爸，希望能够从爸爸那里得到安抚、支持和安全的保证。然而，爸爸此刻头脑里冒出来的自动化想法是“儿子真是太胆小了，这样可不行，将来会被欺负的”。于是，爸爸有点不满地对儿子说：“这么小的一条狗有什么害怕的，羞不羞呢，还是男子汉呢。”小男孩吸了一口气，恐惧地大声说：“我才不害怕呢!”爸爸满意地点点头，牵着孩子的手离开了。

小男孩学习到：自己恐惧是懦弱胆小的表现，会因此失去爱和认可。父亲内在的主观现实成功地传递给了小男孩，即“感受到恐惧是一件非常可怕的事”。

这个小男孩或许不是别人，我们可能都曾经是这个小男孩。

一、压力本质上是主观的现实

小男孩害怕一只凑近的小狗，这本是一件自然的事情。然而，父亲头脑里出现的是一个未来被欺负的儿子形象，从而倍感压力，于是就自然地想要纠正或者改变孩子恐惧的事实。当孩子说“我才不害怕”时，他否认了恐惧，于是在父亲的内在世界里孩子没有了恐惧，头脑里的那个压力画面解除了，压力消失了。

显然，小男孩怕狗本来是具有现实基础的暂时压力，此时的压力源主要是客观现实。然而，对于父亲来说，小男孩害怕的表现刺激了父亲内在的画面，这个画面形成了父亲的压力，此时的压力源主要是主观现实。

反过来，如果换成另外一位能够接纳小男孩的恐惧的父亲，这就不再是一个压力情境，毕竟此刻怕小狗和将来被欺负并不存在因果关系。

对于同样的事件，不同的人反应是不一样的，对一个人是压力情境，对另一个人而言可能根本谈不上任何压力。生活中除了一些共性的天灾人祸等客观的压力性事

件，大部分压力来源于主观世界。本专题所指的压力均主要是基于主观现实的压力。

主观世界和客观世界的简单关系示意图如图 7－1 所示，外围白色区域是客观的外在世界，涂色区域是投射的内在世界或者主观现实，中心白色区域象征着我们的内核和本质。通常而言，健康的大多数人主客观两个部分相对平衡，我们很难完全生活在客观世界中，因为必要的投射使我们的生活更加有效率。比如，你去商场时头脑中必然会带着对商场的经验，否则你就会像第一次去商场一样，对商场的布局设施等一无所知，逛商场的体验可想而知。同样，我们也不会完全生活在投射的世界里。在通常情况下，当投射的世界与外在世界发生冲突时，我们才可能意识到自己生活在主观现实里，这也是一个调整认知的机会，正如俗话说“不撞南墙不回头”。然而，对大部分人而言，也只是一个机会而已，因为否认现实比改变自己更容易，改变认知是一个非常艰难的过程。如果一个人完全生活在投射的世界里，外围白色区域就被会被涂色区域完全占据，内在世界和外在世界的边界也会随之消融，这正是精神分裂症患者的内在世界。比如，患者可能认为有人在他的大脑中植入了芯片，控制了他的思想，而实际上，这一切并未发生，只是他的主观想象使他的内心已经失去了内外世界之分。

图 7－1　主客观世界关系示意图

● 自我探索

结合在第 1 讲中你所列出的压力内容，以第三人的视角分析，这些压力之所以成为你的压力主要是客观导致的还是主观导致的。

和小伙伴分享并讨论：从主客观现实的角度来分析，你可以怎样化解这些压力？

二、为什么问题不是问题，如何应对才是问题

“问题不是问题，如何应对才是问题”，即你所面对的问题诸如情绪、关系等本身不

是问题所在，如何应对和解决才是真正的问题所在。

小男孩面对小狗凑近自己，此时对于小男孩而言，他感到恐惧，并在恐惧的驱使下寻求成人的帮助和支持。这本身是生活中很自然的片段，就像“饿了吃饭，困了睡觉”一样自然。然而，问题的根源在于父亲的应对方式。小男孩自然的恐惧本身并不是问题，应对恐惧的方式变成了一个问题。

一位男同学去做心理咨询，他对咨询师说：“三个月前我失恋了，但是，我来咨询并不是因为失恋本身，而是失恋后我难过伤心时，刚开始大家还劝我安慰我，现在大家会说我太脆弱了，怎么这么久了还没有调节好。因此，我现在最痛苦的不是失恋本身，而是我没能快速地从失恋中走出来。”

人之常情的事情之所以成为一个问题，背后的逻辑源自人们在事件中的表现与头脑中的“应该怎么样”出现了不一致。这种不一致所激发的幻想或主观现实威胁到了自我价值感，幻想越可怕，对自我价值感的威胁越大，压力也越大。在压力情境下，自动的应对常常是渴望重新获得价值感而采取的生存策略或姿态，犹如小男孩压着心中的恐惧大声说自己不害怕，通过压抑自己的感受、满足父亲的期待。当父亲认可他时，他重新获得了价值感，内心的渴望被满足。然而，这样的生存策略在解决当下这个问题的同时，也制造了未来新的问题。因为当下的生存策略虽然获得了暂时的平衡，但是长期的结果通常使生活更具压力。

人们满足内心渴望（认可、爱、欣赏、接纳、意义、自由、安全等）并获得自我价值感的方式通常有以下三种：

一是自然地从自身获得满足。为自己内心的渴望和幸福负责，实现自我的满足，而不是让别人来负责。比如，如果你是那名长大后的小男孩，请带着觉察理解自己：“当初压抑恐惧是为了更好地让自己获得爱和认可，为那时的自己创造更好的生存环境。虽然年幼时的我需要依赖他人的认可才能感受到自我价值，但今天的我已经成年，允许自己感受到恐惧，感受到恐惧并不代表我这个人就是胆小鬼，就不像个男子汉，我仍然是值得的、有力量的、可爱的。即使他人不认可我，我也认可自己，认可当年那个小男孩所展现的生存智慧。我接纳会恐惧的自己，我可以为自己的渴望负责，为自己的幸福负责。”

这种方式通常发生在觉醒者或者成长的个体身上，也是个人自我成长的方向，即为自己的需要负责、为自己的情绪负责、为自己的人生负责。当然，这并非一种没有情绪或者绝对圆满的状态，学习自我满足仍然会有痛苦，只是内在空间可以容纳自己的痛苦，而不是认为别人才是造成自己痛苦的主因。

体验台

请将下面两句话大声地念给同伴听，然后分享你对这两句话感受的差异。同伴也可以分享自己听到这两句话时感受的差异。哪句话是为自己感受负责的？讨论有什么新的发现。

A：听到你这么说，我感觉有些难过和失望。

B：你这么说让我感到难过和失望。

比照A和B的句式，试着写下几个类似的句式，想一想在生活中如何运用。

二是间接地从别人那里获得满足。人们总希望获得他人无条件的认可、接纳和爱等，然而，这在生活中并不总能实现。因此，如果没有办法从别人那里直接满足渴望或需要，我们就要学会通过工作、学习、获得成功等方式获得别人的认可，从而从别人那里获得满足。

我们都曾经年幼，幼儿缺乏自我评价的能力，并且依赖他人才能存活下来。当我们的行为满足了他人的期待时，就会获得认可，我们就把满足他人期待获得认可的自己视为好的有价值的自己。反之，如果我们被拒绝，不再被爱，我们就会将自己定义为坏的无价值的自己。慢慢地，我们就获得了一个信念：自己的痛苦和快乐都来自他人认可与否。比如，我想要被认可，就要做一个听话的孩子或学生。我想要被看见，就需要时不时搞点事情，否则，我就会被遗忘。我们满足需要的方式显然取决于年幼时重要抚养人的期待和回应方式，然而，他们其实也是普通人，并不拥有衡量一个人是否有价值的权力。

三是功能失调的解决方式。当我们无法通过间接的方式从别人那里获得需要、渴望的满足，并维持或提升自我价值感时，就可能采取功能失调的方式解决面临的困境，如身体疾病、网络成瘾、抑郁、焦虑、强迫、吸毒、酗酒、自伤、自杀等。

燕子自从上了大学以后，感觉到了前所未有的压力。期中考试前，她发现自己好多科目学得一知半解，尤其是数学，听得云里雾里。燕子很焦虑，同时也很担心自己考前生病。因为高三时，在几次大的摸底考试前，她因为特别担心考不好而着急上火，很容易感冒，致使高考没有发挥出正常水平。眼看期中考试就要到了，怕什么来什么，感冒如约而至，燕子只能带病勉强完成考试，结果自然不尽如人意。

显然，燕子在高三前获得自我价值感的方式主要是通过取得好成绩来获得认可，即间接从他人那里获得满足。然而，到了高三，最终的角逐越来越近，燕子的压力也越来越大，她对通过取得好成绩继续维持自我价值感缺少信心，于是潜意识通过身体生病的方式帮助自己维护了自我价值感。这是一个无论考好考坏都能维护自我价值感的策略，如果没有考好，就会自然地认为是身体生病导致的，而不是学业水平较低，保护了自尊；如果考得好，燕子的自我价值感还会得到额外的提升，即带病都可以考得很好，如果没有生病岂不会考得更好。然而，这一切只是燕子的主观现实，客观结果是她没有考好，如果是选拔性的考试，她还会因此失去一些机会。

● 分享与讨论

对于燕子的案例，你有什么感受？你或者你身边的人有没有类似的经历？讨论你对“问题不是问题，如何应对才是问题的”的理解，并讨论怎样应用到日常生活中。

三、慢性压力导致的应激反应如何破坏我们的生活

我们面对压力时的自动反应通常是习惯性地无意识重复，如果是间接地从别人那里获得满足，那么当个人的力量足以应对时就可以维持价值感。然而，当自我的能力不足以应对压力时，就可能采用失功能的方式，这时压力和痛苦就会不断积累，形成长期的慢性压力。直到超过个人的阈值，情绪崩溃或者身体生病等使人们再也无法忽视压力对生活的损害时，才可能真正地面对自己。因此，从这个意义上说，痛苦其实创造了一个发现和成长的机会，关键是我们是否能够识别并勇敢面对自己的内心。

未被觉察的慢性压力会使身体长期处在应激反应状态，机体功能也会受损，进而破坏我们的身体、心理和现实生活。细胞生物学研究（利普顿，2012）解释了这一具体影响机制和过程。

（一）相互抵触的生长机制和保护机制

细胞生物学研究发现，人体有两种生存机制：一种是生长机制，另一种是保护机制。生长机制的特征是趋向于维持生命的信号，比如能够滋养自己的东西；保护机制的特征是设法避开威胁性信号，如侵害机体的毒质。这两种机制都是有机体必需的，但这两种生存机制却是相互抵触的，支持生长和支持保护的机制不能同时发挥最佳作用。也就是说，当机体面对压力和威胁进行保护性反应时，人体的生长机制就被迫停止，全力以赴地应对压力。如果是速战速决，解除压力后，人体就会自然地启动生长机制。这两个过程的相互配合使人类得以存活下来。然而，如果机体一直感受到压力，就会一直启动保护机制，同时也意味着生长机制会一直处于停滞状态，长期而言，对人的机体而言是一个灾难。

● 自我反思和体验

当人们处在压力应对状态时启动的是保护机制，处在平和安定的状态时启动的是生长机制。结合自己的实际体验，反思这两种机制工作时分别对应的是哪些心理或情绪

状态。

你认为可以如何运用该知识帮助自己应对或化解压力？

保护机制有两个功能不同的系统，以应对威胁。

一是损害身体的正常生长功能。当人们面临外部威胁时，机体会引发应激反应，同时抑制生长过程，并干扰身体进行维持生命所需的能量储备，集中一切力量应对外部威胁，从而使身体受到损害。具体过程如下：当面对外部威胁时，人们会产生逃离或战斗反应，身体分泌一种肾上腺素，用于协调身体各器官的功能，为人们抵御或者逃离危险提供巨大的生理力量。比如，把本来集中在内脏器官中的血液，压迫性地输送到准备逃离或战斗的四肢上，致使本应旺盛的生长停止，包括消化、吸收、排泄及其他为细胞生长和身体储备能量的生长功能。

二是关闭身体的免疫系统。当人体对知觉到的环境威胁产生应激反应时，就会关闭免疫系统，妨碍我们与疾病（细菌或病毒）做斗争的能力。当我们生病时，免疫系统就会被调动，因为需要消耗很多能量供应。如果此时我们又要对环境威胁做出反应，肾上腺素会直接抑制甚至关闭免疫系统的功能，以节约身体有限的能量供应。

想象一下，如果你正面临一头狼的威胁，同时你还在感冒、拉肚子。此时的大脑必须判断哪一种威胁更为严重：如果被狼吃了，征服细菌毫无意义。所以，从狼身边逃生才是最佳选择。显然，直接关闭免疫系统，先活下来，然后才能有活得好的机会。

对于生活在丛林中的人类祖先而言，保护系统能确保我们逃脱天敌的攻击，使种族得以存活并延续下来。然而，现代人面临的威胁在性质上已经与祖先面临的威胁大不相同，我们生活的环境使我们几乎不可能遭到野兽的袭击。然而，内在的野兽却一直站在未来的时间轴上，对我们虎视眈眈，使我们一直处于应激状态。事实上，相对于内在感受到的威胁而言，外在的野兽通常更容易应对。

（二）持续的“预备”生活，让身心不堪重负

保护系统可以处理急性应激反应，以确保我们存活下来，然而，它不能被持续激活。处在现代社会的我们生活在一个“预备”的世界里。我们感受到的大部分压力不是急性的、具体的、短时可以解除的威胁，比如对考试、职业选择等未来事件的担忧，它们只有在未来才可能发生。因此，开始的指令枪在当下始终没有响起，使我们长期处于应激状态。

想一想，当运动员在起跑线上听到“预备”这个口令时，会做好起跑的准备，但若开始的指令总是等不到，会出现什么结果呢？数秒钟内，他们会因为巨大的压力而崩

溃。事实上，几乎所有的主要疾病都与长期压力有关。它使我们的机体保护系统持续活跃，生长机制长期被抑制，这是侵蚀灵魂的状态。

对此，我们应正确看待压力。在成长的过程中，没有压力是不可能的，压力和成长总是相伴相随。不要试图消除压力，问题的关键在于我们选择如何应对压力，把压力转化为成长的机会。

- 课堂模拟实验：预期焦虑如何消耗我们

老师准备一个软布球（类似于古代的绣球，要轻软，打在身上不疼），分别在两种情境下投向同学们。

第一种情境是在没有任何提示的情况下忽然投向同学们。

第二种情境会提前说明：在接下来的很长一段时间里，我会随机抛出这个小球，如果小球被接住，期末成绩自动变成优秀，否则会被扣分。

小组分享活动感受。

第3讲　发现并运用你的心理资源

在市面上，各类技巧书籍层出不穷，人们也很热衷于寻找技巧或方法直接解决问题。关于压力应对，各种传统的技巧主要关注事件或方法层面。然而，离开了使用技巧的人，技巧不仅会失效，有时甚至还会起反作用。就像一把上等的宝剑，虽然工具本身的质量极高，但是，当一个人的能力不足以掌控它时，反倒可能被它伤害。人和技巧的关系亦是如此。

因此，压力化解要关注人的层面，绕到行为的背后，在看不到的地方，深度理解自己，创造出属于自己的方法。

一方面，我们不要直接和问题对着干，因为它们本是生活的应有之义，里面有我们的生命能量，我们需要做的是发现。另一方面，我们要发现阳光和自己的资源，允许光照进来，黑暗就会自然地减少。

一、放下对抗，允许失控

（一）跳出认知局限，反其道而行之

从前面我们了解到，问题之所以成为问题，是因为应对方式导致了问题的持续和加

重。当我们身处产生问题的系统中时，思维和认知就会变得狭窄，无法看到问题的全貌。此时，我们通常不是升级系统，并审视自己的认知有什么问题，反而因为担心失控，更加执拗于原有的应对方式。

小斌最近几天一直没能睡一个好觉，白天头昏脑胀，也很难集中注意力。他太想睡一个好觉了，于是，他查阅了很多助眠的方法。这天晚上，他从教室早早地回到宿舍，放了一首旋律轻柔的音乐，喝了一杯牛奶，然后用温水泡了脚，又戴上了新购的眼罩和耳塞。11 点多，他有了一点困意，于是马上关灯上床。然而，奇怪的是，躺下以后，他的大脑异常地清醒，同时内心有个声音说，一定要在 12 点前入睡。于是，他开始数数、冥想、深呼吸等，这一通操作下来，一点睡意也没有，反而感觉心跳加快，身体肌肉紧绷，再一看表，12 点多了，小斌崩溃了。小斌心想，我做了这么多准备，为什么还睡不着啊！我该怎么办呢！

身体疲倦时睡觉，本是生物体自然的反应，但小斌因为担心失眠，顺着担心的事一通操作，把自然的事情变得非常刻意，问题也就持续存在。从这个过程中我们可以看出，小斌要做的其实不是弄明白该做什么，恰恰是可以“反其道而行之”（瓦茨拉维克等，2007）。什么都不做，接受失控和不确定，甚至主动寻求失控，那么他会体验到不同的世界，这就是主动性悖论。

小斌非常苦恼，他来到了心理咨询中心，咨询师和他一起梳理了失眠是如何形成并维持的，看到了自己在维持并加重问题的过程中所做的“贡献”。于是，小斌和咨询师共同制订了失控计划。睡觉前，小斌什么准备都不用做，告诉自己失眠也没关系，允许自己失眠，自己失眠过，知道失眠不会导致世界末日。甚至小斌带着实验的心态，主动失眠，比如睁着眼睛试试看自己能够清醒地撑几个小时，打算整夜不睡，恰好把落下的作业赶一赶等。神奇的是，小斌本想睁着眼睛有控制地失眠，看看到底能坚持到几点，结果还没坚持多久就睡着了。

小斌通过这次经历，第一次对自己的内在系统产生了兴趣。他重新看待自己，意识到自己本身就是有资源的，掌管自己的并非全是大脑，而是大脑和身体的协同合作。因为自己对身体的不信任，一两次没睡好，就想要控制更多，才产生了连续的、不断严重的失眠问题。

● 分享与讨论

回顾自己的生活，你是否有与小斌类似的经历？比如考前紧张、担心别人生气等，请尝试列举。和组员讨论，如何把“反其道而行之”的方式应用到你的现实生活中？

（二）变与不变的悖论

一般而言，我们总是习惯性地以为，要想改变当下的困境，就必须做些事情，这其实只是部分真相。有一些情况是相反的，要想改变，恰恰是停止所做的，因为变化本是自然，不变是需要维持的，亦即只有不断地做些事情才有可能维持长远的不变。

如果你胳膊表皮被划了一个小伤口，通常是怎么愈合的呢？当然是不管它，慢慢地就愈合了。然而，如果你时不时地用手抠摸伤口，这个伤口就有可能维持一直不愈合的状态。

事实上，当我们感受到压力时，往往在情绪的驱动下想要通过做些事情重新拿回控制权，此时保持稳定，什么都不做，会更加困难。遗憾的是，人们常常自动化地反应，导致维持问题而不自知。事实上，变与不变的悖论（瓦茨拉维克等，2007）表明，不变恰恰是需要维持的，需要用暂时的变来维持长远的不变。从这个意义来看，小斌的失眠之所以“不变”，是因为他用“变”来维持存在。

（三）在人际关系中容忍焦虑，关系反倒出现意想不到的反转

一直以来，洋洋在人际关系中都有以下困扰，一旦和同学发生一些争执，哪怕只是一件很小的事，她就很焦虑，担心对方生气导致关系破裂。因此，每次她都主动讨好，没话找话，确认关系是否还在，但这使她非常疲倦。后来因为一些机缘，她意识到自己从来没有给对方提供主动与自己和好的机会，自己越是这么做，就越是确信自己必须主动讨好才可能维持关系。后来有一次，洋洋和舍友因观点不一致，争执了几句。回到宿舍，洋洋倍感压力，特别想做点什么，于是她不断地告诉自己，容忍模糊的感受，停下额外的动作，看看自己害怕的事情是不是真的会发生。令洋洋意想不到的是，第二天早上，舍友非常热情地和她打招呼，这种热情是之前少有的。

回顾洋洋的经历，洋洋的担心其实也是一种投射性认同（参考人际关系主题）。当她感到焦虑、压力，并以一种讨好的低姿态和同学互动时，她就是在向对方投射信息：我不好，我得罪你了，你可能会生气，你可能不会再和我做朋友，我很担心。对方无意识地认同了投射，使得关系模式逐渐稳定下来。

当然，必须澄清的是，我们要区分讨好和对人好的差别，二者内在的态度和能量状态是完全不同的。带着恐惧的低姿态讨好他人与带着关心和爱对他人好是不一样的。一个是我害怕你不喜欢我，所以我讨好你，我的价值取决于你是否认可我。另一个是我本自具足，本身就有价值，带着爱真诚地希望你好。

● 分享与讨论

根据上面的内容和相关的案例，你如何看待变与不变？试着回顾自己的经历，有没有类似的体验？与组员讨论，如何把“变与不变”的悖论应用到我们的日常生活实践中？

二、正向导向激发你的心理资源

被后人称为“千古第一等人”的明代王阳明，其心学达到了中国哲学的巅峰。王阳明心学的一个核心是致良知，而良知不存在于外，而是人的本性中本来就有的。从心理学的视角，也可以近似地把致良知解读为每个人天然就拥有的心理资源。王阳明说：“吾性自足，不假外求。”虽然我们的本质即是资源，但是联结和运用这些资源并不容易。人们通常很难真的相信自己拥有资源，认为成功者才是拥有资源的人。事实上，资源是一个中性词，它不一定让你取得成功，它也可能导致失败。就像你很有力气，你可能用于攻击自己，也可能用于搬运重物。

接下来，我们将通过人们如何努力地促成生活的挫败过程，探讨如何激发心理资源。

（一）解密心理过程：心想“事”不成

请大家体验一个小游戏，按着下面的指导语来做：“不要想老虎，不要想黄颜色的老虎，不要想黄颜色的额头上写着王字的老虎。”此刻停下来，看看你的头脑里在想什么。

我猜一定有人会想“黄颜色的额头上写着王字的老虎”。“都说了，不要想老虎，你为什么还要想?”看到这句话，你感觉熟悉吗？是否有人对你说过，或者你对别人或对自己说过类似的话？显然，当你被要求“不要怎样”的时候，通常很难达到预期的效果。

即使你用别的内容替代老虎，稍一松懈，老虎也会跳出来。想一想，你当年备战高考时，是否周围有人善意地给出“不要想老虎”的“支持”？他们以为正在给你提供正向的情绪价值，殊不知可能恰恰起了反作用。

因此，从这个意义来说，担心就是一种诅咒，担心实际传递的潜在信息是“我不信任你，我担心的这件事情在这个情境中很可能会发生”，所以语言背后的潜台词才是偷偷影响你的关键。随着“不要想老虎”的指令，实际上，“老虎”在不断地刺激潜意识。而潜意识是没有逻辑的，收到的信息只是老虎，而不是“不要想”。

因此，担心失败和追求成功是两回事。因为唤起的心理能量状态不同，前者是试图扫除黑暗，后者是朝向光明。

那么，如何激发心理资源呢？回顾我们的生活，是否有类似的事情发生？你一旦理解了事情发生的真相，就会看到自己的影响力，也就联结了心理资源。具体怎么做，其实通过理解理论，就可以创造属于自己的技巧。

1. 你想朝向哪里，就把注意力引向哪里

设想上述过程，如果指导语改成“想大灰狼”，我们自然就会用更多的心理资源来想大灰狼。注意力被引向哪里，哪里就会生长，因此，当我们和黑暗对着干时，其实是在给

黑暗更多的注意力。相反，把注意力放到光明上，光照了进来，黑暗自然就会减少。

- 角色扮演

假设现在的你正处于考前焦虑状态，把自己代入情境，试着读下面 A、B 两句话，体验一下差异。和同学分享并讨论，如何将其应用到现实生活中？

A：做个深呼吸，平静一下，加油，相信自己。

B：不要紧张，不要泄气，不要担心。

2. 主要关注获得的信息而非失去的信息

健康心理学的研究结果（荆其诚，2006）表明：如果想要激励个体面对挑战和困难，发展出健康的行为，资源沟通比风险沟通更有效。

风险沟通是比较传统的方法，即通过激起人们对健康威胁的恐惧，使其认识到自身处于疾病或伤害的威胁中。句式通常是“如果你不做什么或者做什么，就会失去什么”，比如“你不好好学习，就会找不到工作，养不活自己”。

专业链接

资源沟通比风险沟通更有效

健康威胁感知（perceiving a health threat）看起来是个体结束一个风险行为最显而易见的条件。因为一个根本没有意识到其行为存在健康威胁的人，是不会有改变行为的动机的。然而，通过使人们害怕威胁来改变其不良行为的研究并没有取得理想的结果。一般而言，最初的风险感知显然促使人们产生了改变不良行为的动机，但在随后的过程中，其他因素则具有更大的影响。

激起个体对健康威胁的恐惧的方法主要围绕风险沟通展开，以使个体认识到自身处于疾病或伤害的威胁中，这种传统的干预策略往往很难成功。有研究强调了另外一种不同的策略，即围绕资源进行沟通，使人们意识到自身改变行为的资源，如他们的技能和改变不良习惯的策略等。研究结果发现，资源沟通比风险沟通能更有效地促进人们的健康行为。具体而言，以提高人们的自我效能为重点、围绕资源沟通的健康干预方式，比传统的风险沟通健康干预方式效果更好，例如，唤起人们对疾病的恐惧，告知人们哪些是危及健康的习惯。

因为人们不应该被可能失去的东西威胁，而是应该努力挑战有可能得到的事物。

资料来源：荆其诚．当代国际心理科学进展（卷Ⅱ）．上海：华东师范大学出版社，2006：683－691.

资源沟通是指通过提高人们感知到的自我效能，引导人们看到通过努力可能得到的事物。感知到的自我效能指自己对成功完成挑战性任务和超越自身能力完成任务的评价。句式是“如果你做了什么或不做什么，就可以得到什么”。

风险沟通意在通过使人们害怕威胁来改变不良行为，但研究结果大多不理想。通常情况下，最初的风险感知会使人们产生改变的动机，但在随后的过程中就失去了作用。所以我们常听到有人说：“我也想改变呀，但是太难了，坚持不下来啊。”

人们习惯使用风险沟通模式，是因为一个错误假设：当我们意识到自己的行为会带来威胁时，一定会控制自己，摒弃不良行为。当感知到风险时，总能以最理性的方式行事，其逻辑基础是理性人假设。事实上，心理学家卡尼曼推翻了传统经济学的理性人假设，获得了 2002 年的诺贝尔经济学奖，他证明人们在决策中并非是理性的，而是非理性的（卡尼曼，2012）。

体验台

试着对组员大声地念出 A、B 两栏中的句子，体验差异。分享与讨论如何在生活中进行正向导向，促使我们更好地坚持。

A	B
如果我不完成作业，就可能考砸。	如果我完成作业，我就会掌握得更牢靠。
如果我不好好吃饭，就可能会生病。	如果我好好吃饭，就会更健康。
如果我不努力学习，毕业就找不到工作。	如果我早睡早起，白天精力就更好。
如果我不给她留座，她就会生我的气。	如果我努力学习，考试就会更从容。
如果我总是失眠，就有可能失去健康。	

3. 联结积极体验，看到更多的可能性

新近发展起来的本体心理治疗理论认为：我们总是想要消除不喜欢的黑暗，黑暗就会越聚越多；如果我们点亮美好的感觉，黑暗就会被慢慢照亮。当拥有力量的时候，无论面对什么样的问题，世界往往都会变得不一样。

下面是一个心理学专业工作者自我反思的案例。

在一次专业培训中，我有幸争取到作为教学展示案例进行咨询的机会。当我陈述自己想要解决的问题时，伴随着问题描述，我体验到不舒服的感觉。老师在接纳我有负面感觉的同时，引导我体验身体更多其他部位的积极感觉，或者通过把我的注意力引向环境，寻找美好积极的感觉。我在陈述积极感觉的同时，每次都会加上

一句："但是，这种负面的感觉还在，这个问题还在。"我迫切地想要解决问题，一心只想把这种不好的感觉消除，从而一次次地忽略好的感觉。事实上，当我沉浸在这种负面的感觉中时，看不到其他的可能性，认为只存在一种真实，就是受伤的感受。

在每一个循环中，老师引导我体验更多积极的感觉，带着积极的感觉再去观察那种负面的感觉。多个循环后，很神奇的事情发生了，我重新看到了其他可能性，受伤的感觉也减少了，头脑里的画面发生了变化，从无力和危险变成了温暖、安全、有力量。大脑里产生的新认知与那种感觉联结了，治愈发生了。

从以上案例中，你有哪些启发？当你想要消除负面感觉时，你可以怎样联结你的积极体验？

（二）解密心理过程："心"想事成，自我妨碍

期末考试即将到来，前一夜还在打游戏；重要考试前不思进取，反而尽情玩乐、四处游荡，或声称身体不适；因为睡过点而错过一次重要的面试；等等。如果你经历过这些情况，需要提醒一下自己是不是在"自我妨碍"（又称自我设障）。在正常的认知里，我们肯定认为自己会为了达成一个目标不断努力，直至成功。然而，还有一种相反的情况，即人们会在紧要关头"自我妨碍"，甚至自我毁灭。在心理学中，将这种为了回避不佳表现可能带来的低自我价值感进而制造障碍，采取增加失败可能性的行为称作自我妨碍。自我妨碍通过外化失败，让自己的失败看起来不是自己不行，而是自己做的那些事情导致的，保护了自我价值感。

其实，这种不敢努力还主动给自己"挖坑"的行为，是一场针对自己的无意识的欺骗。

研究者做过这样一个心理学实验（Berglas & Jones，1978），内容大致如下。

第一步，一组人被告知自身素质很高，能完成交代的任务，被分到 A 组。另一组人则被告知相反的内容，即就自身素质而言，对于要求完成的任务很不占优势，被分到 B 组。

第二步，把两组被试集中到一起，向大家展示两种药品。其中一种服用后能促进自身能力的发挥，另一种服用后则会抑制自身能力，并降低效率。

第三步，实验者让被试自由选择药品。

大家想一想，对于抑制自身能力的药品，哪一组选择的人数会比另一组更多？

结果是 B 组选择抑制类药品的人显著多于 A 组。因为 B 组自认为自身素质不是很好，如果选择抑制类药品，当自己完不成任务时，就可以理所当然地说不是自己不

行，而是药物的原因。如果完成了任务，那说明自己自身素质很好，在药物干扰的条件下还能完成，自我获得了极大的提升。B组选择抑制类药品的人的做法即自我设障，即人们可能会为了保护自我价值感而找借口掩饰其不佳的表现，或者做一些降低成功率的事情。

小提示

不要让你担心做不到的事情妨碍你本来能做到的事情！

● 探索你的理想自我和现实自我

人们很多的压力源自现实自我和理想自我的差距。请写下你的理想自我和现实自我。

理想自我：________________

____

____

现实自我：________________

____

____

看一看你的理想自我是可能实现的，还是不可能实现的（永远名列前茅、所有人都喜欢我等）。有什么新的发现和感受？

从现实自我到理想自我，你都做了哪些努力？自查一下是否有自我妨碍的行为？如果有，可以如何调整？

____

____

____

小提示

许多同学可能会想着调低期待，但是调低期待又觉得不甘心。其实，理想自我本来就有灯塔的功能，你要做的不是放弃或降低理想自我，而是允许自己在朝理想自我努力的过程中，接纳自己可能会失败。这样，你就可以把更多的资源用于促进自我成长。

在生活中，自我妨碍的行为模式有很多，虽然人们有时会感到困惑，但并不知道背后的原因。

王谦是系足球队队长，最近要参加一年一度的兄弟院系足球友谊赛。系里很重视这件事，系主任是足球爱好者，更是抽出时间亲自督战，大家精神饱满，对冠军志在必得。比赛的日子临近，王谦感受到了越来越大的压力。不过，虽然顶着巨大的压力，但本队还是挺进了决赛，令全校瞩目。可是，没想到的是，决赛打到约一半的时候，王谦突然小腿韧带拉伤，因为前锋无合适的人员替补，王谦简单包扎后，忍着疼痛踢完了全场，最终以一球之差错失冠军。然而，大家并没有埋怨王谦，反像欢迎从火线上下来的英雄一样，王谦受到了大家格外的瞩目。半年多后，王谦在听一个心理讲座时，老师讲到了自我设障，王谦马上联想到了自己的经历，顿时如醍醐灌顶。他回想起了一个细节，在进入决赛时，王谦下意识地冒出一个念头，“我要是在决赛中受伤就好了”，结果就真的受伤了。在这种情况下，如果胜出，那是殊荣；如果没有胜出，就不是能力问题，而是虽败犹荣。

结合王谦的案例可以分析看出，潜意识非常隐秘地保护了自我价值感。虽然自我设障行为暂时维护了自我价值感的短期利益，但是长期自我设障会使自我设障者经常处于失败的境地，最终必定会进一步损害自我价值感。它只是一种消极的、回避式的策略，是一种暂时的自我欺骗，即渴望成功却做些让自己失败的事情。人的心理是如此复杂玄妙，但细品起来又在情理之中。可以看出，只有积极勇敢地面对自己，寻找行为背后的潜在原因，才可能真正地发现自己，让我们的心灵得到自由和解放。

（1）移开阻碍。事实上，一旦你发现这一心理过程，就能够打破恶性循环。自我妨碍的目的是保护自我价值感。如果我们能够接纳自己在成长的过程中会失败，容忍失败，就可以放手去追求成功。因此，若能转变自我妨碍的行为，朝向促进成功的行为，结果便会截然不同。

（2）进行归因训练，建立更健康的自我概念。虽然面对负面结果一味地向内归因是不健康的，但在面对问题时，总是刻意地向外归因也是不可取的。健康的归因方式应该是相对平衡的——不论是好结果还是坏结果，能够明白自身和环境都对这个结果产生了一定的作用，即使两者作用的比重可能不同。对于自我设障者而言，他们需要承认自己对结果是有影响的。

直面这个过程，可能会因为不得不承认坏的结果与自身有关而深感痛苦，不过同时也是一个找回控制感的过程，因为你促成了失败，你自然也可能促进成功，二者都彰显了你的影响力，也都是你的资源，只不过用错了方向而已。比起幻想自己不会失败，或者即使失败也与自己无关的自我设障者，相信自己在一件事情上具有一定的控制感，并且能够通过努力对结果造成一定的影响（即使不是立刻扭转结果），或许才是更加现实和可靠、更利于自己成长的做法。

（3）减轻舞台感。有的人无意识地幻想自己站在舞台上，他把自己的一言一行放在聚光灯下，从而感到焦虑，好像自己一旦失败，所有人都会看着他、评判他、谈论他、嘲笑他。这何尝不是一种自恋呢！其实，大家更多地关注自己的事情，并没有那么多人时刻在关注着你。诚如你考虑的主要是自己的成败，你又花费了多少时间和精力去关注他人的成败呢。

● 自我反思

请大家一起进行一个思想实验：原本你拥有 10 单位资源，但是，因为感受到无法化解的压力，你将 1 单位资源用于焦虑，1 单位资源用于自我攻击，1 单位资源用于自我妨碍。现在还有 7 单位资源。你感到缺少自信、无助无力，从而形成恶性循环。你更加焦虑，又将 2 单位资源用于焦虑，2 单位资源用于自我攻击，1 单位资源用于自我妨碍，你现在仅剩 2 单位资源来处理事务。结果自然是无法达到期待，于是你得出一个结论，我真的不行。事实上，你和别人拥有一样多的资源，只不过你用这些资源去做了别的事情，最后你只用了 2 单位资源与别人的 9 单位或 10 单位资源竞争。

想一想，你通常将多少资源用于可以真正促进结果向良性发展、减少压力的事情。与组员分享活动感受并讨论，如何将其应用到自己的生活中？

(4) 接纳。我们要学习化解压力，同时也要明确压力、痛苦和冲突等是生命本身带来的，是生活的应有之义，接纳才是终极路径。事实上，一旦接纳了人生的真相，压力和痛苦就会变得可以忍受。

健康不是否定坏的事情发生，健康是整合好与坏，是接纳真实。我们要做的是，通过积累美好的人生体验，容忍负面的体验，有力量去面对现实的压力，这是一个不断成长的过程。当我们内在和谐时，外在自然也就和谐了。

本章小结

● 压力是一种人和环境之间的关系，这个环境被个体评价为超负荷的，或是超过个人资源能够应对的范围，威胁到了个体的健康，二者共同构成一种认知和行为体验过程。要判断特定人与环境的关系是否具有压力性，最终取决于认知的评价或者改变。

● 在评估自己的压力时，不要误用或过度使用心理测评结果，应科学对待，把测评结果当成了解自己的一个参考，同时有意识地识别自己的压力源和压力反应。

● 好消息是“问题不是问题，如何应对才是问题”。外在环境无法改变，内在的改变总是可能的，本书所讨论的压力本质上是主观的现实。很多人生活在慢性压力下，未被觉察的慢性压力会使身体长期处于应激反应状态，损害机体功能的同时，关闭身体的免疫系统。这种持续的“预备”生活让身心不堪重负。

● 面对压力，除了在事件和方法层面上解决问题，更重要的是发现并运用心理资源，那么压力就不再是压力。比如：放下对抗，允许失控；正向导向激发你的心理资源等。这会帮你体验到更多的可能性，允许光照进来，黑暗就会自然地减少。

拓展阅读

瓦茨拉维克，威克兰德，菲什.（2007）. 改变：问题形成和解决的原则. 北京：教育科学出版社.

利普顿.（2012）. 信念的力量. 北京：中国城市出版社.

拉扎勒斯.（2020）. 压力：评价和应对. 北京：中国人民大学出版社.

主题 8 学习与使用时间：拿回人生主动权

所以表不忘初心，而必果本愿也。

——白居易

生命是由时间组成的，如何使用时间，其实就是如何使用生命，这背后反映的正是你的价值观。对于大学生来说，学习仍然是这个阶段的主业。因此，我们先来探讨大学期间的学习，再聚焦于时间的使用。

第 1 讲 大学如何学习

唐代白居易在《画弥勒上生帧记》中写道：“所以表不忘初心，而必果本愿也。”意思是说，时时不忘自己的初心，最终一定能实现本来的愿望。在此借用白居易这句话，开启本主题。因为只有记着初心，我们才可能在成长的道路上不断修正，走在自己期待的道路上。当然，作为一个成长中的个体，当我们回望初心时，也恰恰在不断地审视初心。随着我们的成长，认知和体验也在发展变化，初心也可能因此不断调整和升级。

一、你为什么而学习？

● 自我探索

上大学已经有一段时间了，对于下面的几个问题，你有什么样的思考？

——你为什么读大学？

——你准备怎样度过大学生活？

——按照现在的生活，大学毕业时的你可能是什么样子？

——在大学毕业时，你想要成为什么样子？为此，你现在可以做些什么来帮助你达成目标？达成的过程中可能会有哪些阻碍？

试着和你信任的同学交流一下，看看有什么新的发现和感受。

对于为什么而学习，每个人可能有不同的答案，一个人在不同的阶段也可能有不同的答案。40 多岁的小雅在面对“为什么而学习”这个问题时，回顾自己这半生，发现每个阶段有不同的答案，而且有一个纵向的有意义的变化发展过程。

第一阶段：童年期趋乐避苦。

小雅出生在一个普通的农村家庭，幼年时参与力所能及的农业劳动，小学时就可以当半个劳动力使用，夏天再热也要在地里拔草，正如《悯农》所写的“锄禾日当午”，在收麦子时，胳膊被扎得直疼，这一切体验使小雅特别想要摆脱干农活的命运。痛苦使人思考，于是，10 多岁的小雅通过观察自己的处境发现，只有上学这条路可以帮助她避免祖辈们面朝黄土背朝天的命运。正如精神分析的创立者弗洛伊德所言：“人们做事情的动机要么是逃避痛苦，要么是追寻快乐。”在儿童时期，如果处在物质较为匮乏的背景下，实际可感知的内在学习动机大多是生存动机，即先活下来，逃避现实的痛苦。

第二阶段：大学阶段从逃避痛苦到追寻独立生活。

后来，小雅考上了大学，预示着此生基本上可以不用依赖土地存活下来。小雅接下来的动机自然地变成如何在城市里独立生活。此时，小雅的内在学习动机仍然是生存动机，物质生活仍然是主需求，从逃避痛苦转变为追寻独立生活。

第三阶段：工作阶段从物质需要为主转变为精神需要为主。

大学毕业后，小雅找到了一份工作，成功地在城市定居下来，除了满足日常生活需求，还存下了一些积蓄。然而，小雅对眼前的生活并不满意，由于每天都是在做重复性的工作，缺少创造性使她感觉在浪费生命。小雅内心有一个声音说：“熬一天挣一天的工资，我不能一直这样，我无法忍受这样的人生。”接下来该怎么办？工作一年后，她恰巧听说朋友考上研究生的消息，这让小雅看到了改变现状的可能，她决定读研。于是，她重新拿起书本，进入考研的准备状态，此刻的学习动机是“过更有意义且更有价值的生活”。她从物质需要为主转变为精神需要为主。

第四阶段：研究生毕业后二次就业，从关注小我跃迁到关注大我，完成了人格底层操作系统的升级，看到了完全不一样的世界。该阶段开启了真正的智慧人生，相对而言，前几个阶段可以称为智力人生。

研究生毕业后，小雅从事教学工作。教学工作带给她很大的创造空间，刚开始时，她对工作非常热情，全身心地投入教学。然而，尽管她努力教学，但总有学生不满意。当她听到有的学生不喜欢自己讲课时，甚至因为自己布置的作业多而被恶意攻击时，小雅感到从未有过的挫败和怀疑。她甚至一度怀疑自己不适合当老师，再加上现在的学生手持评教的大棒，不喜欢哪个老师就给差评，她感到了教学的压力。她不自觉地开始从教师的位置上走下来讨好学生，学生不喜欢作业，就少布置作业，甚至不布置作业。她学习如何让学生喜欢，学生喜欢听段子，她就开始找各种段子，在教学的道路上，小雅逐渐迷失了。此时“为什么而学习”对她而言变成了得到学生的认可和喜欢。

痛苦和迷茫再次推动小雅思考，她意识到这样的生活不对劲。她原以为自己热爱教学，但现在意识到，那主要是教学带给自己的成就感与意义感满足了自己被认可的需要。一旦学生的反馈没有如自己所期待的那样，她不但自我怀疑，甚至上课前需要给自己做思想建设，焦虑和压力代替了热情和意义感。经过学习和不断反思，小雅第一次实现了人格底层操作系统的升级。她第一次从主要关注个人得失的系统里跳了出来，挣脱了小我的羁绊。犹如超个人心理学观点（威尔伯，2011）所叙述的那样，在突破这个小我之后，她进入了一个大我的空间，世界瞬间不一样了。她意识到自己痛苦和焦虑的根源在于太担心自己不被学生认可和喜欢，看起来是在乎学生，实际上在乎的是自己，她并非真正地关心学生。这让她醍醐灌顶，认知发生了颠覆性的改变。小雅的内在世界从只有小我的系统扩大到了真正关心他人、包含他人的系统。她重新回到了教师的位置。是否布置作业、如何安排课程、考试难度如何设置等，主要的出发点不是学生是否会喜欢老师，而是学生的学业和成长需要。小雅坚定了自己的教学方向，学生喜不喜欢自己是学生的选择。有学生喜欢自己自然欢喜，没有也不至于崩溃挫败。小雅认真备课，此时的学习动机从满足小我的需要跃迁到真正关注学生的成长。

小雅感受到一种真正的解放和放松，当然，这是一个成长的过程，小雅仍然会有担心和焦虑，不一样的是，她能更及时地觉察自己，从而进行调整。她把学生真正放到心里，对学生的处境也有了很多理解，当带着这样的状态面对学生时，神奇的是，学生对她的教学反馈越来越好。

● 案例分析与讨论

说一说你读完案例的感受。你认为自己处在哪个阶段？如果案例所描述的过程与你没有相似之处，结合自己的经历，谈一谈你学习动机的变化过程，和组员讨论一下。

我们“为什么而学习”，结合马斯洛的需要层次理论（参考主题 2 的相关内容），主要有以下几种：

（1）为了满足生存、安全和职业发展的需要。通过学习，我们可以获得知识或技能，帮助我们在社会上谋得一份可以养活自己、满足基本生存需要的工作。同时，在知识经济时代，学习是获取更好工作的关键因素之一，具备更丰富的知识和专业技能的人通常在职场上有更大的竞争力。小雅早期的学习动机即处在这个阶段，为了逃避劳累又要存活下来的生存动机。

（2）获得尊重和归属的需要。通过学习，我们可以获得周围人的认可和尊重。学习不仅仅是学习，尤其是在基础教育阶段，它有时几乎等于一个人的能力和自我价值感。

（3）满足自我实现的需要。学习除了能满足基本生存需要之外，更是为了实现个人发展和自我实现。通过学习，我们可以成为理想中自己想要成为的人。

（4）追求精神满足。学习本来就是人类的天然需求，这一点从婴幼儿身上最容易看出。只是人类赋予了学习太多价值，同时将学习和失去、失败、恐惧相关联，学习和痛苦的联结形成了负向的条件反射。其实学习是一种精神层面的需要，它能带来快乐和满足感。通过学习，我们可以更好地理解和享受生活。

（5）提升个人境界。学习有助于拓宽视野，接触更高质量的人群，从而提升个人的生活质量和精神层次。

（6）为了更多人的幸福。当我们突破小我的需求时，人格底层操作系统便获得升级，学习就不再主要是为了满足个人的需要，而是为了更多人的幸福。虽然达到这一层级的人并不多，但随着物质生活的丰富，相信人们这种利他的需要会逐渐上升。当然，利他只是就动机而言。事实上，当一个人心中怀有大爱与利他之心时，他就更容易走向个人的成功。我们敬爱的周总理在 12 岁时就深切体会到“中华不振”这四个字的沉重分量。“怎样把祖国和人民从苦难和屈辱中拯救出来”这个问题像一团烈火一直燃烧在周总理的心中。所以，少年的他从心底发出了“为中华之崛起而读书”的呐喊。

正如孔子所言“以其无私，故能成其私”。然而，也存在不同的声音。比如，有人认为，这些只是喊口号式地教人向善，说说而已，不必当真，真实世界的逻辑并非如此。之所以有此种差异，是因为人格底层操作系统的差异使我们看到了不同的世界。

总之，学习并非只是对书本知识或者在学校的学习，它是人们一生不辍的重要事情，涉及个人的成长、价值观的形成、职业发展的需要以及精神和人格层次的提升。

专业链接

人类意识的能量层级图

大卫·霍金斯（David R. Hawkins）曾与诺贝尔物理学奖获得者合作，运用人体运动学的基本原理，结合使用精密的物理学仪器，经过近 30 年长期的临床实验，通过对科学实验积累的上百万组数据进行分析，发现人的生命体会随着精神状况（意识）的不同而有能量强弱的起伏。霍金斯博士运用现代科学的研究方法，发现了存在于我们这个世界的隐藏的人类意识图表。这是一个有关人类所有意识的 17 个能量层级的图表。

大卫·霍金斯意识能量层级图

200 能量层级是意识状态的分水岭，在超越情绪化的负向能量层级之后，人们开始走向正向的能量层级。

200 能量层级以上，便是迈向明心见性，走向生命觉知的旅程，能量层级在 500～1 000 的人，便是导师、先知和圣人等。

低于 200 能量层级的人，思想较为封闭，认为幸福和苦难均来自“外在”的满足与否，觉得自己是受害者，无力，被生活左右。

在生活中，我们每秒钟可能有上千个念头，这些念头结合一些内外的情势，就会演化成行为。所有的行为都有内在意识层次的支撑，因此，我们需要不断地提升觉察力，对自己的念头和意识状态有更多的觉知，这样就可能让意识有更多的时间停留在高能量层级，减少 200 以下能量层级的意识对你的主宰。

思考：每个人在不同时刻都有可能在不同的意识层级上停留。结合自己的实际情况，对照能量层级图，查看最近自己主要处在哪个意识层级。有哪些方面需要做出改变？

资料来源：霍金斯．意念力．北京：光明日报出版社，2014：30－45.

二、大学学什么

关于教育，哲学家和教育家提出了自己的观点。英国哲学家怀特海（2002）在《教育的目的》一文中提到，大学教学应使学生摆脱细节去掌握原理。爱因斯坦在《论教育》的演讲中说：我想反对这样的想法——学校必须直接教授那些专业知识和在今后的人生中能够直接使用的技能。事实上，生活的需求是如此多样，以致要在学校进行这样的专业训练似乎是不可能的。学校应该始终把独立思考和判断的一般能力培养放在首位，而不是让学生获取专业知识。如果一个人掌握了某个学科的基础，并且学会了独立思考和工作，他就一定能够找到属于自己的道路。另外，相对于那些把主要训练集中在获得某种具体知识的人，他也能让自己更好地适应各种发展和变化。

不约而同，孔子早在 2 000 多年前就用简单的两句话将其完美地概括了出来，即“学而不思则罔，思而不学则殆”（《论语》）。意思是说，如果只是机械地学习而不加以思考，就会陷入迷茫和无知，不能深刻理解知识的真正意义，也不能有效地应用所学知识。如果只是空想而不去学习，就会因为知识积累的匮乏而陷入困境，精神疲倦而无所得。这两句话强调了学习与思考的重要性，提醒我们只有将二者结合起来，才能真正学到有用的知识，实现理论联系实际，达到理解性记忆和融会贯通的境界。

结合当今大学的现状，大学主要学习知识和技能、能力和素质两大类。

（一）知识和技能

假如你问一个小学生“上学学什么”，他大概率会说：“好好学习文化知识。”上学学习知识是一个深入人心的观念，更有“知识改变命运”的信念影响着万千学子。然而，并行的观点中也有“高分低能”的说法，高分指的是知识。那么，什么是知识呢?

不同时期、不同文化、不同的人对知识的定义有着不同的观点。总结而言，知识是人类在实践中认识客观世界（包括人类自身）的成果，它包括对事实、信息的描述，或在教育和实践中获得的技能。

知识是人类从各个途径获得的经过总结与凝练的系统的认识。知识的本质是一个复杂的问题，不同的哲学家对其的认识也存在差异。然而，知识的本质主要具有以下几个特点：第一，知识是对事物的准确描述和理解。这是知识的最基本的特征，也是知识与信仰和意见的区别所在。例如，古人认为开天辟地的是盘古，基督徒认为是上帝创造了世界，这些就不是知识。然而，“地球是圆的”是一个知识。第二，知识必须基于真实的事实或信息，而不是虚假的信息或谣言。第三，知识是可以被证明或证伪的。也就是说，它必须是可以验证的，可以用实验来判定其真伪。比如，关于“地球是圆的”这一知识，如果你朝着地球的任何一个方向一直往前走，那么你最终一定会回到你出发的地方。

- 自我探索

结合你所在的学校和专业，查阅、总结并和组员讨论你们所学的知识包含哪些部分，占全部学习内容的比例大概是多少。

（二）能力和素质

《普通心理学》（彭聃龄，2004）把能力定义为“直接影响活动效率，使活动顺利完成的个性心理特征”。首先，能力是和活动紧密相连的，离开了具体活动，能力就无法形成和表现。一个运动协调能力好的人，只有在运动中才能展现自己的运动能力。当人们提到训练某种能力时，通常要有一个练习的情境和载体。领导和组织能力只有在实际的组织活动中才能显示出来。我们只有通过活动才能了解一个人能力的大小。其次，能力是顺利完成某种活动直接有效的心理特征，而不是顺利完成某种活动的全部心理条件。因为成功完成某种活动受许多主观因素的影响，如知识经验、性格特征、兴趣与爱好等，但这些因素都不直接影响活动的效率，不直接决定活动的完成，只有能力才有这种作用，它是完成某种活动所必备的心理特征。例如，思维的敏捷性和言语表达的逻辑性，是直接影响教师能否成功地完成教学任务的能力因素。如果缺乏这种能力，就无法顺利有效地完成教学任务。

能力来自哪里呢？大学所学的内容并不只是储存在大脑记忆库里的书本知识和固定答案，更是一种分析问题的方法，要学习把知识转化为相应的能力。能力包括一般能力和特殊能力。一般能力是人们完成一切活动所必需的能力，包括观察能力、记忆能力、思维能力、想象能力、沟通能力、应变能力等，其中思维能力是核心。特殊能力则是顺利完成某种专门活动所必备的能力，如音乐能力、绘画能力、数学能力等，我们学习的某个专业课程通常是以训练特殊能力为主。

同时，大学是每个人塑造良好品性的关键时期，大学的学习不在于读什么专业、做过什么事，而在于我们是怎样做的。因为专业的学科知识可能被遗忘、被更新，大学真正的学习是通过专业知识的学习、社会实践的参与、课外知识的涉猎获取一种思维方式，培养沟通与解决问题等方面的能力。在这些能力的培养中提升自我素质，这些能力和自我素质的塑造是大学教育完成之后剩下的东西，这剩下的东西才是我们未来安身立命的真正资本。尤其是在现代社会，变化之迅速，真可谓一日千里。如果只是学习知识，可能刚学完的知识还没有被派上用场就已经被新的知识替代。因此，大学学习的内容类似一个载体。在学习内容时，每个人结合自己的认知和体验，抽象出自己做事的方式和习惯，使其转化为自身的一部分，自动化地使用，这样它们才会真正融入自己的个性特征。

当然，还有一个大家非常关心的一个问题，那就是将来在工作中能用上多少所学的知识。对于这个问题，其实没有准确答案。学习的专业与将来的工作内容并不一定匹配，因为你可能会发现专业与未来所从事的职业并没有太直接的关联，尤其是当你毕业10年、20年后再回头对比自己所学的专业时，你会更有感触。在这里举一个非常典型的例子，A本硕博学习心理学，B本科所学专业与心理学不搭边、跨专业攻读了心理学研究生，两者最终在心理学领域的成就孰高孰低并不一定。原因在于，B虽然比A在心理学专业上的学习少，但是B在自己的专业学习中获得了超越知识本身的东西，在此姑且称为一般性的能力和素质。例如，美国前总统奥巴马上台后，提任了美国最高法院首位拉美裔大法官索尼娅·索托马约尔，但她本科读的是历史专业。又如，我国电商巨头马云学的是外语专业。其实，大学学习的目的不是找工作，专业的学习不仅仅在于书本知识，更重要的是通过对专业知识的学习培养一种思维方式、解决问题的方法和思路，这些能力不受专业所限，能让你终身受益。比如，美国法学院录取委员会对未来法学院的学生有如下建议：法学院想要的学生是那些具有批判性思维能力、有良好的写作技能、对塑造人类经验的各种力量有相当理解力的人。显然，读什么专业并不能决定你做什么工作，重要的是你通过这个专业培养了一种思考问题、解决问题的能力，能力的培养才是根本。

● 小采访

选择一个在事业上你比较钦佩的人，进行一次小采访。请对方谈一谈以下内容：助力自己事业发展的能力有哪些？这些能力是怎样获得的？大学学习的哪些部分对自己的事业最有影响？

和同学分享并交流，这对自己当下的学习有哪些积极的借鉴和指导意义？

三、如何学

前面谈到能力的学习内容，可能会给人造成一种知识不重要的错觉，因此有必要澄清一下，强调能力的学习是纠正过分注重知识学习的偏向，知识的学习同样重要，关键是如何通过学习获得能力的提升。对此，不同的人提出了很多相似或不同的方法。此处主要就专业学习和阅读经典著作这两个比较容易实现的路径进行深入的探讨。

（一）以专业学习为出发点

目前，我国的大学主要还是在大学入学前明确所选专业，因此，一般跨学科能力的培养依托本专业的学习会更具可行性。任何专业的课程设置和培养计划都是经过详细论证和实践检验，考虑多方面的因素设计出来的。因此，通常会比较全面地考虑需要培养的各方面能力，比如理论课程和实践课程相结合，基础课程和专业课程相结合等。如果不喜欢自己的专业，你可以试着透过专业课程的设置，有意识地培养自己各方面的能力。例如，一名同学本来想报考心理学，但是在家长的强制要求下选择了不喜欢的经济学。刚开始，这名同学非常抵触学习专业课程，后来接受现实，并考虑在研究生阶段转读心理学，于是积极研究现在的课程可以培养哪些与心理学相关的能力。他发现，经济学其实处处都有人的心理在起作用，毕竟经济离不开人的参与。另外，边际效益、决策、数学、统计等与心理学的内容联系紧密。于是，既来之则安之，他认真学习经济学专业，后来成功考取心理学研究生，因为跨专业的优势，他很顺利地找到了自己感兴趣的科研方向。

专业学习是提升学业能力的基石，因为通过学习整个专业课程，你可以在不同专业老师系统的指导下，学到学习的方法，找到解决问题的路径，构建起本专业的知识架构或主干等。这些知识经过实践、消化、吸收，可以转化成共通的能力。例如，问题分析能力、逻辑思维能力、批判思维能力等。此路之所以可行，根本原因是学科之间具有相通性。

（二）阅读经典著作：与大师进行精神交流

经典著作的作者通常是一个领域或学科的领军人物，或者是在学科发展史上具有里程碑意义的人，因此著作会呈现作者提出理论的背景、理论的不足之处、未来可以继续研究的课题或方向，以及总的系统思考等。通过阅读经典著作，我们可以跨越时空，与大师进行面对面的精神交流。

1. 通过阅读经典著作，可能提升哪些能力？

小宇在一所普通大学完成了本科学习，多年后成为自己所在领域的专家，他回顾自己的成长经历，陈述道：

我在学业上的成长，最想要感谢的是大学四年坚持阅读经典著作这一行为。直到现在，影响一直存在。在大学期间，我刚开始每次去图书馆都会借一大堆书，但往往还没来得及阅读，就到了还书的时间。经过两三次这样的借阅，我发现连一本书也没有好好阅读。于是，我决定每次只借一本书，1～2 周内必须读完，还一本的同时借下一本。这样一个简单动作，我坚持了近四年。后来，我考入名校读研究生。在考研时，我不只专业课成绩好，思想政治理论更是拿到了近 90 分的好成绩，当年思想政治理论单科上线分数只要 50 多分。这大部分要归功于读过的那些书。具体而言，阅读经典著作可以获得以下几种能力：

第一，通过阅读经典著作，提升逻辑思维能力。

第二，因为经典著作是原创性的，通过阅读许多大师如何提出理论，自然也会建立创新思维能力，犹如“熟读唐诗三百首，不会作诗也会吟”。

第三，增加学科兴趣，你会发现书上那些艰涩的理论的提出过程很有趣，充满人情味，理论创立者不再高高在上、没有情感，而是在人的层面上和我们一样，能缩小与学科的距离，激发学科兴趣。

第四，理解人性，打开眼界和格局。其实，无论读什么书，都是关于人类认识自己和世界的书。从宏观的天体物理到微观的细胞生物学，从理科的数学到工科的建筑工程等，其中都渗透着作为认识主体的人的内在世界，或者从内在世界到外在世界的投射与创造，无论读什么，其实最终都是读人，读我们自己。

第五，沟通能力。因为更深入地理解人性，人也更通达，能自然地提升与他人沟通的能力。

第六，写作能力。大量的阅读虽然不能实现文思泉涌，但在论述一件事情，表达观点想法，以及写作能力方面都可能获得提升。写作能力是非常重要的，把自己的想法系统、清楚地表达出来，不管从事什么工作，都是一项很有竞争力的优势。

第七，独立思考和判断能力。

当然，这只是意识到的内容，还有一些潜移默化的影响，此处不再一一细说。

体验台

如果大家在大学里暂时找不到方向，感到迷茫混乱，不妨从静下心来读一本书开始。

请大家从明天开始去图书馆每次只借一本书，最迟两周内看完并借第二本。坚持下来，看看自己能走多远。如果可能的话，可以和小组同学一起建立一个群互相督促。

看了小宇关于阅读经典著作的收获，你有什么感受和想法？和同学分享并讨论，除了小宇所讲的收获，你认为阅读经典著作还可以有什么收获？

___

___

___

2. 读哪些书？

说到读经典，或许你会想，该读哪些经典呢？

首先，总的来说，本科阶段的阅读可以相对广泛且多样化，感兴趣的内容都可以阅读。尽量读一些经典著作，因为这些著作经过了时间的考验和洗礼，加上其原创性，有更高的阅读价值。

其次，阅读专业经典著作。你可以通过了解专业的发展史，找到重要理论创立者、经典方法提出者、专业发展的里程碑者等重要人物，然后去查阅其经典著作。如果有多个版本，建议阅读最早的版本。原因有二，一是字数相对较少。比如享誉世界的诺贝尔经济学奖获得者萨缪尔森，其于 1948 年出版了《经济学》。到 2013 年，该书经合撰修订已出版到第 19 版，有数百万字。本科新生要读完新的版本并不容易，但第 1 版几百页的阅读量可以很轻松地完成。二是在阅读经典著作时，最主要的不是获取最新的知识内容，而是学习大师的思维方式，第 1 版基本包含了思想的核心和精华。

最后，不管读什么专业，建议阅读传统文化、哲学、心理学、社会学、人类学等方面的一些经典著作，有助于打好人文的基础，提高思维的深度和广度。

3. 怎样读？

对于怎样读的问题，在基础教育中所学到的各种各样的技巧，几乎全部是教我们如何精细地阅读和理解。精细阅读固然是好的，然而，对于初涉专业的人或者阅读自己不熟悉的内容，如果奔着一定要读懂、读完整这个目标，那可能就无法读完一本书。因此，可以先把读完甚至翻阅当成目标，像软件升级的过程一样，先有 1.0 版本，想深读再升级到 2.0 版本。

在读书初期，广度比深度更重要，可以博览群书之后再深入。因为多看书会提高阅读速度，加速知识的融会贯通，会知道什么书该看，什么书不该看，什么书该精读，什么书该略读，从而节省时间。

当代著名的学者、作者、哲学家周国平曾提出读书的“三不主义”（周国平，2023），即：不务正业，博览群书；不走弯路，直奔大师；不求甚解，为我所用。

周国平说，阅读主要是个人的一种精神生活，没必要死抠含义是什么，如果在阅读的过程中不感兴趣，就可以跳过去，慢慢地，在不求甚解的阅读过程中，你读过的经典资源就会逐渐积累。同时，他还提到，阅读是一个自我发现的过程，可以唤醒自己的积累。我们阅读一本书不能只是单纯地去读它，在这个过程中，我们要和所读的书对话。在对话中，我们便会充分调动起自己的积累，使自己的知识与这本书的内涵互相作用。带着自己的经历、判断和思考读书，然后再回到生活中，你会发现，“你灵魂的眼睛是睁开的”。

再往前追溯，我们发现陶渊明在《五柳先生传》中早有类似的描述：“好读书，不求甚解；每有会意，便欣然忘食。”其表达的正是一种放松喜悦的读书状态。

（三）实践

实践不仅是检验真理的唯一标准，还是深入理解、领悟所学的重要途径。知行合一是明朝思想家王阳明提出的一个哲学理论，它强调认识事物的道理与实行其事是密不可分的。具体来说，就是在实践过程中，将学到的知识和理论付诸实践，在实践中不断反思和调整，才能不断提升自我。因为能力是在过程中生成、展开、提升和拓展的。

或许你只需稍微回顾一下生活，就能轻松找到有关实践重要性的例子。比如，新生入学后，可能需要学习的一项技能就是利用图书馆查阅资料。尽管同学们听了老师很多讲解，但自己去查阅时仍然感到无从下手。然而，即便没有听老师的讲解，若自己带着任务去查阅，面对困难和问题一步步去解决，反而会比较轻松地掌握这项技能。

正如意大利教育家蒙台梭利（2011）在其著作《童年的秘密》中写道：我听到了，但可能忘记了；我看见了，就可能记住了；我做过了，便真正理解了。

● 体验与反思：邀请毕业时的自己给现在的自己写一封信

你手中现在有一台朝向未来的时光机器，穿过时光隧道，你来到了毕业的那一天，看看你在哪里，穿着什么衣服，有什么样的表情，和谁在一起，心情怎样等，体验越生动越好。接下来，邀请毕业时的自己给现在的自己写一封信。

第 2 讲 如何使用时间

学习使用时间，就是拿回你的人生主动权。

上了大学后，相对高中，你有了更多可自由支配的时间。然而，你是如何使用你的时间的呢？接下来的一个小时，如果没有需要处理的紧急事务，你会做什么？是发呆、做作业、找同学玩、读书、补觉、玩游戏、刷视频，还是健身等？同时，你是有意识地基于价值观选择做这件事，还是看到别人做什么就跟着做什么，抑或是全凭当下头脑里的念头，甚至是交给宇宙来决定？自由落体、随波逐流地使用时间，就像你认为自己在开车，实际上却早已不在驾驶员的位置上了。

一、了解你的时间都花在了哪里

● 反思与回顾

回想一下，读高中时，在紧张快节奏的学习之余，你是否曾经期待并下决心："等我上了大学，有了可自由支配的时间，我一定要去做 A、B、C……"如果你的回答是"是"，那么请问，你的期待实现了吗？读了大学，面对更多的可自由支配时间，你是过得更幸福、更有意义，还是无所适从，一天忙忙碌碌却感觉缺少意义和充实感呢？

请把你的感受写到下面的横线上，并和组员分享，看看大家之间有什么异同。

如果现在请你回答昨天你有多长的时间用于做有价值的事情，即让你感觉充实的事情，你可以回答出来吗？我们常常会在如何安排和分配时间上下功夫，强调时间管理和分配。一想到这些，有的同学就会觉得很麻烦、很累，懒得管理，或者不想充当管理者的角色。事实上，时间管理的决定性因素不是如何分配时间，而是你把时间花在了哪里，你是如何使用时间的。接下来，我们先详细分辨自己的时间使用模式，然后再进行分析、诊断与调整。

● 自我探索：时间花费流水账

回顾昨天或选择你生活中的某一天，你花了多少时间在做哪些事情？做事情时的情绪如何？请评估计分（0～10 分，从消极情绪到积极情绪），并记录在下面的表格中。

小提示

请一定要先完成本活动，再有针对性地进行后面的分析与调整。

我的时间花费流水账

序号	时间	做的事情	做事情时的情绪	0～10分（从消极情绪到积极情绪）	备注

- 自我反思

仔细审视你的时间花费流水账，你有什么新的发现和感受？

接下来，审视你的时间管理情况，之后再回到时间花费流水账上。

二、时间管理三步走

时间就像金钱，如果你每月只有100元钱，你不需要管理，只需要花费在能够让你存活下来的衣食住行上即可。如果你每月有1 000元、1万元或者更多，你就需要有意识地管理你的金钱，更合理地使用金钱，以产生更大的价值。我们从高中拥有很少的可自由支配时间到大学拥有更多的可自由支配时间，也需要有意识地进行时间管理。具体而言，时间管理可以简单分为以下三步。

（一）时间管理第一步：设定目标

目标像大海上的灯塔，我们每天的时间使用，就像是海上的船，每一步都是试图朝向这个目标。目标是一个组织或个人为了达成某种预期结果而追求的方向和愿景。根据实现的时间长短，我们可以将目标分为以下三种：长期目标、中期目标和短期目标。

长期目标是你想要在未来一段时间内达到的目标。这可以是学业、职业发展、健康和个人成长等方面的目标。将长期目标具体化，可以让它们更容易实现。比如在大学毕业前，英语突破两万个词汇是一个长期目标。

中期目标是你在实现长期目标之前需要达到的里程碑，应该是具体、可衡量和可实现的。一个好的中期目标应该是具有挑战性的，同时也要具有可行性，这样才能激发我们的潜力并使我们保持动力。因此，我们需要确切知道自己想要实现的是什么，从而通过特定的指标来衡量进展，一步步监控实施情况，及时调整。中期目标在个人和组织的发展过程中具有重要的作用。它们不仅能为我们提供方向和愿景，增强我们的自律和组织能力，而且在实现中期目标的过程中，可以提高实现长期目标的自信心和自我效能感。比如，每半年新增词汇量 2 000 个。这样就可以进行中期目标检测，不至于因为反馈时间太长而失去信心和动力。

短期目标是你在较短时间内可以实现的目标。这些目标可以是每天、每周或每月的目标，帮助你逐步实现中期目标。短期目标相对更加清楚，可操作性更强，可以采用列表单等方式明确。比如，每天背 10 个单词，完成当天作业；每周运动两次，每次至少一小时；每月完成当月要交的大作业，约同学一起出去玩一次；等等。

不管是哪种目标，在设定时一定要清楚、合理、可操作。比如，如果你的目标是在大学四年提高英语口语能力和中文写作能力，但是没有明确的、可检验的操作性目标，通常就很难实现。因为它不够清晰具体，很容易只停留在心里，无法有效执行。想一想，你过去是否有过类似的经历，曾经决定要达成什么目标，然后就不了了之。有的学生等到大三大四时，回头发现大一时定下的目标好像一直都没有开启，部分原因是目标太笼统，根本无法落实到每日行动中。

相对而言，越是期限短的目标，越要相对清楚和可操作。比如，如果提高写作能力是长期目标，就需要相应具体的目标来检验自己是否走在正确的道路上。例如，每年读完 40 本书，半年至少完成 1 篇 2 000 字以上的读后感、1 篇 2 000 字以上的书评。如果是短期目标，那么每周去一次图书馆，还书的同时借一本书，平时一周读完一本书，特殊情况可以延长至两周。

● 头脑风暴

大学毕业时，你想要成为什么样的人？与现在的自己相比，可能获得哪些方面的成长？写下此刻你头脑里冒出来的任何想要达成的目标，无关对错和可行性。

接下来，审视自己写下来的内容，选出三个你最想要实现并达成的目标。

从上面三个目标中选择一个最可行且清晰可操作的目标。想一想如何把它落实到每日可以检查评估的行动中。

与组员分享并讨论，有什么感受和新的启发？

（二）时间管理第二步：时间规划

在我们确立了目标后，就要进行时间规划。美国著名管理学家柯维（2020）在《高效能人士的七个习惯》中提出了一个时间管理理论——时间管理四象限法。这个理论把工作按照重要性和紧急性两个维度划分为四个象限，即重要且紧急、重要但不紧急、紧急但不重要、既不紧急也不重要（见图 8－1）。

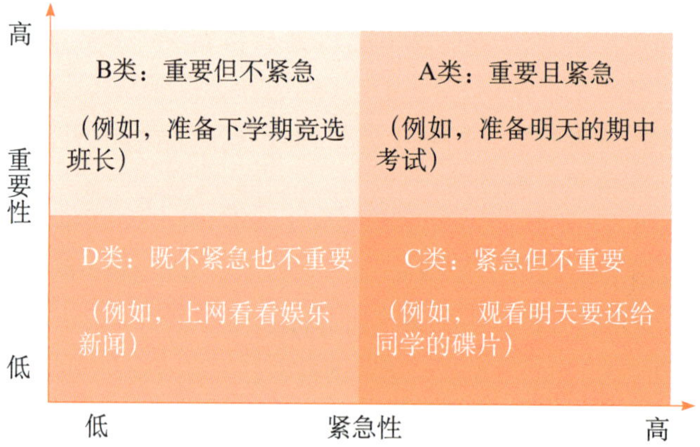

图 8－1　时间管理四象限

1. 时间管理四象限法的内容解析

黄天中（2007）把重要且紧急的事归为 A 类。例如，准备明天的期中考试。其他如马上到截止日期的作业、财务危机等。把紧急但不重要的事归为 C 类，如观看明天要还给同学的碟片（注：碟片是一种早期可以播放视频的外部存储工具），其他如电话、不速之客、临时召开的会议等，这些任务虽然紧急，但并不重要，因此我们需要在处理这些任务时保持警惕，避免因为这些紧急但不重要的任务而分散过多的注意力。

把既不紧急也不重要的事归为 D 类，例如上网看看娱乐新闻。A 类和 C 类因为紧急，所以通常都会在截止日期之前完成，如果不完成就需要马上承担后果。D 类虽然既不紧急也不重要，但因为是放松、娱乐或者是自己喜欢甚至沉溺的事情，如打游戏、刷视频等，这类事情通常容易做得过多，需要有意识地节制。

最后是重要但不紧急的 B 类，把这类放在最后的原因是强调其重要性，B 类是做时间规划的重要意义和核心价值所在，表明这类事情在一个人的价值观中被认为是对自己有价值、有意义的事情，因此，需要持续地在这类事情上花时间。比如健身、学习、写作业、旅行、写作、阅读、陪伴家人、发展专长等。

然而，在现实生活中，B 类通常因为不紧急，优先级被下调，所以轻易地被其他三类事情挤出去，从而导致 B 类一直没有做或者很难坚持做。一个不擅长管理时间或缺少时间管理意识的人，通常会先做重要且紧急的 A 类，再做紧急但不重要的 C 类，在这个过程中，可能会控制不住地做 D 类，或者做完 A 类、C 类再做 D 类。这个次序导致的结果是不紧急的事情最后也会变得紧急，总是处理紧急的事情，每天被紧急的事情追着跑，从而缺少掌控感和成就感。于是刷视频、打游戏这种快速增加多巴胺的放松或休息方式就越具有诱惑力，从而越容易陷入恶性循环。比如，每天总感觉时间不够用，忙忙碌碌一天，但觉得没做什么有价值的事情，疲惫、挫败、空虚、迷茫等找上门来。如果你有类似的体验，或许是在提醒你审视一下自己的时间规划和使用情况。

平庸者和卓越者的差异通常不是智商或者学习环境的不同，而是在 B 类事情上是否能够长期坚持的个体差异。因此，每个人都需要花时间思考一下自己的 B 类事情是什么，找到自己的 B 类事情。正如时间管理四象限法的核心理念，在重要但不紧急的 B 类事情上投入更多的资源和时间。黄天中（2007）推荐的做事顺序是先做 A 类、后做 B 类、少做 C 类、不做或少做 D 类。

2. 明晰你的三观（世界观、人生观和价值观）

生命是有限的，我们如何才能把更多的时间花在 B 类事情上？这就需要对任务进行优先级排序，这看上去很简单，似乎仅仅排个顺序而已，但实际上要做好并不容易，特别是不断有大量外部需求、待办事项涌进来时。

时间使用小技巧

• 80/20 效率法则：80％的收获，来自 20％的付出；80％的结果，归结于 20％的原因。

• 学会在几件真正重要的事情上力争上游，而不是在每件事情上都争取有上乘表现，可以使你自己的生活发生巨大的变化。

最重要的是，你需要确定什么对你来说是重要的。这就需要我们对自己的三观有清晰、明确的认识。我们常说时间就是生命，如何使用时间通俗而言就是如何过日子。比如，世界观：你如何理解和看待现实世界？人生观：你想要度过怎样的一生？价值观：你用什么来判断一件事情是否有价值？显然，两个拥有不同世界观、人生观和价值观的人，对每件事情的价值评判也不同。不同的三观导致对同一件事情会有不同的重要性和意义性判断，最终自然会做出截然不同的选择，从而将时间花在不同的事情上。例如，小红非常注重宿舍关系，觉得晚上的卧谈很重要，愿意花时间交流，而王华更重视学业成绩，觉得卧谈浪费时间。

根据你的三观，找出你人生中最重要的价值，作为你最大的追求。然后，看看你当下做什么是最能实现你这个追求的选择，也即重要但不紧急的 B 类。比如，领导安排的工作到底是紧急的还是重要的？发展专长是重要的吗？

体验台

拿出你前面记录的时间花费流水账，在每件事情的后面进行 ABCD 的分类标注。数一数你分别有几件 A、B、C、D 类事情，再看一下分别投入的时间是多少。把各类事情按占用时间从多到少排序，你排在第一位的是哪一类事情？

对此排序，你有什么感受和想法？和组员分享并讨论对现在时间分配的满意程度。如果不满意，可以如何调整？

结合你的 B 类事情，想一想你定义 B 类事情所依据的三观是什么。试着清晰地表达一下。如何根据你的三观规划你的时间管理？

- 思想实验：找到你生命中重要的事

如果你现在已经 80 岁，回望你的人生，你希望大家如何评价你？你对自己最满意的是什么？你很庆幸做了哪些事？你又遗憾没有做哪些想做但一直未做的事？

通过这种思想实验，可以迫使你问问自己什么才是真正重要的。

小超是一名大一新生，在上大学短暂的兴奋过后，他没有感受到所期待的充实和自由，反而郁闷的时间比高中多了许多。他发现身边的同学都很优秀，无论是在课堂上，还是在一些别的活动中，他都感到信心不足，有时会产生一些逃避的念头。

小超感叹道：大学的生活跟高中整天学习的生活实在差别太大了。虽然每天宿舍、教室、食堂三点一线的生活和高中一样，但是，自己的感受却变了。虽然高中的生活很辛苦，但是每天的学习有条不紊，也知道自己在一步步靠近心中的目标，过得忙碌而踏实。偶尔有些空闲时间，就赶紧放松一下，之后马上又投入忙碌的学习中，根本没有时间迷茫和空虚。然而，如今忙忙碌碌地度过一天，到了晚上回想起来却总觉得什么也没做。更令人郁闷的是，在这样的忙碌中，作业依然被截止日期紧紧追赶。转眼间，一个学期过去了，但小超好像还没有适应大学的学习、生活，常常感到疲惫不堪，睡眠也受到了影响。小超心想，有时真想回到高中，由老师来安排学习，虽然辛苦，但生活得充实而确定。

● 练习：请你来帮忙

你或者你身边的同学有没有与小超类似的经历和体验？你认为小超现在还没有适应大学生活的最主要原因是什么？如果你是他的朋友，可以怎样帮助他更好地面对？

重要但不紧急的 B 类事情往往在生活中占据着重要的位置，一天不做 B 类事情并不会马上使生活变糟糕或者产生负面结果。然而，如果一直不做 B 类事情，生活就一定不会走向你想要的积极结果。

多做 B 类事情，可能会给生活带来哪些变化呢？

一是可以做到未雨绸缪，不至于让本来重要但不紧急的 B 类事情变成重要且紧急的 A 类事情，出现过多赶作业的情况。

二是能够带来更多的掌控感，进入良性循环。

三是持续地做 B 类事情可以一步步接近自己的目标，过得充实并有意义，满足自我实现的需要。

和组员讨论一下还有哪些要补充，写在下面的横线上。

（三）时间管理第三步：执行计划

● 反思与讨论

计划是否能够产生效果，关键在于执行。回顾一下，你过去在执行计划时，都碰到过哪些阻力？和组员分享并总结出几类常见的阻力。

____

____

____

____

一般而言，影响计划执行的因素不外乎两大类，一是自身的因素，二是环境的因素。自身的因素，比如自控力、意志力、注意力和效率等方面，大家可以回顾一下自己的生活，看看自身有哪些因素容易阻碍执行。环境的因素，比如学习的外部场所，在宿舍、教室或者图书馆，觉察一下在哪种场合效率更高，更能专心投入而不易被分散注意力。你可以有意识地监测并记录自己在不同场所被动分散注意力的概率（比如，同学找你聊天，在宿舍里忽然有人进来等）、学习效率、精神状态，以及自己不自觉地分散注意力的概率（放下学习玩手机、吃零食、在宿舍学一会儿后看见床就想躺下睡觉等）。

在执行计划的过程中，大家会很自然地强调自律、意志力等品质。然而，人们的意志力并不是天生的，有人强，有人弱。但总体来说，意志力都会随着时间的推移而消耗殆尽。况且，我们只有一定量的意志力，一旦你将它消耗殆尽，在诱惑面前就会毫无防备力。因此，我们要有意识地监测自己的意志力水平，在意志力水平低的时刻，我们会因为有所觉察，减少开启“自动驾驶”模式的次数，比如一旦拿起手机便陷入无法自拔的刷屏状态。

节约意志力资源在更有效地帮助我们锻炼意志力的同时，可以帮助我们避免进入意志力失控的自动模式。一种有效的方法是使用程序来管理，简单而言，就是用物理隔离的方式使自己避免接触诱因。

在谈及使用物理隔离方式管理时间之前，我们先来谈谈用同样的方式管理健康。一位非常喜欢吃蛋糕的超重女士想要管理身材，现在她要去一个地方，可以从两扇门中选择一扇，一扇门旁边放了一块她爱吃的蛋糕，一扇门旁边什么也没有。如果是你，你是选择有蛋糕的那扇门还是选择没有蛋糕的那扇门呢？如果你选择有蛋糕的门，就是在挑战和消耗自己的意志力，同时增加了失败的可能性。如果你选择没有蛋糕的门，就是在使用程序来管理，节约了意志力的同时还保证了计划的落实。

然而，在面对学习环境的选择时，我们往往缺少运用程序的意识。比如，你本来打算去教室自习完成一项大作业，正准备出门时发现宿舍里就自己一个人，你心想，可以在宿舍里学习。于是，你放下书包，喝了杯水，开始写作业，结果没过几分钟，有人敲门来借点水喝。你第一次被打断。过了半个小时左右，又有人敲门，隔壁的好友过来，说自己很烦，心情很郁闷，问你可不可以陪她聊一会儿。你不好意思拒绝，就陪她聊了近一个小时，她接到一个电话后回了自己宿舍。你心里有些焦虑，看了一下表，一上午快过去了，作业仅仅开了个头。此时，可能最好的应对是抓紧时间做作业，但你受情绪的影响，无法再继续投入。看到床，你心想，算了，先睡半个小时，下午再好好写作业。你定了闹钟，一觉睡到 12 点才起来去吃午饭。

我们可以看到，整个上午多次被动地分散注意力，每一次被打断也是在消耗意志力。当意志力比较薄弱时，睡觉的诱惑就战胜了继续学习的动力。这就像选择走有蛋糕的门一样，如果我们更有觉察力，就可能意识到宿舍这一学习环境的不可控性。因此，一旦有想要留在宿舍的念头，我们就带着觉察告诉自己，用较少的意志力提醒自己马上离开宿舍。这就是运用了物理隔离的方式，把一些可能的诱惑或分散注意力的情形隔离开来，此时就成功了一大半。因此，我们可以对不同学习环境的状况和情绪状态进行监测，通过刻意练习，不但可以锻炼意志力，还可以提升自己对情绪状态的觉察力，帮助自己进行理性的选择。

● 自我监测练习

在接下来的一周里，选择一天可以自由支配的时间，监测自己执行学习计划时的阻碍因素有哪些。根据自身因素和客观环境，可以通过哪些方法帮助自己有意识地选择学习环境？

三、时间管理是工具，不是囚笼

在使用时间管理工具时，有的同学很纠结到底哪个任务更紧急，每天安排任务就花费了很大精力，而有的同学因为没有完成计划陷入自责。显然，这样的时间管理没有让生活更顺畅，反倒让自己更累、更挫败。产生这种结果的原因通常是把时间管理当成了目的，切记不要因为要进行正确的时间管理而把时间管理变成了囚笼，时间管理只是帮助我们生活得更好的工具，否则就是本末倒置。

小提示

- 改变拖拉的习惯，不要过分追求完美。
- 适当调整进度，避免刻板使用原计划。
- 调整工作环境到适宜，合理规划工作空间。
- 善于利用记事本、备忘录等帮助记忆的方法。
- 养成有条理的习惯，避免因寻找物品而浪费时间。
- 了解掌握自己的生理节奏，将重要事情安排在精力最好的时刻。
- 适时鼓励自己，肯定自己的成果，以积极的态度继续执行。

我们要有意识地提醒自己，时间管理是为生活服务的，我们不是为正确的时间管理服务的。生活千变万化，我们每个人的情绪和身体状态也会起起伏伏。时间管理四象限法可以帮助我们了解自己，找到人生的战略方向。但是在具体到每个人的时候，一定要结合自己的实际情况，创造个性化的时间管理方案或工具。

下面是一些小技巧，可以灵活选用和补充。

一是随手记。你不一定要拿出专门的时间来思考清单，有效和可操作的做法是想到什么事情就随手记下来，不要管这件事值不值得做，是否会做得好。重要、紧急、大事、小事等，只要是你想到的、想做的，都可以记录下来。

二是待处理清单。随手记形成的清单叫"待处理清单"，待处理清单包含了你现阶段的所有大事和小事，你接下来要做的事绝大部分都会从这张清单选择，而不是脑子里想到什么就去做什么。当然，这只是"待处理清单"，不是"待行动清单"，说明有些事情要经过你的筛选才能去做。

专业链接

不用改掉拖延的习惯，学习利用拖延的习惯

改变缺点不一定能成功，只有运用优点才会成功。

1. 结构化拖延法。它指的是因不去做某项重要的事，反而成就了其他的事。比如，本来需要去写作，但因拖延而未能开始，就去练书法。结果，书法越来越好。

2. 烂的开始才是成功的一半。我们常说"好的开始是成功的一半"，但是对于大多数拖延者来说，正是对"好"（完美）这个词太执着，才不愿意行动。我们往往过于担心做不好。事实上，如果你能够意识到这种担心，是不是可以告诉自己："我干脆现在开始动手写一篇全世界最烂的论文。"完成比完美更重要，没有完成的东西，再完美也没用，只有开启 1.0 版本，才能不断升级。

针对无法开始的完美主义拖延者的三个必须：

（1）你必须养成习惯，接下一项任务时，你需要逼着自己分析一下，看看"不那么完美"的代价有多大，好处又有多少。

（2）你必须问问自己：把这件事做到完美，有多大意义？比起"蛮好"的结果，"完美"会更有用处吗？比起"一般般"又如何呢？

（3）你还要问问自己：在这件事上，我做到完美的可能性有多大？结果完美与否对我来说有多大区别？对别人呢？

3. 将无聊的事和有趣的事绑在一起。比如，你一直想跑步锻炼，但一直无法开始。直到有一天，你发现可以把自己喜欢做的听书和跑步这两件事放到一起做。这样，一边听书一边跑步，跑步也变得更容易，时间久了，跑步成了新的习惯，甚至可能形成新的爱好。

资料来源：佩里．拖拉一点也无妨：跟斯坦福萌教授学高效拖延术．杭州：浙江大学出版社，2013：11－36.

三是根据自己的情绪状态适当调整做事内容。在一天中，每个人的精神状态和情绪会有自己相对稳定的发展规律。比如，有的同学早上起床后的时间，通常是一天当中状态最佳的一段时间，中午和午后则是最萎靡的一段时间，晚间又会迎来一个波谷。当然，也有

感受相反的同学，上午昏昏欲睡，下午和晚上的精神状态反倒更好。观察和适应自己在不同时间段的状态，根据状态去安排事情才是最佳的策略。知道自己什么时候状态最好，就可以将那些有难度的事情安排到那个时间段。如果意识到状态不佳，就可以找出清单上容易上手的事情做一做。当你快速完成一件简单的事情时，就把它从清单上划掉，看着被划掉的任务，你会有满满的成就感，这反过来又会使你的状态回升。

- 我的时间管理工具箱

你有自己哪些独特的时间管理小工具？写下来和同学分享，看看可以从同学那里学到哪些时间管理小工具。

本章小结

- 我们从小一直在学习，你是否思考过自己为什么而学习？在人生的不同阶段，我们内心的深层次需要不同，驱动我们学习的力量也会随之发生变化，当然，如果不同的需要之间相互冲突，在学习层面就会体验到纠结和冲突。
- 大学学什么呢？结合当今大学的现状，大学学习的主要内容包括知识和技能、能力和素质。学习的路径主要包括以专业学习为出发点；阅读经典著作，与大师进行精神交流；在现实中实践；等等。
- 学习使用时间，就是拿回你的人生主动权。在此之前，你需要先了解你的时间都花在了哪里，然后才可能进行时间管理。在时间管理中，最重要的是你在重要但不紧急的事情上的投入，这类事情将决定你的人生朝向哪里。因为在被评估为重要但不紧急的事情背后是我们自己的三观，所以，时间管理底层的驱动力实际上需要我们明晰自己的三观，即在内心深处我们认为什么是最重要的。

拓展阅读

柯维．(2020)．高效能人士的七个习惯：30 周年纪念版．北京：中国青年出版社．

佩里．(2013)．拖拉一点也无妨：跟斯坦福萌教授学高效拖延术．杭州：浙江大学出版社．

黄天中．(2007)．生涯规划：理论与实践．北京：高等教育出版社．

霍金斯．(2014)．意念力．北京：光明日报出版社．

威尔伯．(2011)．意识光谱．北京：万卷出版公司．

主题 9 专注你的优势，面对生涯的不确定

世上唯一不变的是永远在变。

——译自《周易·系辞》

或许，当你看到其他同学可以轻松和人熟络起来时，你会觉得自己不如别人擅长社交，于是强迫自己参加各种活动，搞得自己挫败又疲惫。然而，你可曾想过，或许你就是慢热型，擅长的是与人深交；或许你看到别人在社团中混得风生水起，而你最享受的其实是读书写作；还有的男同学本来喜欢文科，但迫于男同学要学理科的偏见，选择了令自己痛苦的理科……很多同学从小到大一直都在补短板，不断和自己的短板做斗争，因为著名的“木桶理论”声称最短的那块木板决定了木桶能装多少水。在补短板的过程中，你不仅不开心，而且费了九牛二虎之力才可能及格，不但埋没了自己的优势，还可能感到自卑和自我怀疑。因为心绪无法平静，在情绪上感到不安，所以对选择就更加不确定。再加上当今世界变化的周期愈加缩短，不确定性越来越大，要想更好地掌控自己的生涯，就要在认识自己的基础上与时俱进，突破传统的生涯观念，与不确定性共处。

第 1 讲 探索并发展你的优势力

当被问及“你的优势是什么”时，你的第一反应是什么？很多人可能会说：我英语

口语好，我数学好，我琴棋书画都不错，我会游泳……其实，这些都不是优势，只能算是你的技能。优势是指更底层的内容，简单而言，是人们对这个世界的感受和行为方式，是每个人的底层装备。大家可以结合人格的部分内容来理解和探索自己的优势特质。比如，你在看悲剧电影时哭得稀里哗啦，你可能会为自己的脆弱而担忧。事实上，可能是你具有很强的共情能力。而你的同学看了电影后没有什么情感波动，很理性地分析了他的观点，他或许会偷偷怀疑自己是不是冷血，其实，他可能只是分析能力比较强。因此，你去发展共情能力，他去发展分析能力，你们两人都会拥有别样的人生。

或许你会疑惑，我这么脆弱，怎么能称为优势呢？是的，是时候丢弃木桶理论了。能够共情他人的情绪对于你而言是那么浑然天成，毫不费力。然而，换一个人，虽费心费力，但仍然难以共情。那么，对于一份需要共情能力的工作而言，是你来做更可能成功，还是那个想要补短板的人呢？答案不言而喻。这就是本讲要探讨的内容——发展你的长板理念。

一、生活中常见的问题和困惑

在基础教育阶段，大家共同的生涯目标即考上理想的大学。然而，我们却很少有机会去思考考上大学以后的生涯该何去何从。如果有生涯目标，大多是一些大众化的选择，如读研究生、当老师、考公务员、出国等，而很少人根据自己的优势或者想要努力的方向去思考生涯目标。

（一）面对同辈压力而失去自我

同辈压力通常有两种。一种是从众型同辈压力，指因害怕和别人不一样而放弃自我，选择顺应潮流的压力。有的同学原本热爱学习，但是担心同学们认为自己是卷王而孤立自己，从而选择放弃自我，融入同学当中。另一种是竞争型同辈压力，指与同辈所取得的成就相比，觉得自己不够好而给自己施加的压力。例如，一位同学看到自己数学考了 90 分，原本心情不错，但当看到舍友的 95 分时，他放弃了准备放松一下的打算。有的同学甚至认为，自己太累了很想休息，但是同学太拼而不让自己休息等。大家常讲的同辈压力多指第二种，这种压力总是驱使人们竭尽全力在同伴之间的比较和竞争之中获胜，否则便会产生消极情绪。有的同学甚至只要停止学习就会感到焦虑，只有不停地学习，才会感到心安。在这样的处境中，我们根本没有时间和空间去考虑自己到底是谁、想过什么样的生活，只是把自己生活的主动权交给同辈，忙碌又焦灼。

（二）躺平与努力交替的 45 度人生

随着社会多元化的快速发展，我们看到的那些成功人士的历程充满了各种偶然的因素。比如，一个人容貌出众，或者具有某种大众恰恰投射的特点，无论学历高低，就是会比别人有更多的机会，甚至可能因为拍广告、演戏、做直播等在短期内实现世俗意义上的成功。“努力就会成功”，这个被父辈和老师奉为真理的信条在今天还适用吗？

作家余华在节目《2023 致余华》（余华，2023）中说道："在我年轻的时候，说实话，你只要努力工作，你只要始终保持上进心，基本上，大部分人是能够得到回报的，现在就不是那么回事了。现在如果再有人来告诉你，你要努力工作，你要有上进心，你就会得到很好的回报，这已经不是事实了。"其实，这一观点与我们看待历史人物命运时的两种观点不谋而合。即在时代的大洪流中，"时势造英雄"可能更加贴切。为何历史选择了这位英雄？当然，这也和个体有直接的关系，这也是本讲后面要谈到的内容，我们可以确定的是，英雄一定不是随波逐流失去自我者。

因此，面对时代的大洪流，对于大部分人来说，想要成功，可能并非仅仅是努力上进就能做到。有的同学会说，"反正再努力也还是这样，那干脆躺平吧，起码自己还舒服一点"，但是真的舒服吗？好像嘴巴上喊躺平，实际上根本做不到躺平，只要停下来，心里就更慌。难道什么都不做吗？总得做点什么吧！于是，很多人在躺平和努力之间，感到了深深的无力，形成了无奈的 45 度人生。除此之外，还有些同学可能想要努力，但不知道怎么努力，"东一榔头西一棒槌"，这是更深的无力。

当试图用低水平的重复努力代替认知和思维的升级时，对个人来说都是低效的努力，也是产生痛苦和迷茫的根源。因此，当你有类似的体验时，并不代表你不够努力，也不代表你没有能力或者是个失败者，而要把这种体验当成一个重要的提醒：停下来，了解自己，去做相对更清醒的判断。

● 反思与讨论：博古通今

努力很重要，但是审时度势、找到正确的努力方向同样重要。《孟子·公孙丑下》："天时不如地利，地利不如人和。"《孙膑兵法·月战》："天时、地利、人和，三者不得，虽胜有殃。"即在成功之路中，天时、地利、人和为三要素，它涵盖了成功之路的一切。天时是成功之路的伯乐、机遇，地利是成功之路的环境、条件，人和是成功之路的综合实力和关键。

把天时、地利、人和的思想应用于我们当下的生涯发展，可以从中汲取哪些有益的指导或智慧？与同学讨论并总结。

（三）自我的精神内耗

● 自我监测：你有没有自我的精神内耗？

回顾一下今天从睡醒到此刻为止，你头脑里是否有各种批评、指责、纠结、焦虑等声音，把它们记录下来。和同学分享并交流，你是如何应对各种内在声音对你生活的影响的？

“我想要过一种更有创造性的人生，但我担心若不听父母的建议，不能找到稳定的工作而在未来后悔等。或者是我根本就不知道自己到底想干什么，也没有细想过自己到底想过一种什么样的人生，怎样才算实现自己的人生价值。我在大潮流中身不由己。我无法掌控自己的人生，只能被推着走，倍感辛苦，现在的生活并不是我想要的。这世界变化太快，现在热门的谁知道未来会不会变冷门。周末两天打算做的事情没有做，想玩也没玩好，什么都没干。这到底是为什么呢?”虽然你的身体看似没有劳动，但是你的内心一直没有停止工作，每一个念头、选择、纠结、焦虑，都在消耗心理能量，每消耗一点心理能量，你的执行力和意志力就都会下降。

精神内耗确实也在消耗我们身体的能量，这和大脑的生理过程有关。大脑发挥正常功能需要氧气和营养物质，它的血液供应异常丰富，大脑只占人体重量的2%，却拥有人体20%的血液供应（李小凤，2018)，这是正常基础代谢情况下的分配。然而，在焦虑抑郁时，大脑需要的能量增多，人体就会按轻重缓急来调配能量，从其他系统抽取血液优先供给大脑。运动系统、消化系统和体温维持系统等通常是被优先征用的系统。这也是为何越焦虑抑郁，执行力和行动力越下降的生理原因。在心理上的表现即为自我的精神内耗。虽然你躺在床上，但你可能并没有真的在休息，你在惦记着下周要交的作业、接下来的考试、中午要吃什么等，一边刷手机一边心里想着需要读的书……

自我的精神内耗会损害一个人的执行力，就像俗话说的“虱子多了不怕咬”。没有行动意味着没有结果，反过来又会成为内耗过程中不断自我攻击的证明，导致行动力进一步下降，陷入恶性循环。其实，我们所要做的就是停止精神内耗，去做自己想做的事情，在行动中不断修正。

同时，不管遇到什么问题，请你先不要急着评判和自责，试着停下来，向后退一步，跳出原先的思维框架，用不同的视角去重新看待那个问题，或许你会发现，直面问题可能是你成长的契机。

二、不要费力补短板，而是发展你的优势力

● 自我探索：老地图去不了新地方，升级认知和思维系统

请看下面三张图，图 9－1 表示生活在自己的世界里，我们被自己的认知限制，看到的只是自己以为的世界。

图 9－2 通常是在痛苦的驱使下寻求突破，在此过程中，我们开始有所反思、意识和觉察等，开始觉醒，睁开眼睛看自己、看世界。

图 9－3 是跳出了自己的局限，站在一个新的维度看待自己和他人，升级了认知系统，看到了不一样的世界。也只有在这种情况下，才有可能自然地找到破局之道。

结合自己的感受，和同学分享你对三张图的理解。想一想，你更可能身处哪个位置？依据是什么？

图 9-1　生活在自己的世界里

图 9-2　升级思维的意识

图 9-3　跳出自己的局限，看到全面的世界

（一）从补短板到发展优势力的认知转变

我们从小到大被告知全面发展的自己才是最优秀的，看到自己的不足就要去积极改进。这些话本身没有什么问题，问题在于我们在用它来指导生活和成长时的绝对化，即使生活因此受到了严重的负面影响，我们也很少去质疑这个信念是否正确，而是陷入迷茫和绝望，甚至不断怀疑自己。再加上木桶理论早已深入人心，暂且不说突破旧的认知，在大部分时候，我们甚至连这个意识都很难拥有。

接下来，请大家转换视角，停止费力补短板，而是找到你的优势力，专注发展优势才是让你的生活发生根本不同的最优路径（崔璀，2023）。

美国优势心理学之父、盖洛普前董事长唐纳德·克里夫顿主导设计了盖洛普优势测试。他的团队至少花了 30 年，对不同国家、行业的杰出人士进行采访，了解他们是如何成为行业的佼佼者的。基于海量访谈的大数据，盖洛普团队找到了这些成功人士所具有的共同底层特质，最终提炼出 34 项天赋才干主题（talent theme）来给这些特质命名，并归为 4 个维度：执行力、影响力、关系力、战略思维。他们认为天赋才干是自然而然、反复出现的行为模式、感受模式和思维模式，你可以理解为你的行为倾向、特质、性格 DNA，也就是你习惯的想法和做法。这些主题通过无穷的组合形成无数条通往成功的路径。这就相当于钢琴上的 88 个琴键，琴键是有限的，但不同的琴键组合可以奏出无穷的音乐旋律（白金汉，2011；拉思，2016）。

崔璀（2023）在盖洛普优势测试的基础上，提出了优势星球理论，该理论经过一定的本土化后，更易于被普通大众理解，其背后的理论依据是积极心理学。本讲主要介绍优势星球理论的观点，帮助你打开新的视角，重新审视自己，拨开迷雾，更清晰地了解自己。

比如，当你宿舍里的人因为一个问题而争执不下时，可能有的同学的第一反应是担心关系被破坏，“他们是不是对我有意见”。有的同学会思考“讨论的逻辑在哪里出现了问题”。有的同学可能感觉局面要失控，他会出面调停，引导局面朝可控的方向发展。同样的场景，大家的反应如此不同，那是因为他们的主导优势力分别是共情力、分析力和引领力。之所以称为优势力，是因为这是不同的人自然习惯的反应模式和行为方式。

只要每个人顺着自己的优势力去发展，就可能会拥有不一样的人生。

（二）发现你的优势领域：你以为的缺点可能就是你的优势力

你是否容易想得太多，对别人的情绪敏感？你是否常常满足别人的需求，而很难提出自己的需求？比如，看到别人的遭遇，自己很容易感到痛苦和悲伤；看电影时哭得难以自持，久久从剧情中走不出来；等等。或者很容易共情别人的情绪，但很难了解到别人的需求等。如果你有这些痛点，则说明你有很强的共情力。你之所以面临这样的困扰，是因为共情力发挥得不好导致的自我损害。

事实上，优势不是呈现出来的能力，它只是一个中性词，发挥得好加分，发挥得不好减分。就像我们每个人都有心理资源，但我们可能用来指责自己，也可能用来提升自己。也像我们胳膊上的肌肉，既可以用来劳动，也可以用来自我伤害。因此，优势是一种更容易实现卓越的潜力，发现优势只是开始。

优势理论分为三个维度、九种优势力（崔璀，2023）。三个维度即思维维度、关系维度和执行维度，任何工作和生活的良性发展都离不开这三个维度的相互配合。其中，思维维度包括学习力、分析力和创新力。关系维度包括交往力、共情力和引领力。执行维度包括目标力、驱动力和行动力。

接下来，请你结合自己的实际情况，初步了解你的优势领域。

1. 透过三个维度的呈现，初步探索你的优势领域

优势理论认为，人人都有优势，那么为什么我们却感觉不到呢？这通常是因为我们没有有意识地使用和发挥优势，导致体验到的更多是困扰或问题。结合你自己的实际感受，看看你是否有类似的困扰或问题。绕到问题背后，或许就是你优势力的后花园。

（1）思维维度。思维维度优势多的人通常可能是一个想得多、做得少的人。行动虽然不足，但是点子多，思路清晰偏内向，实施的较少，大多纠结在自己的思维里。

（2）关系维度。关系维度优势多的人通常可能是一个很好的辅助者，善于做人与人沟通的桥梁，交往力和共情力较强，是一个喜欢给别人赋能和支持的人。关系维度优势能否发挥好尤其重要，因为它的作用是双向的，发挥不好减分尤其明显，可能使人深陷关系困扰。

（3）执行维度。执行维度优势多的人通常像一名冲锋陷阵的战士。他们与思维维度优势较多的人想法不同，他们能够让事情发生。但是，在进展较慢时，容易陷入迷茫。

显然，不同维度的优势力对应不同的工作和生活方式。优势力和工作内容匹配尤其重要，如果一个思维维度优势较多的人，去做一份把想法落实的执行工作，结果可能是，他每次做计划时说得头头是道，但总是落实不到位。如果你是他的上司，可能会提醒或批评他，他也下决心改正，但是做了很多努力仍效果甚微。你对他失望，他对自己也怀疑，觉得自己做事总是力不从心，可能反倒越干涉越退步。然而，如果让他参加头脑风暴或者做策划工作，这与他习惯的方式相匹配，那么他可能不用那么痛苦地努力就会如鱼得水，收获自己的成功，甚至达到卓越的境界。因此，当我们做得不尽人如意，或者无论怎么努力始终无法达到期待时，可以有意识地先停下来，看看发生了什么。通常可能有两种情况：一种是你没有利用好优势力被反噬，比如，关系维度的优势力没有

运用好，反倒深受关系困扰；另一种是你从事的工作与你的优势力匹配度较低。

- 自我觉察

想一想，如果排除所有影响和支配你选择的外部因素，只按照你的内心感受进行选择，你最想从事的工作是什么？原因有哪些？

你最不想做的工作是什么？原因有哪些？该工作给你带来什么样的体验？和同学分享一下。

2. 探索你具体的优势力：痛点折射出的可能是优势

- 自我提问

在开始具体了解之前，请你问自己几个问题，不一定要马上回答，可以多留意、多体验、多思考。

你喜欢什么？

你觉得自己擅长什么？

在什么事情上你感觉自己非常有天分，并且愿意投入时间不断地学习和练习？

是否有的部分已经发展出了独特的优势？

正如前面所言，你的优势力在行为上呈现出来的结果并不一定是你做得好的地方。优势力只有发挥好才可能帮助你实现突破，否则呈现出来的就是困扰或问题，这需要我们从优势理论的视角看到新的可能。接下来，结合九种优势力（崔璀，2023），根据你在生活或工作中的实际体验，初步探索你自己排在前面的是哪几种优势力。

> **小提示**
>
> 本讲主要提供一种看自己的视角，进一步深入了解，请阅读《每个人都有自己的职场优势》。

（1）思维维度包括学习力、分析力和创新力。学习力，指个体通过从外界吸收新知来感受自己的存在，不容许有一刻是空白的，必须不断吸收。学习的类型包括三种：第一种是书本学习者，主要是从书中或者文本中学习，比如阅读、查询文献或资料等；第二种是人际学习者，主要指跟着他人学习，如跟着老师、前辈学习，或者模仿别人；第三种是行动学习者，顾名思义，在行动中学习和探索，从自己的体验和经验中学习。

在学习力没有发挥好时，可能的痛点是：我学了这么多，究竟有什么用呢？为何仍然没有对生活和工作起到真正的作用，比如赚钱、升职等？所学到的知识杂乱无序、浮于表面、不成体系，容易出现三分钟热度。

总结学习力发挥好与不好

在学习力发挥好时，可能会拥有广泛的知识面，成为行走的百科全书。进步迅速，后劲十足，容易适应新的工作环境。另外，在自媒体和知识变现的时代，学习力发挥好的人是适合通过知识变现的一类人。知识变现失败的风险低，成功的收益大，退一步而言，即使开始没有什么收益，分享和输出本身也是一个不断积累的过程。

正如一句谚语所言，“艺多思，艺不精，专攻一艺可成名”，即学技艺如果贪多，技艺就会不精；专攻某一项技艺，一定会成就一番声名。

分析力，即思维的架构师。善于把事情分成不同的模块，再找到其中的逻辑关系，说话有条理，思路清晰。然而，因为过分关注逻辑和分析，容易发现别人说话的逻辑漏洞，有点爱抬杠的感觉，与其交流会感觉不断被纠错、挑剔等，因此也容易变成话题终结者。

总结分析力发挥好与不好

同时，对于拥有分析力优势的个体而言，过度使用分析力也会带来一些困扰。比如，虽然可以分析很多要点，但是恰恰因为选择过多，容易陷入选择困难，缺少决断力。因此，其多谋略而无决断。典型的如袁绍，在《三国演义》（罗贯中，1998）中，曹操评价袁绍“色厉胆薄，好谋无断，干大事而惜身，见小利而忘命”，即袁绍看上去挺厉害，其实胆子很小；主意挺多，但没有决断；想干大事，却一味顾惜自己，害怕出危险；看见蝇头小利就想据为己有，连性命都不顾惜。毛主席曾评价“袁绍这个人多端寡要，多谋寡断，见事迟，得计迟”。

因此，分析力发挥好的个体宛如天生的军师，犹如福尔摩斯般的存在，脑力过人，逻辑思维出众。

创新力，即突破常规，出奇制胜。拥有创新力的人想象力丰富，思维发散，善于将旧要素进行新组合。然而，创新力若未得到有效发挥，就会得不偿失，产生损害。比如，容易因为失败或周围人诸如此类的负面反馈而受到束缚，例如“踏实点吧，你这个想法太不切实际，天马行空，很难落地”等。

总结创新力发挥好与不好

如果发挥得好，创新力便是一台创意机器。

如果再配合分析力，就能对创意的实际用途、风险、收益及解决方案进行分析，使创意落地，从而把创意转化成实在的成果。

● 自我探索

当你了解到思维维度三种优势力的内容时，头脑中是否涌出相匹配的情境、人、事等？和同学分享，并结合你自己的体验和身边熟悉的人的反应模式，讨论如何认识自己和他人的优势力。

（2）关系维度包括交往力、共情力和引领力。拥有交往力的人天生就是自己的代言人。他能很自然地让人感受到真诚，天生就能赢得别人的信任，是天生的销售员。交往力发挥好的人，自带磁场，亲和力强，能够主动打破局面，与其交往时会感觉到自在、没有压力。然而，如果发挥不好，可能会因为热情过度而越界，缺乏边界感，引起他人反感，因过度信任他人而易受到伤害。害怕冲突、拒绝别人比较困难，很难提出自己的需求，反倒在人际交往中感到困扰，这是反噬的结果。

总结交往力发挥好与不好

因此，发展交往力需要拥有一些理性，因为真正友谊的深入与维持在于双方的互相支持和帮助，也是价值的交换。同时，回归真诚本身，把自己的困扰表达出来，和对方共同构建真诚的关系。

共情力是一种深刻理解他人的能力，能对他人高度包容。拥有共情力的人能对他人的经历感同身受，并做出恰当的回应，对他人的情绪特别敏锐。共情力若发挥得好，则善于察言观色，能够和他人深度沟通；能够换位思考，发现他人的需求。然而，如果发挥得不好，就会有很多痛点与困扰。比如，可能因为别人的一句话、一个表情就陷入自我怀疑，反思自己，最终可能影响事情的顺利推进。此外，因为对别人的情绪很敏锐，容易想得太多，常常无底线地满足别人的需求，而很难提出自己的需求。虽然共情他人的情绪容易，但常难以共情他人的需求。

总结共情力发挥好与不好

有共情力的人在人际交往中会关注情绪，而没有共情力的人只会关注事情的解决。那句“对事不对人”常常成为共情力缺乏者的工作信条。共情力发挥恰当的人能够抓住他人的底层需求，在商场上更具竞争优势。此外，作为一个产品设计者，如果能够感同身受地共情用户在使用产品时的需求，就更能够设计出更加贴心的产品。

一个调查（崔璀，2023）发现，最好的护士和最差的护士之间最突出的优势力区别即共情力是否获得正确的发挥。好的护士能把共情力优势发挥得恰到好处——共情痛苦，进而共情需求。差的护士会错误发挥共情力——虽能共情痛苦，但因害怕而逃跑。而一般的护士缺少共情力——能够共情痛苦，但只选择了忍耐。

人类是情感的动物，尤其在生病时，更需要理解和情感的抚慰，因此，共情力在护士的工作中尤其重要。我国有研究者（冯瑶，李珍，2022）发现，护士共情力若发挥得好，可以把患者的满意度提高到 90%。因此，若想正确发挥共情力，可以带着自己的需求，用提问的方式去探索和了解对方的需求。

引领力，即敢拿主意，愿意担责。引领力若发挥得好，便是团队的主心骨，在关键时刻能够果断站出来做决策，勇于承担责任。若发挥得不好，容易过于强势，令他人不得不听自己的意见。若不听自己的意见，就会生气、恼火。此时，爱指手画脚，掌控过多的细节；厌恶失控，一旦发现做的事情失控，就想撒手不管，容易在极度自卑和极度自信中徘徊。

总结引领力发挥
好与不好

____

____

____

____

● 自我探索

当你了解到关系维度三种优势力的内容时，头脑中是否涌出相匹配的情境、人、事等？结合你自己的体验和身边熟悉的人的反应模式，学习初步识别自己和他人相应的优势力。

____

____

____

____

（3）执行维度包括目标力、驱动力和行动力。目标力优势者有了目标后就是穿上铠甲的战士，没有目标时便是一摊烂泥。人生信条是势必达成。目标力发挥得好时，可以贯彻始终，不达目的不罢休；很有责任心，能够坚持；做事专心致志。但发挥不好时，可能会表现出爱钻牛角尖，比较执拗、一根筋。当目标受到影响或阻碍时，容易发火，缺乏边界感，成为工作狂。因为专注于目标，所以视野范围狭窄，看不到更多的局面，格局较小。

总结目标力发挥
好与不好

____

____

____

____

驱动力，即拥有一辈子向着北极星奔跑的信念，始终保持着追求、探索和行动。优势力为驱动力的个体可以分为以下三类：一是成就驱动者，善于列清单，完成一项勾一项，每完成一项就会感受到满满的成就感；二是竞争驱动者，他们需要有人一起赛跑才有动力，否则就会陷入迷茫，失去动力，即竞争者的存在就是他们的驱动力；三是信念驱动者，他们为信念和价值观而活。

总结驱动力发挥好与不好

驱动力发挥得好的个体，就像一台小马达，自带发动机，是自燃型的人，工作和学习像打了鸡血一样，永远精力充沛。他们习惯做事列出清单，一项项去完成，因为有源源不断的驱动力，所以是长期主义者。当然，如果发挥得不好，反而可能陷入无效的忙碌中，并且常常处于焦虑状态，难以停下脚步。

行动力即快速决断，在行动中思考。行动力发挥得好，行事风格便是说干就干，执行力极强，做事容易出成果。然而，如果发挥得不好，也会遭反噬，因过于急促而容易冲动，看起来风风火火。俗话说“听风就是雨”，指的就是欠思考的遭行动力反噬者。因此，这类个体容易开始也容易放弃，不太能坚持，缺少韧劲。

总结行动力发挥好与不好

- 自我探索

当你了解到执行维度三种优势力的内容时，头脑中是否涌现出相匹配的情境、人、事等？结合你自己的体验和身边熟悉的人的反应模式，学习初步识别自己和他人相应的优势力。

- 体验：找出你的优势力

结合九种优势力的内容，反思自己的日常实际体验，初步评估你自己排在前四位的优势力，并分别列出排在前四位的各种优势力的依据。和同学分享。

三、优势力的特点

在现实生活中，很多人之所以找不到方向而焦虑迷茫，是因为总是想成为更好的别人。但别人已经有人在做，我们要做的是更好地成为自己。如果找到自己的优势力并专心发展，虽然不一定能够马上在生活中形成真正的实力，但内心也会多一份笃定和安心。因为优势力并不等于现实的能力，它有以下几个特点。

（1）优势力只是一种特质，它并不等于实际的能力。优势力发挥得好可能成就你，发挥得不好则可能产生负面作用。因此，要想把优势力变成真正的能力，需要我们有意识地进行训练，发挥好优势力。探索和发现优势力其实也是改变认知的过程，能帮助我们了解自己和发展的方向。

（2）区别性。优势力是人们与生俱来的对世界的感受、反应和行为方式，是一个人最底层的天然优势，也解释了人与人之间的底层差异。底层是指它呈现在生活的方方面面，相对稳定而且有力。天然是指你本来的样子，就像有人可能考察了很久也很难开始做一件事，而你可能甚至在一知半解的情况下就已经开始行动。这种行动力便是你的天然优势力，若不如此，你将额外消耗心力。显然，发展自己的天然优势力，顺势而为，比补短板更省力，效果也会更好。正如俗话说“老天爷赏饭吃”，即是一个人的优势力得到了正向发挥。

（3）稳定性。优势力的稳定性是由生理基础决定的。神经元是神经系统最基本的结构和功能单位，神经元之间在功能上发生联系的部位称为突触，也是信息传递的关键部位。神经元之间由突触连接起来成为信息传递通道，就像河流系统，而不同的河流形成了不同的感知和反应通道，是一个人神经通道的初始配置，因此，其通常具有跨情境的稳定性。

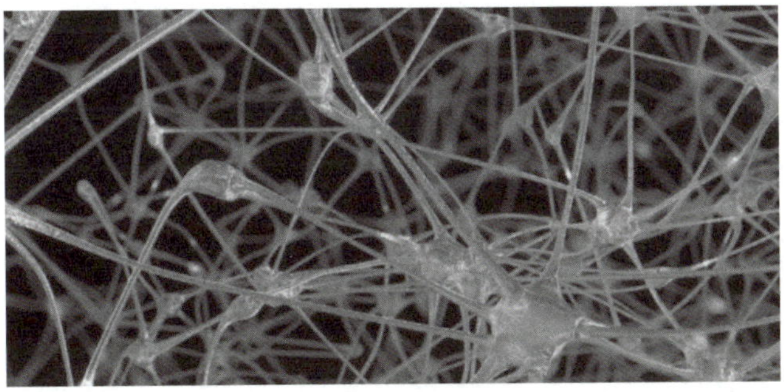

（4）优势力发挥得好与不好，结果往往呈现出天壤之别。前面谈到的最差的护士和最好的护士的共情力差异，便是鲜明的例证。好消息是，你以为的缺点可能就是你的优势力所在，只是没有发挥好，反而导致了负面影响。

四、如何在日常生活中发现、发展优势力

我们在生活中的一些自然反应在根本上往往与优势力相关。因此，觉察自己的一些

反应，可以帮助我们发现自己的优势力。同时，有意识地在生活中发展自己的优势力，可以更好地指引自己未来的职业生涯方向。此外，通过日常生活情境中的训练和练习，发挥好优势力，不仅可以更好地提升当下的生活质量，也可以为未来的职业发展打下良好的优势能力基础。

（一）觉察日常情境反应，学习发现优势力

（1）从日常行为反应中自我发现。当同学们一起去吃饭时，你是积极点菜的那个人，还是从来都不点菜说“随便”的那个人？如果你点菜，你是一边询问大家一边点菜，还是根据自己的情况直接下单？和家人朋友在一起时，你常常是做决定的那个人，还是跟随的那个人？朋友遇到烦恼找你倾诉时，你的第一反应是回应对方的情绪，还是想要分析并提供好的建议……我们可以有意识地觉察自己的习惯性反应，帮助自己探索排在前面的优势力。

（2）从他人的日常行为反应中发现。我们可以带着发现优势力的眼睛去观察互动对象的反应，从而在人际互动中增进理解。比如，在和朋友提起要做某件事情时，朋友好像总是很专业地提出很多方案和点子，然而，等到做决定和落实时，他总是选择性地沉默。之前的你可能会很生气，但现在当你带着发现优势力的眼睛去观察时，便会意识到他可能是未能充分发挥分析力优势而陷入沉默。因此，在增进理解的基础上，你更有可能推动事情的达成。

通过观察自己和他人在日常生活中的反应，可以帮助我们更深入地理解优势力在个体身上的呈现。

（二）从自我反思中寻找个人优势力

除了在日常生活中通过觉察日常情境反应来探索优势力，也可以通过一些相关经历、感受的总结和回顾小工具来寻找自己的优势力（崔璀，2022），下面是一些寻找个人优势力的小工具。

1. 寻找线索一：成就

在什么事情上你总能更容易地取得成功或得到他人的认可？这背后和什么优势力密切相关？

____

____

____

2. 寻找线索二：渴望

你总是期待去做哪一类事情？比如，当一项任务布置下来时，哪一部分的内容会让你跃跃欲试？这背后和什么优势力密切相关？

____

____

____

3. 寻找线索三：成长

在过往的成长经历中，哪一类事情让你上手很快？或者说，哪一类事情你渴望做得更好？这背后和什么优势力密切相关？

4. 寻找线索四：感受

尝试回忆一下，你经常不自觉地运用什么方式来解决问题？做哪些事情会让你感到有趣或者有成就感？这背后和什么优势力密切相关？

（三）通过测试了解自己的优势力

通过一些优势力量表的测试，可以有效促进自我了解。当然，在做测试时，一定要明确测试是帮助我们更好地了解自己，而非活出测试中的样子。关于如何正确看待心理测评的内容，可以参考压力主题的相关讨论。

（四）寻求外挂系统的支持——心理咨询或生涯咨询

小提示

想要进一步了解优势力的相关内容，请进一步阅读：

• 崔璀．每个人都有自己的职场优势．南京：江苏凤凰文艺出版社，2023.

• 拉思．盖洛普优势识别器 2.0：现在，发现你的优势．北京：中国青年出版社，2016.

如果一个人的内在系统产生了问题，那么除非有意识地升级认知系统，否则很难在产生问题的系统里找到解决方案。因此，当遇到困境时，我们可以积极寻求"外挂系统"的支持。比如，找你信任的人聊一聊，进行心理咨询或生涯咨询等。因为外挂系统不但可以帮助我们开拓思路，还可能帮助我们看到自己的盲点。一名学生在咨询后说："对话不但激发了我的灵感，还让我意识到，原来有很多线索早已隐藏在过往的生活经历之中，但我之前并不知道。因此，及时觉察自己的想法，清晰地看见和了解自己，才能不断调整，去寻找属于自己的意义感。"

相对于阅读他人的信息，咨询可以提供更为个性化的支持。因为对于你阅读的信息，其底层逻辑可能与你的个人特质或所处阶段并不匹配，而你又没有意识到，那么信息的有效性就会打折扣，你甚至可能被误导。比如，如果一个见识过高山和大海，也经历过大风大浪的人对你说，人生最重要的是内心的宁静，要安享平淡。这句话本身没有错，然而，对于刚刚走出家门，还未体验外面世界风雨的学生而言，这句话显然并不匹配。倦鸟归林需要先飞出去才能在晚间还巢，如果一只鸟一直待在窝里，没有好好飞翔，又谈什么还巢呢？如果你本来想要飞出去，但因为恐惧受阻而迟疑纠结，听了他说的话后觉得应该待在窝里安享平淡，那你可能就会误解自己的人生。

（五）在日常生活中发展和训练优势力

拥有某种优势力并不等于你实际拥有这方面的能力，因此，需要我们在日常生活中刻意练习，慢慢发生改变。

回顾你的生活是否有以下类似的反应。对于别人的肯定会自动忽略或者弱化，然而，对于别人的否定或批评就会特别上心，反复在心里琢磨。告诉自己要向别人学习，弥补自己的短板，甚至努力超越他人。显然，你更关注短板，你的心理资源自然也主要用在短板上。如果你有类似的体验，请你在学习接纳短板的基础上，积极探索优势力，并把主要的精力用于优势力的发展。

优势理论（崔璀，2023）针对每一种优势力未能充分发挥所带来的问题，开发了一种工具，以正向发挥优势力。

1. 思维维度（学习力、分析力、创新力）

（1）学习力。正向发挥学习力的工具被称为“分享枪”。学习力未能充分发挥容易造成知识广而不深，因此，通过用输出倒逼输入的分享，可以有效避免学完后在他人反驳“学了那么多有什么用”时怀疑自己。如果你比较靠前的优势力有学习力，建议你尝试分享你所学习的内容，比如以写作或讲授等方式。

> **小提示**
>
> 想要深入学习费曼学习法，推荐以下资源：尹红心，李伟．费曼学习法．南京：江苏凤凰文艺出版社，2021.

费曼学习法是一种用输出倒逼输入的方法，包含四个简单的步骤：

1）选择一个概念；

2）把它教授给另外一个完全不懂的人；

3）如果卡壳，回到原始材料；

4）回顾后简化语言表达。

这样的一个过程可以确保深入理解学习内容，帮助我们实现深度学习，在分享的过程中不断获得积极反馈。

（2）分析力。针对分析力未能充分发挥的情况，工具被称为“无影灯（外科手术灯）”。分析力优势者的盲区就是自己，他们没有分析自己，脑力足而心力不足，无法做决断是因为内心的恐惧。用无影灯照一照自己为什么无法做决定，在日常生活情境中提醒自己多关注自身。

（3）创新力。创新力未能充分发挥容易导致天马行空，反射弧长，无法落地。因此，用“思考帽”进行分析可帮助创意落地。比如，在表达创意时，有意识地增加分析的内容，提供客观数据和事实的支持（白帽），并说明创意的价值所在、事情的好处（黄帽），当然还有风险和困境（黑帽），以及相应的解决方案（绿帽）。加入这样的分析力，可有效提升创意的可操作性。

2. 关系维度（交往力、共情力、引领力）

（1）交往力。交往力的痛点是害怕人际冲突或被拒绝，不敢向朋友提出请求等。正向发展的工具是“真诚环”。即互相帮忙，让对方的价值在自己的身上得以体现，不剥夺朋友在你身上感受到的被需要的价值感。因此，我们要回归真诚本身，向对方坦露真诚，表达自己的困扰，和对方一起构建真诚的关系。

那么，如何拒绝且不破坏关系呢？崔璀（2022）提出以下三点：

> 第一，感受先行：你要坦诚地把当下的感受说出来。可以试试这样一句温柔且坚定的话：“其实要拒绝你，对我来说，真的挺难。”这句话的背后是真诚，我向你坦诚地表达了自己的为难，因为在乎你，所以拒绝你很难。相信你的认真对待对他来说已经是一种支持。
>
> 第二，再表达拒绝：只是我实在没有这个能力和时间。
>
> 第三，如果有需要，可以共同探讨其他方案。
>
> 有时候对别人来说，你愿不愿意帮忙，比你能不能帮上忙更重要。

（2）共情力。共情力的工具被称为“提问铲”，顾名思义，即通过提问帮助自己觉察和厘清“这是谁的课题”，使课题分离是避免共情过度、建立良好的边界思维，它可以帮助我们做自己情绪的主人。

（3）引领力。引领力的工具被称为“破界锤”。若引领力发挥不佳，容易被细节缠住，表现得过于强势，害怕失控。因此，使用破界锤可以产生共同的目标，澄清一些信息，不需要时时处处把控细节，抓住关键的决策权即可。学会与失控相处，和共事者分享，获得他人更积极的配合，实现从掌控细节控制人到设计规则、控制大局的转变。日常的练习可以发生在生活的任何情境中，比如各种团体、亲密关系等。

3. 执行维度（目标力、驱动力、行动力）

（1）目标力。因为不达目标不罢休，心中只有目标，往往会失去边界，比如与他人的边界，自己工作和生活的边界，目标与过程的边界等。因此，工具是“边界刀”，它提醒我们关注目标背后的意义，避免过于执着于目标反被目标吞噬。我们需要练习正念、冥想，学会让自己放松。练习“认输”，不要担心自己会摆烂，因为你的优势力决定了你绝不是放弃的人，只是适度放松，保护好自己。除了设置学习和工作目标，也要添加生活目标，比如，这个周末与好友看一场电影等。

（2）驱动力。若驱动力发挥不当，容易陷入无方向的忙碌和焦虑，而驱动力的推动又无法停下，使得又忙又没有方向，长期处在此种应激状态下可能身心俱疲。就像拥有顶级发动机的汽车，因为还没有找到自己的方向，不能上路，所以只能空转烧油。因此，正向发挥驱动力的工具就是“找到自己的北极星”。首先从生活的经历和感受中探索自己的优势力，提炼自己最底层的价值渴望，然后想一想五年后、十年后、二十年后的你，一想到那时的样子，你会觉得兴奋、快乐，觉得人生充满希望，那就是自己想要的人生，这便是找到了你的北极星。

（3）行动力。若行动力发挥不佳，那么听风就是雨、做事毛糙，开始时容易，但坚持很困难。因此，正向发挥行动力的工具是“迭代轮”，它代表了一系列事件的 ABCD 模式，即做得快、做得多，但成功率低，往往东一榔头西一棒槌，难以见到成效。我们应将其变成 1234 模式，即从 1.0 版本不断升级到 2.0、3.0、4.0 版本，在迭代的过程中不断改进，就像挖水时选准一个地方深挖，这样更容易挖到水，更容易把行动力转化为成果。

体验台

结合你认为自己优势力需要正向发挥的地方，看看你可以把哪些工具加入你的工具箱？和同学分享你加入这些工具的原因，并讨论如何落实到日常生活中刻意去练习。

五、用优势力思维重新认识自己

通过本讲的内容和练习，或许我们只能对自己的优势力有一个初步的了解，然而，重要的是用优势力思维和视角重新认识自己，这是我们不断成长的基础。因此，改变看自己的视角是一次认知革命，认知的改变迟早会推动行为的改变。

优势力是基于积极心理学的理论提出的，认为每个人都有自己的底层优势。然而，我们却很少意识到它，更别说发现它。事实上，恰恰是优势力决定了我们是谁，而不是需要弥补的短板决定了我们是谁。

我们长久以来接受的传统教育一直要求我们学习别人的长处，弥补自己的短处，别人会的要会，别人不会的也要会，才可能成功，这使我们看不到自己的优势。然而，人的精力是有限的，当花尽力气弥补自己的短板时，优势力也就被放弃了，这就是很多人觉得再怎么努力也做不好的重要原因之一。

所以，当你看到别人在某些方面比你优秀的时候，你仍然可以继续努力，但是请不要再因为别人的优秀而否定自己。你与他之间存在的不是差距，而是差异。你和他人的优势力可能不同，去找到你的优势力并专心发展即可，那就是你成为自己的方式。因此，我们不是成为更好的自己，而是更好地成为自己（崔璀，2023）。

第 2 讲 创造心中的安定，面对生涯的不确定

足球的魅力是什么，相信喜欢足球的人可能会不加思考地说“不确定性”。是的，如果强队每场都胜，弱队每场都败，可能就不会有那么多的球迷为之疯狂了。一切都确定的人生恰如一场预先知道结果的足球赛，人生也就沦为了一场按部就班的表演，这样的人生相对于努力之下有惊喜的人生，哪一个更值得期待呢？不确定性赋予了我们好奇心、创造性、激情等，引导着人生逐渐展开其神秘的画卷。

然而，面对未来，人们常常过分追求确定性，厌恶不确定性，这也是导致大学生产生各种心理和行为问题，尤其是职业心理困扰的重要原因。例如，伴随着就业出现的焦虑、抑郁、自卑、拖拉、逃避、偏执等，过分追求确定性成为阻碍个人能力正常发挥和职业生涯发展的关键因素。虽然职业生涯规划、面试技巧等也很重要，但是如果缺乏面对人生不确定性的开放心态，掌握的方法和知识将因为使用者的“内功”差异而产生截然不同的效果。

不确定性是人生本身的应有之义，没有任何人能够告诉你今天摔过跤后，以后就再也不会摔跤。既然如此，倒不如放下对未来确定性的执着，全身心投入当下的生活，学会与不确定性交朋友。

一、大学生容易出现的职业心理困扰：与不确定性的关系

- 自我探索

面对未来的职业选择或者所从事工作的内容，你有哪些担心或困扰？和同学交流并讨论这些困扰与不确定性的关系。

新精神分析主义大师弗洛姆在名作《逃避自由》（2007）一书中一再强调，人类对自由总是抱非常矛盾的态度，既为自由而激烈奋斗，又找机会把自由交出来，以卸下自由和决定的重担，来对抗自由选择所带来的不安全感和不确定感。这一点尤其会在面临对生活有重大影响的决定时集中地体现出来。

对于一个有权利为自己做选择的个体而言，不仅职业未来是不确定的，而且其整个未来同样充满着各种不确定性，因为选择就意味着一定有两种或两种以上的可能性，即使你逃避选择“是”，你同样也做了选择，那就是“否”，你仍然逃避不了因为选择“否”而应承担的责任。在现代社会中，一名普通的大学生在面临未来的职业时，在相对意义层面是有选择权的，不管是被动地选择还是主动地选择，都是在不断地为生活做

决定。因此，在面临的竞争压力越来越大的今天，从根本上避开不确定性几乎是不可能的。

这种不确定性就微观而言，指职场上具体事件过程和结果的不确定性，例如职位的升迁、人际关系的变化等；就宏观而言，指个体整个职业生涯未来的不确定性，例如，职业类型，具体从事的工作内容，职业方向，是否适合自己等。这也是许多大学生在职业心理准备过程中，产生各种心理问题或困扰的关键所在，如焦虑、逃避、拖延、愤世嫉俗、怀才不遇、自卑等均凸显了不确定性。

此外，对于职业心理准备，如果仅仅谈心理上的准备而避开职业实践，难免流于空洞的说教。正如存在主义大师罗洛·梅所说，“除非有所体验，否则无法了解”（梅，2008）。在职业实践中，大学生对不确定性的厌恶主要体现在与职业相关的认知、情绪和行为方面。

（一）因缺乏对自我和职场的正确认知而产生困扰

小娟的学业成绩很优秀，她一直相信，只要努力工作，就一定能够达到自己的目标。然而，在大三暑期的一次实习中，她发现自己的努力好像并没有得到上司的认可。而同去的一个女孩很喜欢与上司交流，上司很喜欢她，小娟觉得自己比她更努力，做的事也更多，但上司对小娟的工作能力似乎视而不见。越是这样，自认为不巴结奉迎的小娟越怨气十足。

“看来，职场中充满了太多的不确定性，不像在学校的学习，只要努力，就能取得好成绩。没有伯乐，是匹千里马又能如何呢？”小娟不想去上班了。

案例中的小娟自我评价较高，认为自己是千里马而没有伯乐，愤怒之下想要辞职。在她的信念中，只要努力，就能够实现自己想要达到的目标。但是，这主要是学校生活的经验，当把这些经验直接套用到职场时，就可能遭遇失败。遗憾的是，如果就此停止思考，不理解自己在事件发展过程中所扮演的角色和影响作用，就无法积极调整自己，以对事件产生积极的影响。以后的她还可能遇到类似的问题，从而对职场产生各种负面心理和感受，甚至会因为恐惧而逃避工作。这是大学生职业心理问题的重要现象之一，尤其是学业表现比较优秀的大学生。其实，职场环境与学校环境并无本质差异，只是相对而言，优秀的学业成绩更多的是一个人努力就可实现的目标，而在职场中，除了自己的努力以外，还涉及人际沟通、积极合作等多重因素。因此，不确定性自然就增加了。但是，不确定性并非无序，通过分析成因，个体可以看到自己在事件发展过程中所起的作用，从而通过调整自己，改变对事件的不同影响，增加掌控感。

设想一下，如果你是小娟，你有两个师妹。一个师妹在做事时很认真，但是对作为主要负责人的你从来不愿意主动说一句话；而另一个师妹对你很尊敬，遇事喜欢多向你请教，多与你交流。你会更喜欢与谁一起工作？相信大部分人都会选择第二个师妹。通过这样的思考，小娟发现事情并非自己认为的那样，还有另一种可能性。小娟略带自嘲地说：“我理解了上司对我的态度，如果我是上司，我可能会想，那你就在一边待着好好‘努力’吧！我知道该怎么做了，我可能太功利化人际交往和工作沟通了，困扰我的问题原来在这里。唉，总说换位思考，但是在实际生活中，却总是会忘记真正地换位思考和彼此理解，还总认为职场充满了太多的不确定性。”

当小娟真正换位思考、反观自身时，她终于明白了该如何选择。

大学生普遍存在的一个问题是，对职场要求过高估计，对自己的能力缺少信心。高耸的写字楼，穿梭其中的白领、金领，现代化的工厂，招聘启事上的用人要求等，都使未走上工作岗位或自信心不足的大学生望而生畏，幻想着职场上的事情是如此专业，自己根本无法应对。这致使那些自卑退缩的学生，即使面临毕业，也试图用各种方式逃避不确定的未来。然而，走进这些地方，真实的情况又是如何呢？

一名大学生对高楼大厦里白领工作的感知，依然停留在影视剧的情节，认为充满了神秘感，从而十分好奇。于是，他跟着自己的一位亲戚来到一家公司，做了一天看客。这位亲戚已是这家公司的中层管理人员。经过一天的观察，这名学生说：“这一天所看到的与我想象中神秘的写字楼相差甚远，大部分时间里大部分人都在忙于打电话、发通知、接待来访者、打印文件等一些很琐碎的事情。看来，我以前把写字楼过于神秘化了，我想，我也可以成为其中胜任的一员。”

大学生因为缺乏社会经验，对未来职场的认知多是基于媒体或他人的描述等，容易产生畏难和恐惧心理，从而对职业心理准备和职业实践产生一系列的消极影响，这些消极影响往往会强化其原先对职场的错误认知，进而导致恶性循环。

- 分享与讨论

结合自己的感受，和同学分享对职业和自我的认知。

（二）就业心理和情绪困扰

随着职场竞争越来越激烈，大学生由专业选择、职业选择而引发的心理问题已经跃居大学生心理障碍清单的第四位（李焱，李艳清，2020）。毕业班学生经常遭遇的心理困惑大部分和职业有关，如对进入社会的思想准备不足，担心无法妥善处理职场上复杂的人际关系，对社会充满恐惧感，面对竞争压力难以自控、失眠、紧张、烦躁、情绪低落等。尽管有的同学准备了大量个人材料，并且每场招聘会必定参加，只要与岗位要求沾边便毫不犹豫投递简历，但结果往往是石沉大海，渺无音讯。于是，许多人便陷入了迷茫，不知道将来该怎么办，不知道以后能做什么，自信心受到了严重打击，这是在职业实践之前的一些困扰。于是，他们在获得可能在心仪单位留下来的实习机会后，往往因为担心表现不佳，反倒显得畏首畏尾，限制了自己的创造力和职业潜能。

23 岁的张磊正在读大四，再过 3 个多月，他就要毕业了。现在，他在一家电脑公司实习，做技术支持方面的工作。然而，工作的第一天晚上，他就严重失眠了。穿梭在公司的办公区，总免不了碰上迎面而来的同事，是打招呼还是不打招呼？如果不打招呼，同事会不会不喜欢我？如果打了招呼，会不会唐突？同事会不会根本不想理我？我不确定他们如何看我。中午和大家一起吃饭时，要不要搭话说几句？但是，万一说得不好，别人不爱听怎么办？今天中午吃饭时，我和一个同事打了招呼，但他好像没有回应我，是我哪里做得不好，还是语气不对，声音太小？这种不确定同事怎样看自己的焦虑，使张磊在做事时不能集中注意力，老担心出错等，远远超过了他没找到实习时的压力感，实习表现也因此受到了影响。

为此，张磊向心理老师求助，心理老师让他在失眠时把头脑中的想法记下来，不用做任何评价，想到什么就记什么，持续一周，找找有什么主题会反复出现。他有些兴奋又有些吃惊地发现，自己是如此害怕被拒绝。张磊是一个行动力很强的人，他意识到，问题不在于别人如何看待自己，而在于他内心的恐惧束缚了自己的行动。改变的过程虽然是艰难的，但只要方向是对的，结果就会越来越好。

第二天中午，同事们一起吃午饭时，以前的他只会想要不要搭话，如果搭话别人会有什么反应等，纠结紧张地吃饭。现在的他决定改变，当脑子里又窜出这些念头时，他立即告诉自己："积极地尝试一下，看看到底有什么可怕的。"于是，他鼓起勇气和身边的同事说："组长，你家孩子多大了？"同事不但没有表示出反感，反而非常积极地谈论自己的孩子，最后还说了一些关心的话。张磊既难过又高兴，难过的是自己一直担心的事情并未发生，错过了很多本来可以很美好的日子。接下来，他又尝试着主动和同事打招呼，慢慢地，他发现走在公司里，迎面而来的同事会主动和自己打招呼，这可是以前从没有过的事情！在尝到了甜头后，张磊在人际交往中变得愈发积极主动。即使他人的回应并非全部如张磊所愿，但也是良好人际关系的正常现象。相对于以前孤单、痛苦的确定感，这些不确定性才是张磊最享受的。

心理治疗大师欧文·亚隆在多部著作中强调，改变，其实没有那么危险。实际上，当我们放下对确定性的过分追求，接受生活的不确定性，通常不但没有危险，反而惊喜不断，像是到了一个多彩世界。人恰恰是在这种不断打破旧有模式、冒险的过程中，拓展和丰富了自己有限的人生。

亚隆（2009）在《直视骄阳：征服死亡恐惧》一书中提到，一位癌症患者说，"没想到得了癌症以后，才知道应该怎样活着"。的确，许多时候，我们害怕改变带来的不确定感，宁愿痛苦地待在自己安全熟悉的模式里度过一生。从这个意义来说，癌症从精神上拯救了他，因为癌症，他才开始放下一些无谓的琐碎之事，真正过自己想要的有意义的人生。尼采（2008）也在《查拉图斯特拉如是说》中讲到一个类似观念或者思想实验，大意如下：如果你必须一遍又一遍地重复经历自己过去的人生，你能够说，那就是生活吗？再来一次吧！如果是，那么这样的人生就是自我实现的、无憾的人生；如果否，你哪些地方过得不好，有什么遗憾，就在以后的人生里做出哪些改变。

（三）就业准备过程中出现的行为问题

在面临毕业时，大学生由于不同的职业心理准备状态，会产生不同的行为方式和问题：积极面对，随遇而安，消极等待，逃避拖延，等等。其中，逃避拖延对个人的发展极具破坏性，典型的如自我设障（参考压力主题相关内容）。这一心理现象发生在毕业生身上，则表现为以各种借口追求确定的失败，而不敢尝试追求不确定的成功。比如，有些毕业生要么整天忙忙碌碌于一些琐事，要么轻松自由地闲逛，但对于毕业这一重大事务却置之不理，让人无法理解。有时，他们甚至被焦虑的毕业生羡慕，认为其活得自由潇洒，并被冠以自信。殊不知，表面上的轻松并不能化解其内心更大的焦虑和无所不在的空虚感。

> 赵丹马上就要毕业了，周围的许多同学纷纷确定了各自的去向——工作、读研、出国等，而她只在网上投了几份简历。早些时候，系里提供了一些用人信息，但是，她想到全系的同学都要共享这些信息，自己肯定无能为力。到用人单位来系里面试的那一天，她又“恰好”约了外校的同学外出，因不好意思再取消约定，故而无法参加面试。当然，她也不用承担可能的失败。类似的情形还有几次，赵丹不是正好有事，就是正好身体不舒服。虽然表面上赵丹告诉自己机会还有很多，前面几次都是不凑巧，但是在内心深处，她还是隐隐地感觉自己是有意为之。她害怕在面试时被淘汰的感觉，那样，她连最后保全自我价值感的那一点可怜的自尊都将不复存在。现在，她至少可以说，我事情很多，没怎么找工作。

显然，赵丹的行为模式（通过逃避做决定、拖延做选择，给可能带来成功也可能导致失败的尝试行为设置障碍），导致了确定的无所作为的结果，逃避了可能成功的不确定结果。正如亚隆（2003）在《存在心理治疗》中所写的那样，人可能借着拖延来逃避做决定，等待别人或环境做出决定。虽然他不觉得自己做了决定（比如一门课不及格），但其实是以拖延遮掩不做决定，把决定权交到老师手上。同样，表面上是雇主决定辞退员工，其实可能是员工暗中做出的决定，借着表现不佳离开。而有的人无法决定结束关系，于是以冷淡、回避的方式迫使对方做出决定。显然，赵丹在几次面试时“恰好”有事情，帮她以一种非常隐蔽的方式逃避做决定，同时也逃避了做决定所带来的不确定结果。然而，她仍然要承担因为自己不主动做决定而导致的结果。这种行为模式是如此隐蔽，甚至自己也觉察不到。事实上，每个当下的起心动念、言行举止，都在开展生涯、书写自己的历史，同时也都在以自己的方式创造着自己的未来。

生涯虽然不确定，但并非完全无序，背后也有自身潜藏的规律。我们在发现和了解自己心理和行为模式的基础上，要看到自己的影响力，提升掌控感，专注做有效的事情，积极创造自己的未来，强调我能做什么，而不只是我想要什么。事实上，不确定感造成的继发性焦虑远比实际困难造成的焦虑可怕。许多大学生在面对就业时产生的压力和焦虑，远远大于对最终的职业选择结果是否满意本身所带来的压力和焦虑，这一点通常阻碍其进行探索和面对职业压力，并采取有效行动。

专业链接

恐惧的起源

恐惧是如何产生的？它又为何一直困扰着人们的生活？恐惧只是一种信息提醒，你要做的是收到信息并进行处理，而非一直活在恐惧中。

你不将手放入火中的原因不是恐惧，而是因为你知道如果那样做，你的手就会被灼伤。你不需要利用恐惧来避免没必要的危险，因为这只是一个最简单的常识。对于这些事情，运用过去所获得的经验即可。如果某人用火或暴力来威胁你，你就会体验到恐惧之类的感觉。这是一种逃避危险、求得生存的本能，而不是我们所谈论的心理上的恐惧。

心理上的恐惧其实和任何具体的、真正迫在眉睫的危险无关。恐惧的表现形式多种多样：不安、烦忧、焦虑、紧张、压力、畏缩、恐怖等。这种心理上的恐惧总是源于“可能会发生的事件”，而非“当下正在发生的事件”。即你身处此时此刻，而你的思维却跑到了未来。这就创造了一种焦虑的鸿沟。如果你被你的思维控制并失去了当下的力量，这种焦虑的鸿沟就会与你相依相伴。

当下的事情是你可以去应对的，但是你无法应对存在思维中的未来的事情。

资料来源：托利．当下的力量．北京：中信出版社，2007：40－41.

二、在不确定中寻求自己的确定性：生存缝隙

社会理论家鲍曼（2002）在《流动的现代性》一书中提到，现代化的科技进步和生产力发展带来的困境如今更加个体化，在很多方面都是前所未有的，地位、权利和生计的不可靠性，它们未来持续的不确定性，人们对身体、财产、共同体的不安全感，都是在现代生活被感知到的痛苦。在此基础上寻找人生的意义，徒劳又没有意义。现代性像液体一般流动和变形，它无法建立起一套权威的秩序体系，只是在“自我超越”中不断否定。正是在这种条件下，产生了不可靠性、不确定性和不安全感的困境。过去是相对固态化的社会、相互承诺的时代，现在的液态化社会是解除承诺、捉摸不定的时代。不确定性所带来的痛苦被每个个体更切身地感知到了。

近年来职场中的一些现象也让人不安，诸如大规模裁员、生育歧视等种种消息压得人喘不过气。好不容易挤进大公司，但工作也不再稳定，于是大家转而去寻求更稳定的工作，比如考公务员。然而，公务员考试竞争越来越激烈，国家公务员局于 2023 年 10 月 26 日发布信息称：2024 年国考，303.3 万人通过资格审查，平均竞争比为77：1。职场似乎越来越不能带给人安全感，作为大学生的我们应该怎么面对呢？

（一）寻找自己的生存缝隙

诚然，在绝对意义上，生涯充满了不确定性，我们甚至不能确定接下来的一秒会发生什么。然而，作为一个个体，我们可以在不确定中找到相对的确定性。日本作家村上

春树（2017）在《我的职业是小说家》中写道：“整个人间好像还有不少类似‘缝隙’的地方，只要走运，找到适合自己的‘缝隙’，就好歹能生存下去。”找到自己的生存缝隙是我们在面对不确定性的时代大背景下寻求的一种相对的确定性。这种确定性是因为你找到了自己的热爱和优势领域，就像你咬了一口苹果知道是甜的或酸的一样确定，而不是通过分析研究苹果的味道。大家倾向于找热门工作、找社会标准意义上的好工作，常常忽略了可以寻找自己的生涯缝隙。

在我们所处的时代，曾经的大路（比如公务员、大公司、事业单位等）因为涌入了太多的人，而变得越来越艰难，最宽阔的路变得异常狭窄。相反，最狭窄的路因为人少，因为兴趣和坚持，也可能被你走成最宽阔的。因此，对于大部分人而言，最好的机会是找到自己的生存缝隙，即选择自己确定、热爱的领域，哪怕它小众、不热门，关键是你喜欢并且愿意坚持，当然在做的过程中要不断为他人提供价值（其实几乎做什么都可以为他人提供价值）。像村上春树所说的，“好歹能生存下去”，然后是活得好，闯出一片自己的天地。显然，缝隙虽小，但也可以给予人一种踏实感。

● 小采访：多视角看生活

环顾四周，你身边有没有这样的人：哪怕周围有很多不同的声音，或者他自己也可能怀疑过，但是最后，他选择长久地持续在一件事上不断精进，在满足自己的同时，也在影响其他人。

请选择其中的一位采访：是什么让他坚持下来？命运的齿轮开始运转的那一刻发生了什么？在坚持的过程中又经历了哪些？

和同学分享采访感受。

（二）如何找到自己的生存缝隙

找到自己的生存缝隙，并不是坐着靠大脑想象或者分析出来的。例如，你要找到自己喜欢吃的水果，不是靠研究各种水果的成分、他人如何评价不同的水果、水果在市场上的价格等这些知识来做出判断，而是要靠你拿起水果品尝，你的体验和感受会告诉你是否喜欢吃这些水果。

因此，当你在做一件事时，是享受其中，即使没有额外的收获也很愿意做，还是战战兢兢，知道自己无论怎么努力可能都难以做好，这些感受只有你自己知道，不要幻想谁能代替你做出选择。

对此，我们可以从以下三个方向去寻找。

一是通过探索自己的优势力，找到自己愿意投入的领域。具体可以根据第 1 讲的内容，结合自己的体验，觉察自己的生活，反复体会，找到自己的优势力。其实没有什么是一帆风顺的，不过都是日复一日地坚持。

二是屏蔽掉各种外界的杂音，只关注自己内在的体验，看看会浮现出什么。可能有的同学会困惑："我仍然不知道自己的感受"，"我不知道自己喜欢什么"，等等。没有关系，就从当下开始，对自己保持好奇和探索就可以，大学本来就是探索自己的阶段，有迷茫和困惑都是成长中自然的事情。你也可以回到主题 2 中，结合冰山模型的相关内容理解内在世界。切记不要奢求一探便知，这是一个过程。

● 思想实验室

假设你有一台时光机，轻轻闭上眼睛，给自己一两分钟的时间，让自己慢慢平静下来。此刻，试着把目光投向未来，想象一下 5 年或 10 年后的自己，你已经走向工作岗位，此时的你正在工作。你能感受到那种心灵的愉悦感吗？你在做什么？你在哪里？有人在你身边吗？如果有，他们是谁？分别是什么样子？描述越清晰、越具体，越能带来实际的帮助。

如果没有画面，或者画面不清晰，也没有关系，这只是一个开始，你可以只体会愉悦的感受或状态，体验这种愉悦来自事情的哪个部分，那个瞬间你在做什么。

可以给自己更多的时间和机会不断地探索，沉浸在这种愉悦的体验中，画面可能就会出现了。

和组员分享，在活动中你有什么感受？有什么新的启发和收获？

三是怀抱信念，从日常生活中寻找。大部分人在遇到失败或挫折后，可能会不断被内在怀疑的声音干扰，"我是不是永远找不到，或者根本没有什么生存缝隙，也没有什么自己特别想要干的事"。从优势力的视角来看，所有人都有优势力。只不过有些人可能更早找到，还有更多的人经历了各种曲折才能找到。一些找到自己的生存缝隙、越走越宽，直至大放异彩的人，前期有可能经历了十几年，甚至二十多年的曲折。设想一下，如果他们放弃了不断探索，也就不会有后来的成就。相信每个人都有自己的优势领域，但每个人的优势领域并不同，所以，不要只盯着别人取得的成就，只有专注于自己，才能找到自己的生存缝隙。

● 向死而生

想象你现在已经 90 多岁，即将到达生命的尽头。你会后悔没有做哪些事情？睁开眼，列出来。你有什么感受？

● 从日常生活中寻找你可能的生存缝隙

检视能让你感觉自己变得强大，不再脆弱，变得坚韧，而不是随时放弃的事情。

请在手机里准备一个文档，随时记录这些时刻，你的生存缝隙就存在这些日常中。很多时候，我们其实在生命很早的时期就已经感受到了这些，但是往往匆匆掠过，心却不断向外张望。坚持两周后，总结一下有什么感受。

（三）找到自己的生存缝隙后怎么办?

如果你找到了自己的生存缝隙，那么这可能就是你最重要的事情。但是，因为它是独属于你的，根据时间管理四象限法（参考主题 8），它在执行时，往往因为缺少紧急性而被挤出。因此，把它当成重要但不紧急的 B 类事情，持续地耕耘，哪怕短时期内没有人看到，这是属于你的独特的旅程。

三、生涯规划的混沌理论：准备好自己，接纳不确定性

（一）传统生涯理论的局限性——过分追求确定性

传统的生涯规划旨在尽可能地控制变量，专注于寻求确定性，极力降低或避免生涯中的不确定性，希望依据概率原则，充分收集与分析资料，做出不确定情境中的最佳选择，然后在实践中尽量忽略各种突发事件和不确定事件，通过步步为营的行动，达成预定目标。它强调人和职位的匹配，常用的如霍兰德职业测试、16PF 人格测验和 MBTI 人格测试等。通过这种理性分析，可以获得对生涯尽可能多的掌控感。然而，想象是美好的，现实却是残酷的，不管人们是否愿意承认，极力规避的不确定性恰恰是生涯中的常态。因此，对现代快速变化的社会而言，传统生涯理论的局限性愈发凸显。

找到自己的优势力和生存缝隙，是在不确定的生活中找到相对的确定性，这与传统生涯理论的人职匹配固态化的思维有着根本性的不同。

对确定性的生涯追求在大学生身上通常以不合理的生涯信念表现出来，曾维希（2009）在其博士论文中列出了大学生生涯信念中检出率较高的前几种不合理信念：盲目乐观，反映出一种“没有办不到，只有想不到”的生涯期待，有自我膨胀的倾向；完美匹配，对生涯选择的完美与苛刻的期待，认为只有找到最匹配、最适合自己的职业，才有积极的生涯发展；决策了结，希望通过选定一个职业，消除生涯的不确定感；绝对把握，追求绝对的把握，极端审慎，决策时力求获得完全的信息，要求一切必须成竹在胸，表现出完美主义倾向。这些不合理信念倾向于求全求成，认知封闭化、理想化等，表现出对确定性的偏好，一旦被执拗地作为指导生涯发展的行动纲领，则极易导致大学生在职业心理准备的过程中产生各种心理和行为困扰。然而，人们在面对困扰时，通常不是先检视自己的信念是否合理，惯常的反应是认为世界错了，引发诸如逃避现实、不愿承担，或诸如抑郁、焦虑、偏执、悲观、愤怒等心理或行为困扰，从而导致个体对生涯决策犹豫不决，无法积极投入生涯实践活动，无法接触或创造有利于自身成长的生涯机会。

（二）生涯理论的新动向：接受不确定性的智慧

鉴于传统生涯理论遭遇的困境，部分生涯学者开始诉诸接纳、利用生涯中的不确定性，强调积极的不确定性（Gelatt，1989），其中有代表性的是 Mitchell 等（1999）提出的基于混沌理论的计划性巧合理论（planned-happenstance theory）。该理论摒弃了传统理论勾画的完美线性生涯图谱，把生涯看成一幅慢慢展开的画卷，鼓励人们在最大程度上善用机缘。巧合是指一些你无法预测和意识到的一些有潜在发展机遇的事件或情境，计划是指事先准备好以利用机会，如知道自己的兴趣所在，对未发生的事件抱有积极的开放态度。

留意一下身边的人，在大部分人的生涯中，一些看似偶然的事件起到了非常重要的作用。一位名叫霄云的心理工作者在回顾自己的生涯历程时说道："今天，我从事着我热爱的青少年心理工作，这并不是在职业生涯规划中预先设定好目标，然后朝着这个目标努力的结果，而是各种内外部的机缘巧合共同促成的事实。相信我的未来同样会发生一些我无法预测，但可能对我的一生很重要的事情。有一些当时看似无意而普通的念头、事件或想法，促使自己做了一个又一个选择，殊不知，命运的齿轮已经开始转动，但是当时并不一定知道选择的意义。"事实上，我们的每一个当下都在创造自己，正如存在主义大师萨特所说的："我们的决定，决定了我们。"

然而，这绝不因此表明坐等机遇来敲门才是正确之道，计划性巧合不应该同奇幻思维或者对命运的依赖混淆起来。人们可以不对未来形成框架，但需要在现有的条件下学会积极行动。霄云说："我之所以从事心理工作，其实与早期的一些偶然决定相关联。比如，在偶然的机会下接触心理学，这唤醒了我内心探索人类心理活动的好奇心。在跨专业攻读心理学研究生后，虽然并没有规划将来从事什么工作，但是积极地参加了一些心理健康和咨询方面的实践或义务工作。因为兴趣所向，读书时，我还从微薄的生活费中挤出一些费用参加相关培训。当时，这些活动并不符合科研主业，表现出一种偶然性，因为当时的我可以有其他选择。然而，当回望生涯发展的历程时，就发现表现出了一种必然性，因为我做了这样的选择而不是那样的选择。逆势而为是挣扎，顺势而为是努力，而这股'势'恰恰是那一刻自己内心的声音。"相同的事情也发生在苹果公司创始人乔布斯身上，他在斯坦福大学的毕业典礼演讲（乔布斯，2018）中谈道："在大学期间，我无法从蹭书法课这件事看到它与将来的关系。然而，十年之后再回头看，两者之间的关系就非常清楚了。所以，你要相信，那些点点滴滴，会在你未来的生命里，以某种方式串联起来……当时我没有发现，但是现在看来，被苹果公司开除，是我所经历过的最好的事情。"显然，当我们再回头看那些事情时，一件件事情才会像珠子一样串起来，这条串起珠子的绳子正是自己内在"势"的声音。

未来不是规划出来的，而是当下每时每刻的选择和决定引导着未来。当看一个人的过去时，就可以知道他的现在，当看他的过去和现在时，就可以知道他的未来，而你能把握的只有现在。因此，树立合理的生涯信念，积极接受生涯的不确定性，就会促使人们放下对确定性的执着，全身心投入当下的生活，以积极的行动和良好的心态创造机会，去行动、去尝试，做有效的事，而不是坐着空想、徒生焦虑，或等待幸运之神的降临。未来的不确定性与对确定性的过分偏好，将导致选择变得困难，正如上面案例中的张磊，因在人际交往中偏好确定性，导致他无法做出选择。欧文·亚隆在《存在心理治疗》(2003) 中提到："有些人坐在十字路口，因无法同时走两条路而停下来，幻想自己如果坐得够久，两条路就会自动变成一条路，使两者都成为可能。成熟和勇气在于能够放弃这种情形，智慧则在于能找出方法，尽量使自己不至于停止不前。"另外，也有研究（曾维希，2009）发现，已完成大学主科选择的大一学生在学业适应、人际适应、情绪适应及学校向心力等方面均优于未完成主科选择者。在实际工作经验中我们发现，一些生涯目标不确定且执着于先立志再学习的大学生常常哀叹、迷茫感慨，不仅很少积极投入当下的学习，而且对大学生活极不满意。要知道，生活不是突然发生变化的，想要知道未来，看一下自己当下的状态即可，未来的改变就在当下。

计划性巧合理论认为，暂时性的具体明确的目标并不重要，生涯质量的提升才是真正的终极目标，因此主张保持开放的心态，甚至适时地不做决定，并鼓励个人善用好奇心、毅力、弹性、乐观与冒险性等特质，积极掌握或创造有利的机会事件，以获取适合自己的学习经验。其中，好奇心、冒险性是引导人们活出真我的重要品质。就这个意义而言，接受未来的不确定性也是在生涯中不断发现自我、超越自我的精神成长历程。

- 小采访

王阳即将毕业，面临不同的工作选择，他觉得自己陷入了一种困境，无法选择，即总是"既要……又要……"。比如，既要稳定，又要自由；既要轻松，又要工资高……他自己也知道这样不符合现实，但是，他总是无法放下自己的标准。

采访一下即将毕业的师兄师姐，请他们谈一谈当下的状况。他们是如何面对的？与同学分享你有哪些感受和启发。

（三）计划性巧合理论的四步骤生涯咨询模式

计划性巧合理论的四步骤生涯咨询模式或许可以帮助我们理解不确定性在生涯中的重要作用，从而积极地接受、期待或创造机遇。

步骤一，将计划性巧合事件正常化。我们可以回顾自己过去经历中的巧合事件，思考当时究竟做了哪些事才促使这些巧合事件发生。有人因为自己从机遇中获益而感到心虚，觉得好像配不上自己所获得的成绩，不能认同自己。事实上，通过回顾，你会发现，其实是你所做的促成了计划性巧合事件的发生。我们可以对自己进行提问：意料之外的事件如何影响我的生涯发展？我当时是如何让这些偶然事件影响自己的？我怎么看待将来可能会经历的偶然事件？

步骤二，将好奇心转化为学习与探索的动力。可以思考一下：我对什么感到好奇？有哪些机会事件曾引起我的好奇心？我当时采取了哪些措施来提升自己的好奇心？我如何探寻好奇心所蕴含的职业暗示？

步骤三，创造想要的机会事件。可以问问自己以下几个问题，以自我督促，将期望转化为行动：如果可以的话，我希望碰到什么样的机会事件？我现在可以做什么来增加该事件发生的可能性？如果我这样做，我的生活可能会出现什么变化？如果我什么都不做，我的生活可能有什么变化？

步骤四，克服实践过程中的障碍。一些大学生可能对构建意想不到的机会有抵触心理，因为他们缺乏好奇心、毅力、灵活性、乐观的心态和承担风险的能力。更进一步讲，当事人可能持有一些根深蒂固的观念，这些观念阻碍了他们的行动意愿、体验新事物的好奇心、从意想不到的机会中享受学习和探索的动机。这类问题的生涯信念通常与以下心理有关，即认为问题难以克服，害怕其他人的反应，不愿意改变或者学习新的技能。如果你有以上情形，可以针对以下几个问题进行思考：是什么让我一直不去做想做的事？我要怎样评估这个障碍的持久性？我打算如何克服这个障碍，从而推动从理念到切实行动的转变？

事实上，我们需要的不仅仅是突破一些阻碍我们的观念，还要再往前跨一步，把自己的心态调整成突破观念后的状态，这是职场成熟的第一步。比如，龙套演员什么时候能当上主角？当他把龙套当成主角来演绎的时候，而不是说“我怎么可能成为主角，太难了”。在职场中，你把自己当成什么，你就成为什么。当你把自己当成不可或缺的人去做事，你就更可能升职，变得更重要。如果你只把自己看成可有可无的小兵，那么你可能永远在角落里自怨自艾，不被看见。想一想，如果你是上司，你会重用什么样的人？当然是那些和你站在一起，并与你一起思考的人。

● 自我探索

回想一下，今天的你坐在这间教室，来到这所学校，以及生命中一些重要的事情，是命中注定的还是各种机缘巧合促成的？在那些重要的时刻，你做了怎样的选择？本来可以做的选择又是因为什么而放弃了？

分享并讨论，如何在自己的生活中运用四步骤生涯咨询模式？

● 练习与实践

苹果公司的创始人乔布斯曾经分享，在过去33年里，他每天早上都会照镜子，自问：“如果今天是此生最后一日，我要做些什么？”每当他连续很多天都得到一个“没事做”的答案时，他就知道必须有所改变。

结合自己的生活，对此你有什么感受？和组员分享并讨论，如何将其运用到自己的生涯中？

综上，了解与比较未来各种可能的利弊得失当然有其重要性。然而，如果过分执着于计算与比较、预测与规划，反而可能迷失方向。与其寻求掌握的确定性思维，倒不如打破这种思维框架，反观自己的生涯处境，洞察不确定性的本质，并学习与不确定性做朋友，这更是一种勇气与智慧的体现。

本章小结

- 我们在学习中大多在“补短板”，在不断和“短板”做斗争的同时，不仅埋没了优势，还可能陷入自我怀疑。
- 不要费力补短板，而是发展你的优势力，让长处更长。甚至你以为的缺点折射出的可能就是你的优势力，认知升级，世界就改变了。
- 拥有某种优势力并不等于你实际拥有这方面的能力，优势只是一种你更容易发展卓越的潜力，发挥得好成就你，发挥不好你会被反噬。因此，发现优势只是开始，需要我们在日常生活和工作中刻意练习，慢慢改变。
- 在当今社会背景下，大学生出现的职业心理困扰大多与不确定性有关。过往的大路因为涌入太多的人而变得十分拥挤，从而更加不确定。在不确定中寻求自己的确定性，亦即找到自己的生存缝隙，安定自己的内心，持续耕耘，就可能让缝隙变成自己的大道。
- 与此相应，生涯规划理论的新动向是以混沌理论为基础的计划性巧合理论，引导着我们准备好自己，接纳生涯的不确定。

拓展阅读

崔璀 .（2023）. 每个人都有自己的职场优势 . 南京：江苏凤凰文艺出版社 .

鲍曼 .（2002）. 流动的现代性 . 上海：上海三联书店 .

弗洛姆 .（2007）. 逃避自由 . 北京：国际文化出版公司 .

亚隆 .（2009）. 直视骄阳：征服死亡恐惧 . 北京：中国轻工业出版社 .

尹红心，李伟 .（2021）. 费曼学习法（用输出倒逼输入）. 南京：江苏凤凰文艺出版社 .

主题10

生命与成长：踏上成为自己的英雄之旅

你如果不能在你所住之处找到圣地的话，你就不会在任何地方找到它。

——约瑟夫·坎贝尔

生命不是用符号来描述的概念，而是在每个当下一呼一吸的鲜活体验中，离开当下瞬间的呼吸，它就消失了。然而，当生命活在符号描述的概念中，活在“应该”里，远离当下所感所知的体验时，生命就会被阻断，也就感受不到鲜活的体验，就会损害生命的活力。生命像一条河，你如果只是坐在河边思考和研究什么是生命，你就永远无法体验生命。生命又像一个苹果，即使你对它的成分、营养价值、用途等研究得十分透彻，也都比不上咬一口苹果所感受到的生命深度。因为这才是真正地了解苹果，才是真正体验到的生命，而不是应该感受到的生命。

因此，当我们感受到焦虑、抑郁、内耗、退缩等时，通常是活在概念化、符号化的生命中。我们要做的不是对抗这些体验，而是把阻碍生命力流动的东西找出来，移开它们，从而将体验转化为生命力的资源。

本主题将从独立与联结的视角来理解我们生命的成长过程，以及如何把成长过程中的危机与痛苦放到合适的位置，并转化为成长的力量。

第 1 讲 创造自己的生命体验：独立与联结的统一

人赤裸裸地来到这个世界，当离开这个世界时，荣华富贵、权力地位都无法带走。那么，在中间这段人生旅程中，我们要如何成为自己、体验自己呢？来到这世间的使命又是什么呢？实际上，生命体验是非常个体化的，就像大树一样，千姿百态。然而，生命本身又有相似的底层历程。透过这种相似的底层历程，你会发现，生活表面的那些焦虑、抑郁、压力、内耗、退缩等背后都是“小我”在运作。小我即基于人们的知情意行等功能，根据经历建构起来的“我”，是通过思维、感受、概念化建构起来的，因此才会有时而高兴、时而难过的体验。

一、“我”从哪里来

你和朋友发生了矛盾和冲突，两个人谁也不再搭理谁，面对这个状态，你一直在纠结，“这件事虽然他有错，但我也有错，我是向他道歉和好，还是爱理不理随他去呢”。大家在人际关系中可能都有过类似的纠结。道歉和好，是我们内心想要和保持联结的渴望，与他人联结的紧密感可以克服无力和孤独感；爱理不理随他去，是我们想要保持独立或保住自尊的需要，担心因为关系而失去自己的立场，被对方看轻，然而，又可能会感觉到孤独甚至抑郁。这两种力量贯穿我们的生命，有时焦虑、抑郁、内耗等也源于这两种力量的拉扯。那么，独立和联结如何服务于我们的生命成长呢？在我们从婴儿到今天的成长过程中，不同的阶段是如何在独立和联结中寻求平衡的？家庭关系系统又是如何影响我们自己的生命体验以及应对方式的？

- 自我体验：觉察“我”

当你读着这段文字时，如果有人问你在做什么，你可能会回答说：“我在读书。”如此稀松平常的一句话，你可曾想过：自己口中的这个“我”从哪里来？经历了哪些阶段？你是怎样成为今天的“我”的？你又是如何体验这个“我”的？在何种情境下，“我”的体验被视为好的？在何种情境下，“我”的体验被视为坏的？在这里先暂停一分钟，针对这几个问题，请将头脑里冒出来的内容记录下来。

（一）无“我”的婴儿，与世界一体，没有所谓的独立与依赖

0～6 个月婴儿的世界，和我们想象的并不一样。接下来，请你把自己代入婴儿，以第一人称来呈现一个得到正常照护的婴儿可能的精神世界。

> 虽然我已经在身体上和妈妈分开，但是在我的世界里，没有什么内外部之分，因为我和世界本就是一体，我还没有从世界这个统一体中成长起来。我的视力有限，刚出生时只能看到周围 20～30 厘米左右的空间；一个月时，最远可以看到 90 厘米远。我的肚子有时会很难受，后来我知道那叫饿了，但我当时并不知道。我以为我要死掉了，然后就会大哭，一会儿就会有吃的送到我的嘴里，我的肚子又拥有了美好的感觉。当我感觉到屁股下面湿或黏时，过一会儿又会变得干爽起来，我是一个全能的神，我想要什么，什么就会发生。

此阶段的婴儿与世界同一的状态，类似开天辟地前元气未分、模糊一团的状态，新精神分析大师弗洛姆（1987）称之为原始的关联，借着这种与世界的原始纽带与联结，婴儿与世界是一体的无我状态，自然没有所谓的安全与不安全。同时，此阶段的婴儿虽然完全依赖母亲（母亲是抚养者的代言人）的照顾，但是并不知道自己在依赖着母亲，因此被称为绝对依赖阶段（温尼科特，2023），也是一元关系阶段，即自己和母亲是一个人。

（二）6 个月到 3 岁，发现自己和妈妈不是一个人，“我”逐渐形成，从母婴二元关系中朝向独立

该阶段的婴儿随着认知的发展，以及与母亲实际互动的体验，逐渐意识到自己与母亲不是一个人，而是两个人。这表明婴儿进入了母婴二元关系阶段，即我和你，心理学称之为分离个体化过程（郭本禹，2009）。此时的婴儿会从母婴二元关系中发展出自我，因此有比较强烈的分离焦虑，选择依赖还是独立是该阶段婴儿的主要任务。一方面，就生命的本质发展而言，婴儿是朝向独立的。另一方面，婴儿从母婴二元关系中分离出“我”之后，也就知道自己实际上是依赖母亲的照顾才能存活下来。因此，婴儿就会有一种想要回到过去与母亲一体的状态，试图通过控制母亲获得安全感。

（三）3～6 岁，发展到三角关系，朝向外部世界，朝向独立

随着认知的发展，幼儿从母婴二元关系中成长出“我”来，然后透过母亲的眼睛在精神上发现父亲（不是现实的父亲）。下面以男孩为例，梳理一下儿童心理朝向三角关系的发育过程。从母婴关系中成长出自我的儿童，当眼睛看向母亲时，如果母亲的眼睛看向父亲，循着母亲的眼睛朝向，他发现了父亲的存在。如果父亲可以满足母亲的情感需要，夫妻之间就会形成一条亲密的关系纽带。但这个发现让幼儿十分嫉妒，想要“干掉”父亲，这位母婴二元关系之外的“第三者”（弗洛伊德提出的恋母情结），重回与母亲的二人世界。然而，他发现自己相比父亲，力量悬殊，于是打不过父亲就成为父亲，男孩开始向父亲认同（女孩向母亲认同），在失落的同时，也获得了一种解脱感，因为自己不用再为母亲的喜怒哀乐和幸福负责，可以自由地走向外面的世界，朝向独立。如果一个人将全部的幸福快乐寄托在我们身上，我们感受到开心满足的同时也会倍感压力，担心万一满足不了怎么办，从而很难安心地去成为自己。

事实上，该阶段恰恰是现实层面的幼儿第一次离开家，走向外面的世界——幼儿园。这标志着幼儿成功地从母婴二元关系跃迁到“父母我”复杂的三角关系，这是心理发展的

重要里程碑。三角关系是一切社会关系的原型，一切关系都可以还原为三角关系。

然而，如果父母关系糟糕，母亲无法从父亲那里感受到爱，她的爱的能量在婚姻关系中受阻，就会投射到孩子身上。例如，有的母亲常说的典型语言："你就是妈妈的命，我和你爸在一起全是为了你，要不是你，我早就和你爸离婚了"等。此时母亲和孩子之间的关系变得密不透风，孩子承担起了使母亲幸福和快乐的责任。也就是说，当孩子的眼睛看向母亲时，却看到了母亲看向自己的眼睛，或者母亲看向父亲不满、愤怒、嫌弃的眼睛。母亲的情感重新流向孩子，母亲和孩子继续待在情感相互满足的关系中，这阻碍了孩子在精神上向三角关系发展，因此很难真正地在精神上走向独立。正如一句话总结的那样，父亲送给孩子最好的礼物就是爱孩子的母亲，母亲送给孩子最好的礼物是尊重孩子的父亲，父母送给孩子最好的礼物就是良好的夫妻关系。

当然，这只是一种理想状态。事实上，即使是单亲，只要父（母）亲人格成熟、情绪稳定、热爱生活，孩子也可以获得朝向独立的机会和力量，因为他不需要为父（母）亲的情绪负责，就可以到广阔的天地发展自己。美国前总统奥巴马的经历就是典型的例子，他的父亲没有履行任何养育的义务，但奥巴马的母亲总是肯定奥巴马像他的父亲一样，拥有自信等美好品质。因此，即使真实的父亲不在身边，奥巴马透过母亲的眼睛，实际上已经发现了精神上的父亲，并且因为自己是父亲的儿子而骄傲，成功发展到了三角关系阶段。

（四）小学以后

一般而言，随着儿童年龄的增长，其与世界的原始纽带断裂的程度越高，就越渴望自由与独立。在儿童成长的过程中，有几个自我意识快速发展和高涨的阶段。例如，6～7岁开始上学，12岁进入青春期，18岁成人等。然而，矛盾的是，我们越追求独立，可能越会体验到自己的孤独状态和世界的强大，从而产生一种无能为力感和焦虑感。

在朝向独立的过程中，我们透过成人的眼睛看自己，通过环境的反馈不断定义和塑造自己，形成了自动化的反应模式。我们通常认为自己从小就这样，很少想过这些反应模式是学习来的，并且是幼年时为了更好地活下来而创造出来的生存智慧和策略。一些积极的反应模式给我们带来了美好的生命体验和力量，而一些负面的反应模式可能把我们不断带入负面的生命体验，甚至消耗我们的力量，使我们无法信任自己、怀疑、焦虑等。

当我们能够觉察自己的反应模式，站在新的位置上看自己，看到自己生命的历程时，就会发现一个不一样的自己。就像闭着眼睛行走的人睁开眼睛一样，我们在这个当下就可以开始选择并创造自己的人生。

二、人们克服焦虑、孤独感的方式：独立还是联结，这是个问题

人们常说小时候盼望着长大，长大后又留恋童年的无忧无虑。当人们失去了与世界那原始一体的关联纽带，独自面对世界的渺小感令人感到不安和难以忍受，这时便需要想办法来处理或摆脱这些负面体验。通常有以下三种解决方案：

一是提升自己的力量，在竞争中取胜。面对比自己强大而无法把控的世界，我们要想感觉更安全，自然的逻辑就是不断提升自己的力量，自己越强大，与强大世界的差距就会缩小。那么，怎么评估自己确实更强大了呢？即在竞争中胜出。如果我们能够不断地从人群中胜出，就意味着我们的能力在不断地增长。然而，这从一开始就是一项不可能完成的任务，因为一滴水再强大，也不可能比孕育它的大海强大。但是，人们对此并没有觉知，只是被这种焦虑或不安全驱使，像被绑上一架无法停下来的战车一样。有人可能会想，时间宝贵，往前冲才是最重要的。我都这么努力了，如果我还是觉得无力，那么就一定是我还不够强大。该逻辑放在一个片段里说得通，然而，放到浩瀚的宇宙中，从一开始，方向就是错误的，注定要失败。因为谁也不能保证自己永远赢得胜利，什么都能做好。因此，面对失败一味地责备自己，焦虑、恐惧、害怕失败、罪疚感等就会永远如影随形，摆脱不掉。当这种负面情绪积累到一定程度时，极易出现各种心理困扰或心理障碍。

张三各方面都做得很好，但他总是对自己不满意，只要他停下来，一股莫名的焦虑感就会驱使着他继续学习、继续做事，只有不停学习、做事，他才能获得一种我在努力长本领的感受。不久，他的胃部出现炎症，情绪抑郁，浑身没劲，早上不想起床，只想躺着。但是，他对自己的责备从未停止，“为何别人能够积极阳光地做事，我却什么都不想干”，等等，这样的罪责感加重了他的抑郁，他进入了一种恶性循环。

二是借助原始纽带试图返回，趋同于他人、放弃个体独立性。这种方法是通过放弃对独立的需要，来克服与外界隔离造成的孤独感，试图重获安全。然而，正如万物中只有人类会失眠一样（失眠是因为我们有自我意识，这是人类成为万物之灵的原因，也是人类各种痛苦持续的根源），一旦迈出了一元关系，有了自我意识，就只能向前走。显然，退回去的动力只是逃避痛苦，并不能解决问题。

具体的心理过程如下：人们为了逃避孤独感，可能会放弃自己成长中独立自由的倾向，希望与某人、某事或某个团体结合起来，以便通过这种融合感获得自己所缺少的力量。换句话说，也就是寻求新的束缚，来代替已失去的原始纽带的束缚。通过这种方式，可以获得某种意义上的融合感、归属感、依赖感等，感受到相对的安全。因此，臣服于某个团体或某种强大的力量，从而感受到联结，常以失去独立性为代价（弗洛姆，1987）。当然，属于某个团体并不意味着就会失去独立性，判断的标准是人的内在感受和臣服的初心。

随着社会变化周期越来越短，世界的强大和难以掌控也以不确定性使人们更加地想要确定安全、渴望安全。近几年报考人数持续创新高的考公务员热就是这场大潮的一个典型表现，因为国家公务员系统是由国家设立和管理的公务员选拔、管理和服务机构，其作为一个从中央到地方的庞大系统，在个体面对未来感受到极大不确定性的预期焦虑下，能够给身在其中的个体提供较高程度的稳定和安全需要。然而，公务员只是一个为国家服务的角色，并不是一个避难所。

三是通过自发性活动与社会建立健康积极的心理联结。家庭治疗先驱萨提亚曾经说过，两个选择不是选择，是两难，只有三个选择才是选择。与社会建立健康积极的心理联结即第三个选择。显然，面对独立和依赖所带来的两难，人们不能实现真正的幸福和成长。如果没有真正的独立，也就失去了与世界原始纽带的正确连接，生命就易处于一种缺乏意义和方向的状态，陷入迷茫。

独立与自由是否便意味着孤立与恐惧？还是有某种积极性的自由状态？在这种状态中，个人是可以独立生存并与世界及他人合为一体的。弗洛姆（1987）提出人在保持独立的同时仍然是全人类的完整的一部分。获得这种自由的方法是个体通过自由完整人格的自发性活动，与社会建立健康积极的联结。

自发性活动则是自我出于自由选择的活动，而不是被强迫选择的活动。这里的活动并不是指“做某件事”，而是指创造性活动能力。比如，婴儿自发地投入活动、你自发地做自己喜欢做的事情时那种专注和忘我状态等。我们大多数人至少在刹那间体验过自发性行为，那是我们真正快乐的时刻。比如，当你忽然间捕捉到大地风光的壮丽时；当你豁然开朗领略到一些真理时；当你感受到一种新鲜的感官愉悦时；当你对另外一个人情不自禁地涌出爱恋时；当你体验到对这个世界的爱时；等等。在那个瞬间，我们会体验到自发性行为的样子；在那一刻，我们和世界融为一体，和世界有了联结。典型的如那些呈现出成熟人格的人，他们和世界建立的是一种健康的积极联结。我们敬爱的周总理 12 岁时立志“为中华之崛起而读书”。是以爱与世界联结，把自己和中华民族的命运联结在了一起。想一想，如果没有这些体验，我们的生活该是什么样子的？

- 捕捉生活中的自发性行为

回顾一下自己的生活，列出你感受到自发性行为的瞬间。那一刻的体验是怎样的？

为什么自发性活动是解决之道呢？根据弗洛姆（1987）的观点，以消极性竞争为主的独立会使个人感到被孤立，即他与世界的关系是远不可及的和不可信任的，他自己也是脆弱的和不断受到威胁的。自发性活动使人再度与自然、世界以及他人结合起来。这其中有一个最主要的因素，即爱心，此处的爱心不是把自己融入另外一个灵魂，也不是占有他人，而是自发地肯定他人，在保持自我的同时，将自己与他人合为一体。此外，还有工作，这里的工作并不是指为了逃避孤独感强迫自己工作，也不是为了实现主宰主动工作，而是一种创造，借着创造的行为，达到人与世界的合一。不管做什么工作，一个人都必须肯定自我，同时又自发地爱着他人与世界。在此完全的意义上，才能解决消极的独立和依赖产生的不安全感和痛苦。

当然，或许有同学会说，这样的要求太高了，我每天做的事情几乎都不是自己愿意做的，我也无法在看到别人比我优秀时真诚自发地肯定他人。我也很少自发地感受到对他人、对世界的爱，我常感受到痛苦、无聊和无意义，我甚至都不知道到底什么是幸福，也不知道自己到底想要什么……事实上，这就是在充满不确定性的时代大背景下大多数人的生存状态，但是大多数人的生存状态并不代表就是一种不需要改变和调整的状态。只要认知发生改变，在行动上去尝试新的可能，每个人都可能在现有的条件和环境下，尽可能在最大程度上掌管自己的人生。况且，虽然难以到达，但是只要我们知道还有一条路可以走，心理上也会获得一些安慰。当然，对于我们绝大部分人来说，即使选择了第三条路，通常也是一种在路上的状态。

此外，说到自发性，弗洛姆的描述或许给人的感觉像是一种可遇不可求、来无影去无踪的状态。事实上，自发性的核心是自我意识的积极主动，而不是被动强迫。因此，只要不断训练和提升自己的觉察力，对自己的想法、念头、情绪等更敏锐地觉知，就会看到刺激和反应之间的空隙，在这个空隙中，就是意识进行选择的机会，也是你掌控自己生命体验的出发点。同时，基于对自己的反应模式前因后果的了解，即使不一定能在行动上立刻看到改变，我们的内心也会增加更多的掌控感。

当我们专注于自己的成长，而不是专注于超过他人或赢得竞争时，就会越来越多地体验到生命的力量，不但能够感受到世界的更多善意，也会自然生出更多对世界的善意，那种基于恐惧的放弃自我的依赖，与世界对立的独立而产生的孤独感，就会越来越少。这是解决人们感受到的痛苦的更健康的方法。

我们感受到的精神内耗、无意义感、空虚、无力、焦虑、恐惧、不安全、抑郁等，排除在现代化过程中社会的迅速变迁所带来的越来越多的不确定性和内卷，其实是人们在面对问题时所有的一些表面反应。当我们绕到问题的背后，理解问题的本质，就会创造出更合适的应对方法，拒绝和逃避只会让问题更严重，直面并接纳问题，才有机会推动真正的改变发生。因此，在现有的条件和处境下，我们可以带着觉察主动选择不同的应对方法，哪怕刚开始的改变很小，甚至很艰难，但是只要朝向健康的道路，当光明越来越多时，黑暗就会越来越少。毕竟，从来没有一种完美的外部环境来免除人类存在的痛苦。光与影总会同时存在，甚至可以说，光线越强的地方，阴影就会越暗，要活出丰富的人生，恰恰需要掌握并调好这光与影的平衡（吉利根，迪尔茨，2012）。

小活动大效果：“我选择……”

- 学习为自己负责，以“我”开头来表达自己。体验一切感受和行动都是“我”的，当我们体验到“我”的力量时，就更可能做出积极的改变。
- 首先进行两分钟的自由联想，写出“我不得不……”。
- 然后改成“我选择……”。

我不得不	我选择

● 向同伴大声读出这两种句式，体会这两种句式所带来的感受有什么不同。

分享感受并讨论，我们如何学习为自己负责？

____

____

____

专业链接

如何与抑郁相处

题记：马修·约翰斯通（Matthew Johnstone）是一名抑郁症患者。他用简单的文字和插画，讲述了自己与抑郁症的相处过程。他把抑郁描述成一条黑狗，从一开始被黑狗控制，到最后逐渐和这条黑狗做朋友。他创作了绘本及短片《我有一条黑狗，它名叫抑郁》。该短片成为 2012 年世界卫生组织的科普宣传片。

下面是短片的文字版，相关视频可在网络上查找观看。

我有一条黑狗，它名叫抑郁。

每当这条黑狗出现时，我就会感到空虚，生活也慢了下来。它总是不期而至地出现在我的面前。

黑狗让我变得像个老人一样，整个世界好像都在享受生活，我却只能与黑狗相伴。那些曾带给我快乐的事情，忽然消失了。

它让我失去食欲，它蚕食掉我的记忆力和集中精力的能力。拖着这条黑狗，无论去哪里或者做什么，都需要超人的力量。在社交场合，它总会找出我的自信，将其赶走。我最害怕的是被人知道，我担心别人会议论我。黑狗带来的羞愧和耻辱，我总是担心被人知道。于是，我很用力地把它藏起来。掩藏情绪的生活，让人精疲力竭。黑狗让我消极地思考和言谈，它让我烦躁不安，难以相处。它夺走了我的爱，埋藏了温情。它最爱在半夜把我唤醒，让我心中只有那些消极的念头，提醒自己将会面对多么心力交瘁的一天。在生活中有一条黑狗，不仅仅是感到一点低落、悲伤或者忧郁。最糟糕的时候，所有的感觉都会失去。

我一天天地变老，黑狗一天天地长大，它开始不离我的左右。我用尽了一切办法，想把它赶走，但获胜的往往是它。和重新站起来相比，躺倒变得更容易。我成了给自己开药的专家，但从未真的有效过。最后，我感到自己和整个世界失去了联系，黑狗最终绑架了我的生活。

当生活不再有丝毫快乐，你就开始质疑生活的意义。

幸运的是，在那个时候，我寻求了专业的帮助。那是我迈向康复的第一步，也是我生命的一个转折点。我了解到，无论是谁，无数的人都在被这条黑狗侵扰，任何人都可能被它袭击。

我了解到，不存在什么灵丹妙药或魔法药丸。药物对部分人有帮助，其他人还要辅以另外的手段。我还了解到，向亲近的人表达出自己的真实感情，能起到关键的疗效。最重要的是，我学会不再害怕黑狗，甚至向它耍了一些自己的花招。你越是疲劳和紧张，它就叫得越凶，所以，学会让自己平静下来，很重要。

临床证明，经常锻炼对缓解轻度或中度抑郁的效果不比抗抑郁药差。去走走，去跑步吧。把这条笨狗甩在后面。写一份情绪日记，把想法写在纸上是一种宣泄方式，往往也有助于看清问题，也记录下那些值得感恩的事情。最重要的是要记住，不管情况变得多么糟糕，只要你走向正确的方向，找适当的人交流，黑狗降临的日子一定会过去。

我不会感谢这条黑狗，但它却是一位神奇的老师，它迫使我重新认识生活，让生活变得更简单。我认识到，与其逃避我的问题，不如拥抱它们。黑狗也许将永远是我生命的一部分，但它再也不会是以前的那只野兽，我们达成了理解。通过学习知识、耐心、克制和幽默，最凶狠的黑狗也可以被制伏。假如你身处困境，一定不要害怕求助，这样做一点都不丢人，只有错过生活才是遗憾。

资料来源：世卫组织科普宣传片：我有一条黑狗，它名叫抑郁．（2022 - 10 - 03）[2024 - 08 - 15]. https://www.sohu.com/a/589841610_121124330.

三、自我成长通常会经历什么样的路径

自我成长既是一个不断觉察、发现、聚焦改变、朝向成长的历程，也是一个不断从无意识自动化反应到更多觉察、主动掌管自己、为自己负责，再到主动创造生命体验的历程。

（一）觉察是改变的基础和起点

我们不可能改变不知道的内容，因此，觉察是改变的基础和起点。可以说，没有觉

察就没有真正持续的改变。当然，改变的发生不是瞬时的，而是一个漫长的过程，通常会经历以下五个阶段。

第一阶段，无知无觉。当面对生活中感觉无法解决的困扰时，就像前面有一个坑，你以前每次都掉进去，但不知道为何会掉进去。在每次掉进去后，你可能会产生各种各样的情绪感受，如无助、愤怒、自责甚至绝望等。此时是无知无觉的状态，即我不知道我为何会掉进去。

第二阶段，后知后觉。通过不断地学习，你可能在下一次掉进去后意识到"哦，我刚才又掉进了那一个坑，我下次要注意一些"。这时，你处于后知后觉的状态。当然，意识到这一点并不能帮助你避开这个坑，因为惯性的强大力量，你可能仍然会不断地掉进去。

第三阶段，当知当觉。经过第二阶段的练习，你可能在即将掉进去的时候，听到内心有一个声音说"又要掉进去了，又是这样，不要掉进去……"然而，在强大的惯性力量下，你又掉进去了。

第四阶段，先知先觉。持续的练习提升了你的觉察力，不断掉进坑里让你感到痛苦，此时，不断提高的觉察力和痛苦体验这两股力量推动着你下定决心改变。当你又一次快要掉进坑里、觉察到要启动自动化反应时，已经有力量觉知到接下来要发生的事情。于是，这一次你选择停下来或绕开这个坑继续前行。

第五阶段，你走上了另一条路。至此，一个改变才最终发生，即从觉察到行为的改变。

当长期形成的自动化反应模式出现时或者出现后能够被觉察到，改变就已经在发生。

当然，这五个阶段不是线性的。对于同样的坑，我们有可能在自我价值感高时及时绕开，当自我价值感低时也可能继续掉进去，这是一个螺旋式上升的过程。

（二）觉察可以让自动化反应转变为选择性回应

日常生活中的练习和成长，其实就是在面对压力情境时减少自动化反应，增加主动的选择性回应。压力情境下的自动化反应主要是伴随着过去经历形成的习惯性模式，我们像水中的浮萍一样无法掌控自己，又像一个闭着眼睛的路人，只能跟着感觉走。选择性回应即是睁开眼睛，当看到自己的行为和结果的因果关系时，就可能开始主动做出选择。

（三）把生活的每个当下当成练习和成长的机会

在生活中，当我们处在没有压力的情境中时，可能会想下次面临压力情境时如何回应。然而，一旦真正面临压力情境，瞬间可能就会做出自动化反应。我们只有把每个当下当成成长和练习的机会，才有可能通过刻意练习使自动化反应转变为选择性回应。打个比方，就像孙悟空一样，他可以通过七十二般变化变成另一个模样，在平和的状态下让人难以察觉。然而，当被攻击或遇到危险需要防御时，或者因为得意而忘形时，瞬间就会暴露无遗或露出部分原形。因此，我们需要把日常生活中的压力情境当成练习的机会，才可能不断成长。

● 觉察与创造新的可能

留意一下，在日常生活中当你感觉到有负面情绪或者事情不顺利时，你通常会有哪些无奈被动的“受害者”的语言。比如，“我怎么这么倒霉，我也没办法，怎么都针对我”等。选择三句出现频率较高的话写下来，体会这些语言所带来的“对自己”和“对世界”的感受。

试着把这三句话分别改成自己是主动的影响者，例如，将“我怎么这么倒霉”，改为“我选择做……从而改变现状”等。读一读，体会改写后“对自己”和“对世界”的感受。

和小伙伴分享并讨论，如何在生活中运用上述自我成长的路径，把被动的受害者体验改为主动的影响者体验，建立与世界的健康联结？

四、珍惜生命，珍惜的是什么

我们常说珍惜生命，那么珍惜的到底是什么呢？难道只是生物学意义上的生命吗？其实，珍惜生命就是珍惜每一个当下的体验。

作为网络原住民一代，我们的生命体验很容易被概念、符号和过量信息架空，因此与真实的世界产生了越来越多的隔膜。比如，这个东西是否好，我该如何选择，我该如何体验，我的感受对不对等这些生命个性化的体验，有部分同学都要参考网友的意见。这其实不是你当下的体验，只是充斥在头脑中的来自大众的想法，因此，你没有活在当下，而是活在过去的符号里。像前面提到的研究苹果和吃苹果的不同，事实上，只有在你咬下苹果的那一刻，你才和苹果有了真实的联结。当我们和苹果有了真实的联结时，就会体验到今天和昨天不一样，日子不再是简单的重复，生命就会变得更有活力。

日常生活的每一刻都是练习的场合，正如《西游记》中唐僧去西天取经，虽然名义上为取经，好像拿到经书才是达到目标，才算圆满，但事实上，取经之路才是取经的关键。设想一下，如果他一心只是想着拿到经书，对于途中遇到的其他人的生死不管不顾，那他又怎么能够取得真经得道成佛呢！显然，取经的过程才是取经的场所，是真正的成长之路。因此，珍惜每一个当下，主动选择，积极创造每一个当下的体验，这可以让我们的大学生活更有意义，帮助我们取得自己的“真经”。

《奥义书》中有这样一则小故事：

> 有一天，徒弟向师父问“道”。师父说：“将这把盐放到水中，然后明天再来。”
>
> 徒弟照办了。第二天，师父吩咐徒弟说：“把昨天放到水中的盐拿来。”徒弟向水中看去，再也看不到盐。
>
> 师父又说：“从这边尝一下水，它的味道如何？”
>
> “有咸味。”徒弟说。
>
> “再从那边尝尝，味道如何？”
>
> “还是咸味。”
>
> 师父说：“再到水中去找一次盐，然后来见我。”
>
> 徒弟照办，然后对师父说：“我看不到盐，我只看到水。”
>
> 师父说：“同样地，你看不到道，但事实上，它已在其中。”

生命之道亦不在生命之外，它已融入生命之河，呈现在每一个当下的体验中，只待我们去品尝。

● “取经”锦囊：提升对生活的感受力

留意并记录积极体验。每天至少一条，记录 3～5 天。

记录内容：每天生活中那些微不足道的小事情、小确幸，可以是一种感觉、一句话、一个眼神、一个动作……

分享活动感受。

____

____

____

____

● 锦囊反馈：想都是问题和阻碍，做才有出路和改变的可能

为了让大家更投入地在生活中练习，在这里反馈一些大学生的真实感受和效果。

- 几天记录下来，我觉察到原本想毁灭世界的每一天，竟然有这么多小美好，感觉自己以后可以改变一下关注的重点，把注意力多放在这些美好的事情上。
- 如果多珍惜一下生活中的美好，每一天都是新的，每一天都很温暖，感谢遇到的每一个人！
- 我一直以为我的生活无趣而又冗杂。可是，当我开始注意、刻意去发现每天让我开心的事情时，我突然觉得，原来世界是如此温柔美好，我的生活中也会有星星，散发出忽明忽暗的光。也许生活中情绪低落的时刻，是我们忽视了身边的人、身边的美丽。
- 感觉自己似乎有点恢复了感受的能力，感受纯粹的情感，感受真正的美，感受他人的在意，可以短暂地忘却虚无主义的阴影。
- 真实地让我感受到了生活是什么样的，能够更细致地观察生活，记录下来的欣喜

的瞬间，能为以后我遇见不高兴的事提供安慰和鼓励。

- 感谢这个锦囊，让我发现除了繁杂的作业和生活琐事，我的生活中还有这么多美好的瞬间，如果没有记录，可能这么多积极的情绪就像手中的沙子一样从指缝间流走，像是从来没有来过我的生活一样。
- 感觉每天都有美好的小事在发生，生活也不像自己想象中的那么枯燥乏味。
- 你所回忆的内容可以影响你对过去经历的看法。

第 2 讲　危机与成长：找到自己的英雄之旅

大海是一名大一新生，高中时的他在学校里算得上是风云人物。他也曾憧憬着进入大学，也一定能继续他的辉煌，甚至实现更加璀璨的成就，毕竟在大学可以发挥的地方要比高中多得多。

然而，上大学之后，他发现身边优秀的同学是如此之多，感受到了一股隐隐的压力。之前，他从来没有想过大学中的人际交往会让自己困扰，学习和生活都变得不确定了。大海失去了努力的方向，经过一天的忙碌之后，他没有感觉到高中时的那种充实，反倒是空虚、迷茫和混乱。大海不断地被自我怀疑折磨：我之前的自信是不是全是假的？是不是我本来就没有什么能力？努力可能也没什么用，但不努力心里更慌，我该怎么办？大海无法忍受这样的状态，他查阅了相关的书籍，找同学交流，然而，生活仍然没有什么改变。

认知的转变发生在一堂课上，老师说："如果现在的你面对变化，处在迷茫和混乱中，那么祝贺你。"大海听到这里，感到有点莫名其妙，同时也被吊起了好奇心，"这有什么好祝贺的"。接着，老师说了一句话，虽然他还没有完全明白，但足以给正焦灼地处在迷茫挣扎中的大海带来力量。大海热泪盈眶，这是一种在痛苦中找到意义的感觉，一种我没有在后退，仍然在前进的安慰和喜悦。老师说："这说明你处在成为自己的英雄之旅，这是成为英雄必然要有的历练。"

一、何谓英雄之旅？平凡的你我皆在此旅程中

华为创始人任正非 43 岁失业、离婚、负债，带着仅有的 2 万块钱在仓库里成立了华为。经历了爱将背叛、公司管理失序、美国打压等一系列危机，华为才有了今天的荣耀。任正非说："一个企业经历九死一生还能好好地活着，这才是真正的成功。华为没有成功，只是在成长。"

苹果公司创始人乔布斯在 20 岁时创办苹果公司，30 岁时被苹果公司董事会踢出公司，遭遇了生命中毁灭性的打击。多年后，他在重拾荣耀之时说："事实证明，被苹果公司开掉是我这一生所经历过的最棒的事，尽管当时的我并未意识到。"

集儒释道三家精华于一身的明代王阳明，因反对宦官刘瑾，被廷杖四十，谪贬至贵州龙场。在龙场这既安静又困难的环境里，王阳明结合历年来的遭遇，日夜反省。在一天半夜里，他忽然有了顿悟，认为心是感应万事万物的根本，由此提出心即理的命题。他认识到，“圣人之道，吾性自足，向之求理于事物者误也”。他提出了心学，其学问至今仍在影响着很多人，是我国传统文化中的一颗璀璨明珠。

古今中外，每一个真正成长的人都会历经苦难，走出一条属于自己的成长道路，这就是“英雄之旅”。

神话学大师坎贝尔（2016）通过引入荣格的“原型”学说（荣格，2011），提出了“英雄之旅”的模型，即各类神话故事中的英雄主角。尽管背景、个性、历程都各不相同，但实质上都是同样的一个人。不论怎么变化，英雄的故事总是一段旅程。英雄会离开舒适平淡的日常环境，到充满挑战的陌生世界去完成梦想。这段旅程既可以是一次外部游历，比如去一个明确的地点，迷宫、森林、洞穴、陌生的城市或者国家等，也可以是在头脑、内心、精神领域里展开的一次蜕变。

基于此模型，同学们离开自己熟悉的家乡，进入大学去追寻和完成梦想，就是一段典型的英雄之旅。这段旅程注定不会舒适平淡，可能会充满危机、诱惑、恐惧、绝望和重重考验，也可能遭遇不友善者，也会得到朋友和导师的指引，突破重重障碍和挑战，赢得最后的胜利。

这里的英雄并非指那些打打杀杀的英雄，而是在突破重重障碍，经历了生活最残酷的样子后，与世界和解，与自己和解，成为自己。他的内在发生了根本性的转变，他的外在不是飞扬跋扈，反而可能稀松平常，甚至特别平凡。

唐僧西天取经是一次典型的完整英雄之旅，历经了九九八十一难，取经团队在一次次的劫难中接受内外的历练。团队中不同的人就像个体内在不同的声音，外在的历练是各种妖魔鬼怪，师徒四人在超越自己的同时，成为自己，最后带着能够给社稷带来安定、帮助众生获得幸福的真经回归，重返出发点。

英雄之旅，作为人类精神的一种“原型”，象征着人类精神蜕变道路上的主要历程。我们每一个人的意识都是一个正走在路上的“英雄”。英雄之旅亦即个体意识的“觉醒”之旅，逐渐认识自我、寻找自我的意义，最终看到自我与他人及宇宙的整体性。每个人都需要一段英雄之旅，每个人也都在这段旅程中，关键的是能否够意识到自己正处在这段旅程中。理解了痛苦的意义，人们就更可能变得能够忍受并且超越当下的痛苦，书写自己的英雄故事。

如果你能够看到自己身处英雄之旅中，就会有更多的自信心和勇气，就会意识到跌倒的地方就是你的使命所在。你作为自己人生的主角，肩负的使命是什么？是要找到自己，实现内在的成长，还是要实现外在的成就？

● 自我探索

在过往的经历中，你是否体验过人生的至暗时刻？当时经历了什么？是如何走出来的？回望过去，你又有什么新的感受？如果采用英雄之旅的视角，又有什么新的启发？

二、走进英雄之旅，识别旅程的阶段

我们的人生就是一段英雄之旅，这段旅程并非一次性到达终点，而是一次次启程、经受历练、回归的过程。每一次旅途都可能有不同的开端、考验和结局。

一个完整的英雄之旅模型，亦即人类意识觉醒的三大部分，分别为启程、启蒙和归来，对应着人生最重要的心理转折，总共包括 17 个阶段（坎贝尔，2016）。

接下来，我们将结合同学们当下的生活背景，试着粗略梳理一下英雄之旅的三个部分。各个部分包括的具体阶段的具体内容不便在此逐一展开，感兴趣的同学可以继续深入阅读相关推荐书籍。

小提示

英雄之旅的具体内容，由于篇幅所限，本讲简略解释，想要详细了解的同学，请深入阅读《千面英雄》和《英雄的旅程》这两本书（见参考文献）。

不过，由于我们具体的生活经历和完整的英雄之旅模型并非一一对应，因此，此处的梳理只是帮助我们更好地理解当下的生活在成长道路中的位置（见图 10－1）。此外，由于每位同学的准备状态不同，可能会有不同的体验。因此，请大家试着代入自己，走进并体验英雄之旅。

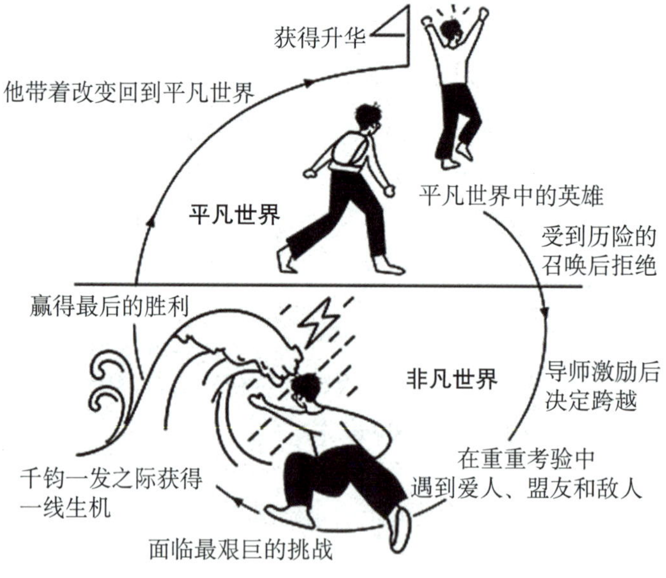

图 10－1　平凡世界和非凡世界

（一）启程，即离开平凡世界，进入未知世界

这个部分包括 5 个阶段，分别是：历险的召唤、拒绝召唤、超自然的援助、跨越第一个阈限、鲸鱼之腹。

在启程部分，英雄故事开始之前，我们会听到一些召唤，就像我们在生活中心里偶尔生起的念头。比如，我们想要考上理想的大学，实现自己的梦想。然而，当我们真的要离开家去上大学时，面对陌生的未知世界，我们的心中有时又会有抗拒。当然，如果未知的世界可以帮助我们摆脱当下的痛苦，那么我们便选择欣然前往。不管经历了怎样的抗拒，最终我们都会认真对待，把这件事当成自己要做的事，认真准备，从日常熟悉的生活环境离开，准备启程。

（二）启蒙，即接受重重的考验

这是英雄之旅的重头戏，包括 6 个阶段，分别是：考验之路、遇到女神、妖妇的诱惑、与天父重新和好、奉若神明、最终的恩赐。这些阶段的命名是在象征层面描述英雄精神层面的变化。在这个部分，英雄接受了召唤，舍弃旧身份，进入变幻不定的冒险世界，经受一系列考验，在肉体上和精神上得到成长。

启程意味着从日常的生活环境离开，启蒙则是在一个超自然的世界中冒险，并让我们获得成长。当我们决定走上这趟冒险之旅的时候，我们就跨过了一道神秘的门槛。以前的世界消失了，舒适区不见了，现在是一个未知、危险以及充满希望的领域。接下来将会面临困难、挑战、痛苦、危险和巨大的不确定性，原来的思维模式和习惯在新的世界已经派不上用场，我们需要不断地放下旧有的执念和思维模式，学习新的思维和成长模式。

在这个过程中，我们会遇到一个守护者或者是象征意义上的女神，抑或爱人、盟友。这个角色既可能是一个人，也可能是一个榜样、一本书，抑或一门课程。然而，这次英雄之旅终究是我们自己的，没有人能代替我们走完，但是因为这些守护者，我们充分理解了在自己身上发生的事情，所以走得更加坚定。

当然，我们还会遇到一些敌人，也即故事中的反派角色。看起来，他们会给我们带来很多困难和障碍，需要我们去战胜。然而，事实上，问题和困难不在于外。不是这些反派角色带给我们阻碍，而是我们的内心带给我们阻碍。这些反派角色的意义只是让我们透过他们看清自己，最终意识到并不一定是他人的问题，而是我们和其他人的关系出了问题。在这个过程中，我们不断地战胜敌人，也不断地战胜自我，拥有新的资源和思维模式，最终获得信心和智慧，变成一个全新的人。

事实上，在个体成长过程中，能理解生命的必然，坦然承受考验的痛苦，正是一个人真正成熟的标志。英雄则是通过历险释放自己的潜力，他不再被痛苦和快乐包围，而是包容着痛苦与快乐，变得极其平和沉静。所有的阻碍会消失，英雄会获得新的智慧，也会获得另一种提升，他不再只顾自己，而是更多地献身于他所处的社群整体。接下来，他会产生顿悟，自己要从过去经历的那些痛苦、沮丧和失望中解脱出来，秘诀就在

于自己的内心，只是他过去从来都没有发现，也没有利用。

结合人格主题的内容和本主题第 1 讲我们与世界建立联结的方式，我们可以看到，该阶段英雄获得的成长是人格底层操作系统的升级，他超越自己，更多地关注和献身于他人及社群的福祉，他变成一个真正的集体主义者，在获得精神独立的同时，与世界达成健康的联结和统一。在外部世界，英雄因为心中有他人的福祉，在他人的合力支持下，其往往也会获得较大的世俗意义上的成功。

参照英雄之旅的模型，前文中的大海在大学生活中经历了种种外在和内在的痛苦。在这个过程中，他可能会寻求心理咨询，遇到一位信任的老师，或者一位朋友，甚至是一门课程，最终发现自己的痛苦源于一直以来定义自己的模式。他会理解过去的自己是基于与他人的比较将自己定义为优秀者，而如今在比较中处于劣势时，会认为自己不再是优秀的。看到自己旧有的思维和行为模式，他可以更加坚定和勇敢地去突破过去的自己。自认为过去在自己没考好、社团表现不佳时等看不起自己、说话阴阳怪气的人，并不是针对自己的敌人，可能这一切都是自己内心的幻想，过度敏感、自以为是地解读了他人的语言。其实，如果翻译过来，应该是“我觉得自己不再优秀，我认为自己是一个失败者，没有能力，我不喜欢自己，我看不起自己……”退一步，即使真的有人看不起自己，只要自己的内核足够稳定，就不会对“我”有什么影响，也就不会出现在“我”的生命里，成为“我”的敌人。

启蒙对我们最有价值的启示是，一切艰难、诱惑、恐惧都如同烈火冶金——虚假的会被烧尽，留下的是烁烁真金，这是深藏于每个人内心深处，却一直被忽视的“秘密宝藏”。只要经过充分的精炼与打磨，它就会闪闪发光。

（三）归来，即英雄载誉而归

这个部分包括 6 个阶段，分别是：拒绝回归、借助魔法逃脱、来自外界的解救、跨越归来的阈限、两个世界的主宰、生活的自由。

当英雄完成了自己的冒险之旅，他需要带着能够改变生命和世界的战利品（财宝、秘密、自信、命运、能力等）回归，回到他出发的地方，把他所得到的宝藏用于复兴社群、国家、地球或者宇宙。如同唐僧在取得真经后回到大唐弘扬佛法，王阳明得道后进行讲学等，造福于他人和社会。

此外，英雄得到宝物后，并非一定能够回归。佛陀在悟道之后，曾经怀疑自己的成佛之道是否能够传播，也有得道者在自己得道之后飞升离去。事实上，在神话和传说中，确实有许多英雄角色选择永远居住在长生不老的极乐岛上。还有一些人得道之后退隐江湖，不问世事等。这都是英雄拒绝回归的象征。因为英雄要返回原本的世界就标志着他需要再次去冒险，因为他带回平凡世界的宝物一定会受到平凡世界之人的质疑、不理解，他甚至被诽谤，严重的还可能失去性命。

对于生活的自由这个阶段，无论英雄是屠夫还是国王，他已经能够做到洞察一切，平静而自由，他不再为自己行为的结果忧心焦虑。他把自己行为的结果交给上天来处置，从束缚当中解脱出来，毫无牵挂地做自己必须做的事情。这一阶段与孔子所说的

“吾十有五而志于学，三十而立，四十而不惑，五十而知天命，六十而耳顺，七十而从心所欲，不逾矩”（《论语》）中的七十岁状态相似。从心所欲是内在，不逾矩是外在，只有内外圆融通达，才能体验到真正的自由。亦即个人意识和宇宙实现协调和统一，这种统一是一种个人和世界建立的健康联结，可以消除愚昧无知，让人们理解到无常与不朽之间的关系。

英雄归来告诉我们，英雄之旅的终点绝不是宝藏、财富和安逸，而是为了归来。唯有如此，才能真正洞悉宇宙一体性的本质，达成个人意识与集体意识、宇宙之间的完美和谐与统一。唯有在这种真实的一体性之中（而非某个极乐岛上），才有生命的真正自由，正如大隐隐于市。在陶渊明的《桃花源记》中，去过桃花源的渔人离开时处处都做了标记。后来，太守派人跟着他去，寻找以前所做的标记，结果迷失了方向，再也找不到通往桃花源的路。这个隐喻也许是在告诉世人，生命的真正自由并不在别处，只有当我们通过爱实现与世界的联结时，我们才能找到属于自己的桃花源。

● 案例讨论与学习

在大学课堂上，一名学习商学的大学生被老师问及为何学习商学时说：“我想毕业后当一名商科老师，因为我的家乡经济很落后，我想将来回到家乡……”说着，他不好意思地停了下来。

老师看着他说：“那我试着给你补充接下来的内容，你看是否与你的想法一致？”

学生点点头。

老师说：“你想做商科老师，培养更多的商业人才，帮助家乡发展经济，是吗？”

学生得到老师的认可，连连点点头。

老师看到这位青年学生的担当和责任，特别欣慰，忍不住想要给他更多的助力。

显然，这名学生之所以不好意思地停下来，是因为担心大家说他唱高调、说空话。现在很多人觉得现实生活的重担已经把自己压得透不过气，还谈什么梦想和精神，又不能当饭吃。然而，真相却是，只有你考虑到社会和他人的需要，众多的他人才会形成一股支持你的力量，客观上，你成功的概率就会更大。

就像我们常说的“历史的选择”，普通人虽然没有身处宏大的历史背景，但无论你是否意识到，也都是在自己的历史环境下“主动”地选择，同时被“历史”选择，即“社会的力量”。

另外，在职场中也遵循着类似的逻辑，你把自己当成什么，你就会成为什么。如果你是站在组织的高度考虑自己的工作，你就有更多的可能成为掌舵者；如果你只是以自己的视角看待工作，可能就会有很多抱怨，从而很难真正地发展自己的潜力。

通过以上案例，和同学分享你的感受，并讨论在现实生活中可以如何训练和提升自己有意识的觉察力。

● 读古通今

天将降大任于是人也，必先苦其心志，劳其筋骨，饿其体肤，空乏其身，行拂乱其所为，所以动心忍性，增益其所不能。

阅读以上文字，结合日常生活体验，谈一谈你对英雄之旅的理解。如何利用该模型帮助我们理解自己，并将其更好地应用到生活中？

三、勇敢面对命运的召唤，开启英雄之旅

虽然每个人的一生都是一段英雄之旅，每个人都有潜能完成自己的英雄之旅，但是大多数人一辈子都没能踏上英雄之旅。很多人在焦虑、忧虑、挣扎中等待，彷徨一生。为什么会出现这种情况呢？其中可能是面对命运的召唤，很多人选择了拒绝，选择了逃避。

英雄之旅以命运历险的召唤作为开启，因此，踏上自己的英雄之旅的关键是能够识别历险的召唤并接受召唤。命运的召唤并非字面上这样充满浪漫主义，它绝大多数时候是以让人不舒适甚至是危机的面目出现。

比如，本来稳定舒适的生活就像搭好的积木房子突然被抽掉了一块而变得摇摇欲坠。我们上大学后，可能会经历一些之前没有遇到的困难或问题，可能会经历心理断乳期，想要独立的同时又想要被照顾和依赖他人。从上大学刚开始的兴奋到失望，从勤快到懒散，从自信到自卑等。于是，你开始躁动不安，开始隐约感觉有哪里不对劲，你对未来既迷茫又害怕。你觉得自己需要采取一些行动，却又不敢迈出那一步，你在原地瑟瑟发抖，甚至想要后退。这一系列痛苦其实都是历险的召唤。关键是你能否接受命运的召唤，迈出这一步，跨越成长之痛，因为危险就是成长的机会。

当然，你可以拒绝召唤，保持现状，封闭自己的内心来忽略它，但是问题始终存在。一旦你选择封闭自己的内心，所有通往成长的路都将消失不见。拒绝接受命运的召唤，拒绝改变和成长，是我们陷入迷茫和焦虑的本质原因。

前文中的大海在面对历险的召唤时，他是选择忽略自己的心，还是选择勇敢地面对召唤，将决定他是否能够踏上英雄之旅并经历内在的蜕变。显然，对于大海来说，他在积极地寻求解决办法，在这个过程中，那堂课就是他的导师，对应着英雄之旅中得到导师的激励后决定跨越的阶段。

四、运用成长型思维穿越人生的至暗时刻，踏上成为自己的英雄之旅

正如在英雄之旅的不同阶段会经受各种危险、考验、困难和历练等，当我们身处其中时，会体验到怀疑、不确定、无助、恐惧、绝望等人生的至暗时刻。接受命运的召唤，只是开启了英雄之旅，并不一定能够走完全程，在中间的不同阶段，都有可能面临危险与困难，产生想要逃避的念头。如果我们能在每一次遭遇打击时选择勇敢面对，并把它当作自己成长的契机，那么在一次次历练中，就一定会越来越接近梦想的实现。

然而，在现实中，有很多人希望等待一件大事的发生或贵人的出现来改变自己的人生，又有很多人觉得自己能力不行，性格不好，没有背景，看到的全是限制条件等，进而选择放弃和逃避。这其实是一种固定型思维，与之相对，如果选择勇敢面对，则为成长型思维（德韦克，2017）。

（一）你更倾向于固定型思维还是成长型思维

燕燕邀请小青一起组队申请学校的大学生研究项目，小青说："这个项目是挺好的，但是，我不擅长做研究，之前从来也没有做过。再说咱们才大一，可能很难申请，课也挺多，别忙活半年没有结果，那岂不白浪费时间了？"然而，燕燕的兴致很高："谁也不是从一开始就会做的，现在正好是个学习的机会，再说，即使申请不上，也算是练兵了，下次再来呗。"

我们可以看到，面对同样一件事情，燕燕和小青的思维模式存在显著差异。可以想象，尽管她们目前的学业成绩相当，甚至小青的学业成绩可能更优秀，但是燕燕未来的发展空间可能会更广阔。燕燕在这个情境中表现出的是成长型思维，而小青呈现出的是固定型思维。

固定型思维，即个体相信才智与能力是固定的，它们由一个人的智商、天赋来决定。如果一件事没有成功，就说明你没有能力，缺乏智力，从而更容易放弃，认为这是超出自己能力范围的事情。既然无论怎么努力都不会成功，自然没必要坚持。因此，固定型思维的人倾向于回避困难和失败，从而剥夺了自己很多体验与锻炼的机会。他们倾向于一种全或无的思维。

成长型思维，是一种能够推动成长的思维模式，即个体的核心信念认为智力、能力是可塑的。即使现在没有成功，也不意味着未来一定会失败，相信通过练习、坚持和努力，每个人都具有取得成功的无限潜力。现在的错误或失败或许与你自身确实有着非常密切的关系，但是，你依然可以从现在出发，通过不断地学习、练习和反思，取得新的

进步和成长。

- 自我觉察

结合自己的实际感受、想法和反应，在哪些情境中更可能呈现出固定型思维，相应的语言和想法是什么？在哪些情境中呈现出成长型思维，相应的语言和想法是什么？各写出三个例子。

结合具体情境和同学分享并讨论：不同的思维模式对自己有哪些不同的影响？

（二）能力和成就的真相：来自神经学的研究

神经学的研究（道伊奇，2021）发现，大脑或者神经是具有可塑性的，即经验可以重组大脑的神经通路，当我们学习新事物或记忆新信息时，大脑会发生持久的功能变化。大脑中不同的神经元之间，负责传递信号的突触会根据环境的刺激和学习经验不断改变。当每次获得新信息时，就会产生新的突触，而在重复已有经验时，突触的连接会得到强化。我们可以试着把大脑内部的神经连接想象成纵横交错的河道，常常被使用的河道会变得更宽，水流也会更大，而那些不常使用的河道慢慢地就会萎缩，甚至消失。同时，也会有新的河道形成。此外，大脑的可塑性可以持续终身，也就是说，我们的思维模式、才智等永远可以通过训练培养和塑造。同时，在我们意识到犯错或遇到挑战时，大脑会异常活跃。也就是说，犯错促进大脑的发展，是塑造更好的自己的过程。因此，我们应该改变对错误的态度，从害怕犯错到勇于试错。显然，固定型思维因为逃避犯错和失败，在客观上会阻碍大脑的发展，而成长型思维则会促进大脑的发展。

当然，成长型思维并不否认天赋的作用，只是更强调后天的努力。事实上，除了极端的神童和极端的智力障碍者之外，大多数人都具备一定的学习潜力。天赋只是一种可能性或潜力，如果要将天赋转化为现实的能力，需要由好奇心与追求挑战的态度驱动。如果我们不敢尝试新的事物，不敢面对失败，也就会失去运用天赋的机会。宋朝王安石笔下的《伤仲永》就描述了一个人拥有天赋最终又失去天赋的典型例子。显然，只是坐着等待，永远等不到能力和成就。

当然，成长型思维并不能解决我们所有的问题。然而，相较于固定型思维，我们会因为成长型思维而开始拥有不同以往更加丰富的生活，因为这种思维模式可以推动我们朝向更积极、更有勇气、更加开放的人生，帮助我们把人生的至暗时刻转化为照亮自己生命的光。这是由固定型思维和成长型思维的内在逻辑决定的（德韦克，2017）。

比较固定型思维和成长型思维的内在逻辑（见图 10－2），不难发现，以成长型思维为主的人与成熟人格（参考人格主题）的底层逻辑系统相匹配，与他人和世界以一种更加健康的方式建立联结；以固定型思维为主的人则匹配不成熟的人格系统，与他人和世界处于一种相对疏离的关系。因此，以固定型思维为主的人可能容易有更多的心理困扰，而以成长型思维为主的人则相对更加健康。

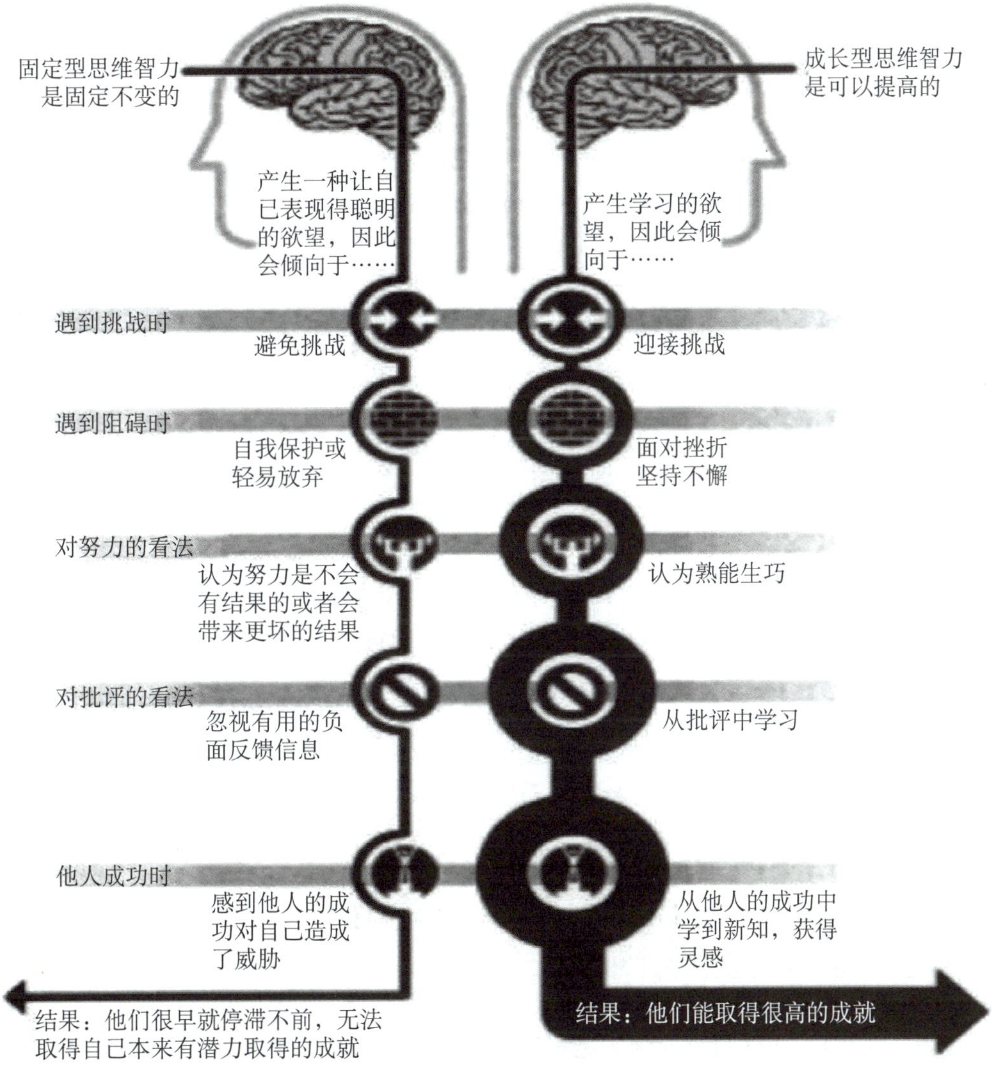

图 10－2　固定型思维和成长型思维的内在逻辑

● 练习：转化和突破限制

固定型思维常常会以一些带有绝对化词汇的语言呈现出来，但这些语言通常是心里的一些小声音。比如，我永远不会成功，我只有长得好看才会得到爱，我必须得到大家的喜欢，我不应该拒绝别人，错误是可以致命的，所以永远不要犯错误，等等。

这些内容在某些情境下有其合理的成分，突破和转化的过程其实是将那些强加的“应该”转变为“自由的选择”，使那些僵化固定的信念变得更加灵活，以适应当下的情境。

突破限制的步骤：

写下一个自己生活中常出现这些绝对化词汇的语句。比如，我应该永远不表现出脆弱。

第一步：把“应该”变为“可以”。即我可以永远不表现出脆弱。

第二步：拓展这个选择，将“永远不”变为“有时”。即我可以有时表现出脆弱。

第三步：将“我可以”拓展出三种或更多的可能。

a：在家人面前，我可以表现出脆弱。

b：在我信任的人面前，我可以表现出脆弱。

c：当我想要获得情感支持的时候，我可以表现出脆弱。

将每一次转化的语句大声读给同伴听，体验“我可以”和“我应该”的身体和情绪感受有什么不同。

（三）觉察固定型思维模式、建立成长型思维模式

既然人的一生不是固定不变的，可以不断成长，那么我们就不应该用固定型思维模式去看待人生中的那些阶段性失败，更不应该用自己某一阶段的过失与失败禁锢自己的一生。

人生在世，每个人都不可避免地要经历暴风骤雨，但是在面对困难、挫败和诱惑时，你拥有什么样的思维模式将决定你的命运齿轮是转向积极的方向还是消极的方向，从而可能走出完全不同的人生轨迹。

当然，思维模式的转变并非易事，它需要我们经过长时间的努力，以全新的视角去看待问题，逐步形成成长型思维模式。

走向成长型思维模式需要做到以下几点：

首先是接纳。在试图改变固定型思维模式之前，我们需要拥抱自己的固定型思维模式，接受它的存在。每个人的思维模式均是成长型和固定型的混合物，只是它们在不同情境下的出现频率和强度有所不同，因此要学习坦然接受每种思维模式在我们生活中的存在。只有在心理上接纳它，我们才可能有机会去细致观察自己的思维模式，因为我们往往难以探索自己拒绝的事物。

其次是观察。当我们面临巨大的压力、拖延、挫败、怀才不遇等情境时，提醒自己

留意并观察当下伴随的思维和念头，因为这些情境通常是激发固定型思维模式的源头。况且在很多时候，并非单一的声音，固定型思维和成长型思维可能同时存在，相互冲突。这两种声音像是在打架，一种声音让我们坚持，而另一种声音让我们放弃。我们可以把自己置于观察者的位置，观察自己的固定型思维是如何产生、运作并影响自己的感受和行为的。请记录到下面的横线上（仅做记录，不做任何判断）。

再次是命名。将固定型思维罗列出来，了解它们对我们生活的影响，这样，模糊的思维就会变得更加具体清晰，我们就可以对不同情境下的固定型思维模式进行命名。当固定型思维再次出现时，我们就能够更及时地识别并提醒自己。

最后是沟通与教育。在我们识别出固定型思维模式后，接下来的做法并不是对其进行打压和控制。固定型思维模式之所以被我们固定下来，是因为它在过去保护过我们，只是仍然在以过去的方式保护现在的自己而已。时空已经改变，我们也已经长大，但是这些保护我们的方式却没有更新。它让我们产生一种熟悉的安全感，但却没有什么方法促使我们继续成长。所以，我们可以运用成长型思维模式的新方法与固定型思维模式进行沟通，比如，“谢谢你对我的保护，我收到了你的提醒，现在我已经长大了，我们可以一起走向成长型思维模式”。

通过这种方式，我们可以在生活中不断地练习成长型思维模式，这样，新的思维模式的神经连接就会逐渐建立起来。刚开始时，这种思维模式会不稳固，因此要允许偶尔的倒退，但是只要坚持练习，相信一定会有新的体验。

当成长型思维模式越来越稳固时，面对英雄之旅历险的召唤，我们就可能更勇敢地踏上旅程，越过启蒙阶段的重重阻碍和考验，蜕变成为真正的自己。

● 练习与实践

列出一件目前你感觉很挫败的事情，这也许是你英雄之旅历险的召唤，也可能是启蒙阶段重重阻碍的至暗时刻，比如考试失利、面试被淘汰，或者是人际交往中的冲突等。想一想，你可以怎样运用成长型思维模式帮助自己更积极主动地去面对，也可以请朋友提供一些建议。

五、改变的一般过程

家庭治疗大师萨提亚（2007）针对改变是如何发生的，提出了改变的一般过程要经历的六个阶段（见图 10－3）。改变的一般过程主要侧重于从现象层面去解读，而英雄之旅则侧重于人的内在精神世界发生的变化。两个不同的视角互为补充，共同呈现了人的成长和改变的一般全貌。

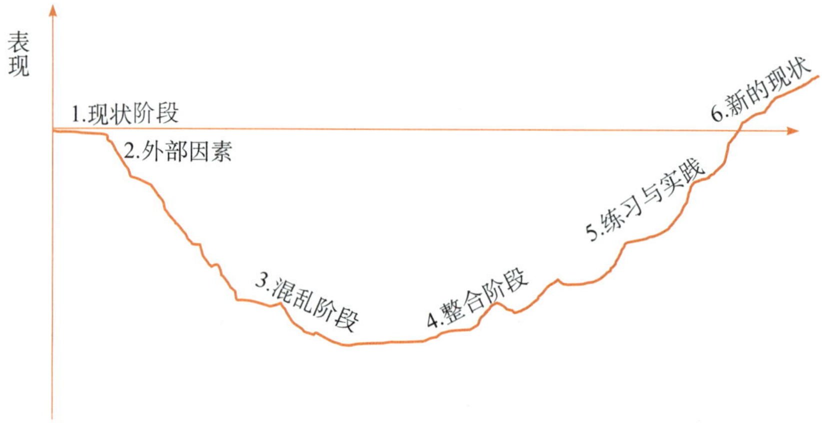

图 10－3　改变的一般过程

一是现状阶段的失衡。我们都有可能在情感、关系、心理状态等方面遇到困扰或问题，当感受到痛苦和彷徨时，会本能地想要寻求新的平衡。避免受苦是推动人们改变的动力之一，当人们处于舒服状态时，比较难以主动寻求改变。该阶段与英雄之旅中历险的召唤相呼应，推动我们成长的通常是危险或痛苦。

当我们步入大学、面对新生活时，过去熟悉的生活平衡被打破，如果不能很快地找到新的平衡状态，就会刻意地寻求改变。

二是引入一个外部因素或外部因素的刺激。受苦只是推动改变，受苦本身不会促成改变，这时就需要作为助推剂的外部因素促使改变发生。比如，可能是一堂课的触动、老师的一个点拨、书里的一句话、他人的一个警告和提醒等。这些外部刺激主要是打破系统的平衡，冲击原来的信念系统，就像向平静的水面扔石头，激起个体心中的波澜，让个体看到新的可能性。这一阶段与英雄之旅中超自然的援助阶段相匹配。

就像前面案例中的大海在了解了英雄之旅后受到的触动，打破了其原有的信念系统。如果想要打破内在平衡，就必须有外部因素的刺激。正如爱因斯坦所言，产生问题的系统很难产生解决问题的方法。

因此，我们在遭遇失衡状态时，除了自己要努力，也要提醒自己向外寻求支持或新的可能性，不要被自己的认知困住，从而失去让自己成长的机会。

三是混乱阶段。混乱状态是新旧信念交织在一起必然会发生的焦虑、担心、不确定状态，混乱阶段也是产生新的可能性、迈向成长必然要经历的阶段。

事实上，就像案例中的大海一样，当他处在痛苦的混乱阶段时，并不是倒退，而是迈向成长、孕育新的可能性的成长过程，是外部因素被认同后，开始尝试将其内化的过程。用我们的身体来做比喻，就像是在体内植入医疗干预元素一样，我们需要经历一段时间的排异反应，最终才能适应并接受。

我们最终能否越过混乱阶段的关键因素之一，是新方式带来的良好功能体验和放下旧方式带来的不安全、痛苦力量之间的对比。在混乱阶段，我们会失去稳定的状态，往往会感觉到比之前更痛苦、更迷茫。因为旧的系统被打破，新的系统尚未建立，在做事时会感觉无依无靠，有的人因为无法忍受这种不确定感，就会退回到过去虽然痛苦但熟悉的模式。

四是整合阶段。经过一段时间的混乱后，新的学习内容被整合，新的存在状态开始形成和发展。通过新旧两种力量的对比，朝向成长的力量会占据上风，旧有的经验和新的思维模式互相整合，形成新的信念系统。这种新的信念系统像新生儿一样，让人感到一种安静和新生的感觉。当你带着新的视角去看世界，会看到过去没有看到的景象。正如一位抑郁的学生经历过混乱阶段后说，“我现在才真正理解了老师之前对我说的话，因为我现在能够体验到他说的是什么了”，类似于一种顿悟的体验，“哦，原来如此！”

当然，整合阶段也可能会失败，个体并没有从内到外体验到新系统带来的新生感觉，内心并没有真正地认同，只是在头脑里知道这些道理。正如王阳明所言，如果只是知道，并不能在行为上表现出来，那就不是真的知道。只有通过重构信念和价值系统，实现知行合一，活出新的信念，才是真正的整合。

五是练习与实践。就像婴儿刚开始蹒跚学步一样，一不留神就会摔跤，新的思维模式亦是如此，一不小心就会回到过去的思维模式。因此，要通过不断练习与实践新的学习内容，使新的神经连接不断加强，新的状态才会不断得到强化。

然而，改变并非一步到位，没有经历整合的改变很不稳定。人们刚开始接触新刺激时会感到振奋，可能会按照新的模式来行动，并且因感受到变化而欣喜，以为自己已经取得很大的进步。然而，此时通常是因为相信或认同而做出的行为改变，并没有经过混乱和整合而内化为自己的一部分。因此，美好的感觉通常不会持续太久，即在成长的过程中常常是前进三步后退两步，有时可能还会退回到原点，此时的你可能会感到沮丧，觉得新刺激也没什么作用。但是，因为你向前走过，此时和最初未踏上改变之路有本质的不同，你还是进步了，这只是成长过程中自然的后退而已。

事实上，每次你只能内化很小的一部分，整合的状态是大部分旧元素与小部分新元素的结合体。当你发现自己比较稳定地进步了一点，就会继续整合一点新的刺激，经历混乱、整合、实践，再进步一点，形成一个螺旋向上的循环。很多时候，你感觉自己的内在发生了很大改变，但是周围的人不一定能察觉到。

专业链接

荣格的人生发展阶段论，一天道尽一生

荣格将人生大致分为四个阶段，即童年期、青年期、中年期和老年期。他将生命的旅程与太阳一日内在天空中的运行轨迹进行了比较，并以太阳光辉的亮度代表意识。清晨的阳光是童年期，充满潜力，但缺乏光彩（意识）；上午的阳光是青年期，不断向上攀爬，但没有意识到即将面临的下滑；午后的阳光是中年期，像清晨的

阳光一样灿烂，但很显然要走向日落了；傍晚的太阳则是老年期，曾经明亮的意识现在明显地黯淡了。

荣格认为，适用于清晨的价值观并不适用于下午，人们必须学会在不同的人生阶段寻找不同的意义。

大学生处于青年期。在整个青年期内，我们承受着问题和烦恼、决定与选择，需要对社会生活做出各种不同的适应。因此，父母们对青年的表现常常难以忍受。事实上，所有的这些问题和烦恼往往产生于童年期的幻想突然破灭，个人面临严峻的生活需要。同时，青年也在努力从父母那里获得心理和身体的独立，寻找伴侣，组建家庭，并在社会上占有一席之地。

荣格将这一时期称为心灵诞生的时期。此时，个体的心灵发生重大的变化。面对人生道路上的各种重大问题，他们容易出现精神失调或自卑感，也许会停留在童年期，不愿意成熟起来。因而，这一阶段的人需要认识到无忧无虑的童年已成为过去，必须努力培养自己的意志力量，使自己的心理与外界保持一致，积极面对现实问题。

从荣格的人格理论来看，处在青年期的人所面临的任务更多地与外倾的心理值有关，他必须奋力开辟他在生活中的位置。因此，锻炼和增强自己的意志力就显得特别重要。

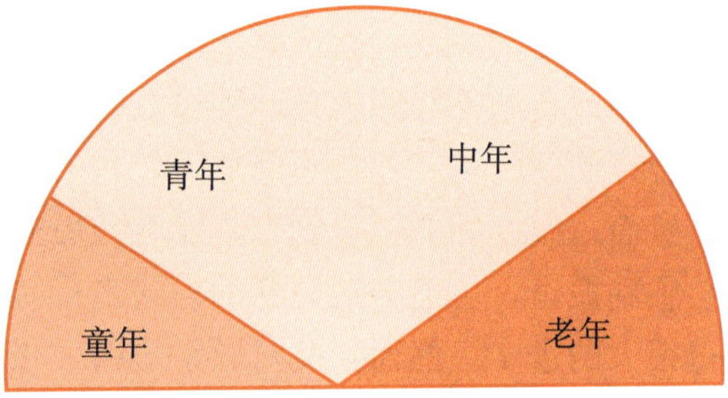

然而，到了中年期，人们又必须有能力放弃青年期的外倾目标，并朝着内倾的意识方向前进。

这一发展过程不仅是个体向内寻求的过程，也是作为社会成员的个体成长的过程。

资料来源：贾斯特，罗伯茨．人格理论：从心理动力学理论到学习-认知理论：第9版．北京：人民邮电出版社，2023：105－106.

六是新的现状。当我们经过前面五个阶段，逐渐形成新的、相对稳定的、健康的思维或行为模式时，就会产生一个质的跃迁，达到一种新的状态，在这种状态下形成新的平衡，即新的现状。

当然，随着内外环境的变化，新的现状可能又会出现新的失衡状态，于是又会开启新的升级过程。

改变和成长是一个漫长的、终生的过程。虽然在生活中会遇到困难，但是你只要一步步扎实地向前走，就一定可以克服。重要的是，在内心深处，你是否已经准备启程，踏上自己的英雄之旅。当然，成长的目的绝非不再经历困难和挫折，而是增强面对和承受痛苦的力量和勇气，使你成为生活的勇士。

本章小结

● 当在日常中用到“我”时，你是否想过这个“我”从哪里来？“我”是当下的体验，还是正在经历体验的主体？

● 生命不在别处，而在当下，我们每个人都在创造自己的生命体验，试图在独立和联结这两种力量中寻求一种平衡。除了竞争的独立和趋同的联结之外，还有第三种路径，即通过自发性活动与社会建立健康积极的心理联结，亦即一个人的英雄之旅。

● 英雄之旅作为人类精神的一种“原型”，象征着人类精神蜕变道路上的主要历程。我们每一个人的意识都是一个正走在路上的“英雄”。古今中外，每一个真正成长的人都会历经苦难，走出一条属于自己的成长道路，这就是“英雄之旅”。

● 一个完整的英雄之旅模型包括三大部分，分别为启程、启蒙和归来，对应着人生最重要的心理转折。

● 开启英雄之旅需要我们勇敢面对命运历险的召唤，并且要经历重重困境或困难。离开家来到大学的我们在面临新的挑战和痛苦时，该如何应对？理解了痛苦对英雄之旅的意义后，才更有可能忍受并超越当下的痛苦，开启自己的英雄故事。

● 觉察固定型思维模式，建立成长型思维模式，可以帮助我们正确地看待变化，穿越困境，成为自己。

拓展阅读

柯西诺．(2011) 英雄的旅程：与神话学大师坎贝尔对话．北京：金城出版社．

萨提亚等．(2007)．萨提亚家庭治疗模式．北京：世界图书出版公司．

温尼科特．(2023)．婴儿与母亲．北京：世界图书出版公司．

弗洛姆．(1987)．逃避自由．哈尔滨：北方文艺出版社．

参考文献

阿德勒．(2018). *自卑与超越*. 北京：中国友谊出版公司．

埃里克森．(2021). *身份认同与人格发展*. 北京：世界图书出版公司．

爱因斯坦．(2020). *我的思想与观念：爱因斯坦自选集*. 天津：天津人民出版社．

白金汉．(2011). *现在，发现你的职业优势*. 北京：中国青年出版社．

鲍曼．(2002). *流动的现代性*. 上海：上海三联书店．

北京市人民政府. (2016－07－28). 什么是心理健康．[2024－09－03]. https：//www. beijing. gov. cn/fuwu/bmfw/jhsyfwzdzx/jkbj/jkxzs/xljk/201703/t20170330_1841427. html.

曹德旺．(2015). *心若菩提*. 北京：人民出版社．

查普曼．(2006). *爱的五种语言*. 北京：中国轻工业出版社．

陈先达．(2018). *马克思主义信仰十讲*. 北京：人民出版社．

崔璀．(2022). *职场晋升 101*．南京：江苏凤凰文艺出版社．

崔璀．(2023). *每个人都有自己的职场优势*. 南京：江苏凤凰文艺出版社．

村上春树．(2017). *我的职业是小说家*. 海口：南海出版公司．

道伊奇．(2021). *重塑大脑 重塑人生*. 北京：机械工业出版社．

德韦克．(2017). *终身成长*. 南昌：江西人民出版社．

费斯特，罗伯茨．(2023). *人格理论：从心理动力学理论到学习-认知理论（9 版）*．北京：人民邮电出版社．

冯瑶，李珍．(2022－11－06). 这项技能，让你的患者满意度提高 90%！中国护理管理．

弗理德曼，罗伊特曼．(2018). *6 秒钟情商*. 北京：机械工业出版社．

弗洛姆．(1987). *逃避自由*. 哈尔滨：北方文艺出版社．

弗洛姆．(2007). *逃避自由*. 北京：国际文化出版公司．

弗洛伊德．(2011). *自我与本我*. 上海：上海译文出版社．

高景轩．(2011). *自我实现的预言*. 北京：中国财富出版社．

戈尔曼．(2018). *情商：为什么情商比智商更重要*. 北京：中信出版社．

格里格，津巴多．(2016). *心理学与生活（19 版）*．北京：人民邮电出版社．

公务员考试网 (2023－10－27). 2024 国考报名新动态：303.3 万人通过资格审查！平均竞争比 77：1. [2024－09－03]. https：//www. huatu. com/2023/1027/2697304. html.

顾雪英，胡湜．(2012). MBTI 人格类型量表：新近发展及应用．*心理科学进展*，*20*（10)，1700－1708.

郭本禹（主编）．(2009). *精神分析发展心理学*. 福州：福建教育出版社．

侯瑞鹤．(2023). 哈喽，这是一封负面情绪的来信．*大众健康*，(5)，78－79.

侯瑞鹤．(2024). 基于书写情绪表达范式的大学生积极心理干预．*心理技术与应用*，*12*（2)，75－84.

侯瑞鹤，俞国良．(2006). 情绪调节理论：心理健康角度的考察．*心理科学进展*，(3)，375－381.

胡希恕．(2019). *胡希恕伤寒论讲座*. 北京：学苑出版社．

华生．(2012)．*行为主义*．北京：北京大学出版社．
怀特海．(2002)．*教育的目的*．北京：生活·读书·新知三联书店．
黄天中．(2007)．*生涯规划：理论与实践*．北京：高等教育出版社．
霍金斯．(2014)．*意念力*．北京：光明日报出版社．
霍克．(2010)．*改变心理学的 40 项研究*．北京：人民邮电出版社．
霍妮．(2021)．*我们时代的神经症人格*．上海：上海文化出版社．
吉利根，迪尔茨．(2012)．*英雄之旅：自我发现的旅程*．北京：中国出版集团．
江南，曲安京．(2019)．自相似理论的形成和发展史实考源．*中国科技史杂志*，*40*（3），366－375.
经济观察报视频．(2023－08－06)．余华：努力工作就有回报跟过去已经不同了．[2024－09－04]. https：//weibo.com/5257847402/Ndkmu4Dku? type=repost.
荆其诚（主编）．(2006)．*当代国际心理科学进展*．上海：华东师范大学出版社．
卡尼曼．(2012)．*思考，快与慢*．北京：中信出版社．
卡什丹．(2006)．*客体关系心理治疗：理论、实务与案例*．北京：中国水利水电出版社．
坎贝尔．(2016)．*千面英雄*．杭州：浙江人民出版社．
柯维．(2020)．*高效能人士的七个习惯：30 周年纪念版*．北京：中国青年出版社．
柯西诺（主编）．(2011) *英雄的旅程：与神话学大师坎贝尔对话*．北京：金城出版社．
克恩伯格．(2023)．*爱情关系*．北京：中国人民大学出版社．
拉思．(2016)．*盖洛普优势识别器 2.0：现在，发现你的优势*．北京：中国青年出版社．
拉扎勒斯．(2020)．*压力、评价与应对*．北京：中国人民大学出版社．
李小凤．(2018)．呵护大脑，留存记忆（上）．*肝博士*，*2*，29－30.
李焱，李艳清．(2020)．身份焦虑概念在大学生求职择业心理调试中的指导作用．*科技成果纵横*，*4*，1－2.
李超杰，张其成．(2024)．中医全息律思想的哲学内涵，*中医杂志*，*65*（3），234－238.
利普顿．(2012)．*信念的力量*．北京：中国城市出版社．
林文采，伍娜．(2016)．*心理营养：林文采博士的亲子教育课*．上海：上海社会科学院出版社．
刘瑜．(2020－11－30)．不确定的时代，教育的价值．[2024－09－03]．https：//www.dengtayuedu.com/detail/18.
卢森堡．(2014)．*非暴力沟通：实践篇*．南京：江苏人民出版社．
卢森堡．(2015)．*非暴力沟通*．北京：华夏出版社．
罗贯中．(1998)．*三国演义*．郑州：中州古籍出版社．
罗杰斯．(2004)．*个人形成论：我的心理治疗观*．北京：中国人民大学出版社.
罗杰斯．(2013)．*当事人中心治疗：实践、运用和理论*．北京：中国人民大学出版社．
马斯洛．(2007)．*动机与人格*．北京：中国人民大学出版社．
马斯洛．(2009)．*动机与人格*．北京：中国人民大学出版社．
迈尔斯．(2008)．*天资差异*．重庆：重庆出版社．
梅．(2008)．*人的自我寻求*．北京：中国人民大学出版社．
蒙台梭利．(2011)．*童年的秘密*．北京：中国发展出版社．
孟昭兰（主编）．(2007)．*情绪心理学*．北京：北京大学出版社．
米勒．(2015)．*亲密关系（6 版）*．北京：人民邮电出版社．
米切尔．(2021)．*爱与岁月：精神分析视角下的爱情*．北京：中国轻工业出版社．
苗丹民，皇甫恩，Rosina，Ren，Jian.(2000)．MBTI 人格类型量表的效度分析．*心理学报*，*3*，

324 - 331.
尼采．(2018). *查拉图斯特拉如是说*. 上海：上海人民出版社．
佩里．(2013). *拖拉一点也无妨：跟斯坦福萌教授学高效拖延术*. 杭州：浙江大学出版社．
彭聃龄（主编）．(2004). *普通心理学*. 北京：北京师范大学出版社．
皮连生（主编）．(2006). *教育心理学*. 上海：上海教育出版社．
皮亚杰．(1981). *发生认识论原理*. 北京：商务印书馆．
乔布斯．(2018 - 05 - 27). 你须寻得所爱——史蒂夫乔布斯在斯坦福大学毕业典礼上的演说．[2024 - 09 - 03]. https://www.163.com/dy/article/DIQ18VCK0516TH10.html.
荣格．(1989). *心理类型学*. 西安：华岳文艺出版社．
荣格．(2011). *分析心理学的理论与实践*. 南京：译林出版社．
荣格．(2011). *原型与集体无意识*. 北京：国际文化出版公司．
萨特．(2014). *存在与虚无*. 北京：生活·读书·新知三联书店．
萨提亚．(2006). *新家庭如何塑造人*. 北京：世界图书出版公司．
萨提亚等．(2007). *萨提亚家庭治疗模式*. 北京：世界图书出版公司．
施瓦茨．(2023). *具身认知*. 北京：人民邮电出版社．
施瓦茨，斯威齐．(2022)．*部分心理学*. 2 版．北京：机械工业出版社．
史蒂文斯 (2003). *二百万岁的自性*. 北京：中国社会科学出版社．
斯多克（编）．(2003). *基耶斯洛夫斯基谈基耶斯洛夫斯基*. 北京：文汇出版社．
斯奈德，洛佩斯．(2013)．*积极心理学：探索人类优势的科学与实践*. 北京：人民邮电出版社．
苏轼．(2010). *东坡志林*. 青岛：青岛出版社．
孙宽宁．(2021). 乡土课程的困境及其超越．*课程．教材．教法*，*9*，29 - 36.
梭罗．(2015). *瓦尔登湖*. 北京：作家出版社．
托利．(2007). *当下的力量*. 北京：中信出版社．
瓦茨拉维克，威克兰德，菲什．(2007) *改变：问题形成和解决的原则*. 北京：教育科学出版社．
王芳．(2023). *我们何以不同*. 北京：北京日报出版社．
王赋香，吕欣航，张雨柔．(2023). 大学生心理压力来源及应对策略．*社会科学*，*2*，89 - 91.
王守仁．(2024). *王阳明集*. 北京：中华书局．
王甦．(1992). *认知心理学*. 北京：北京大学出版社．
威尔伯．(2011). *意识光谱*. 北京：万卷出版公司．
威廉．(2014). *心理治疗中的依恋：从养育到治愈，从理论到实践*. 北京：中国轻工业出版社．
温尼科特．(2023). *婴儿与母亲*. 北京：世界图书出版公司．
西格尔，布赖森．(2017). *全脑教养法*. 北京：北京联合出版公司．
许燕．(2021). *成为更好的自己*. 北京：机械工业出版社．
亚隆．(2003). *存在心理治疗*. 台湾：张老师文化事业股份有限公司．
亚隆．(2009). *直视骄阳：征服死亡恐惧*. 北京：中国轻工业出版社．
杨锋．(2004). 神奇的两性奥秘．解放军健康，*4*，37.
杨月华，孙志明，周健，张敏，巴磊，朱向珺，庄咏梅，林洁．(2021). 南京某高校大学生避孕现状与避孕需求调查．*中国医药导报*，18 (17)，53 - 57.
俞国良 (2022)．*心理健康经典理论思想研究*. 北京：北京师范大学出版社．
尹红心，李伟．(2021). *费曼学习法（用输出倒逼输入）*．南京：江苏凤凰文艺出版社．
于维．(2004). 两性相吸的 20 个完美解决方案．*中国健康*，*10*，54 - 55.

约翰逊．(2018)．*依恋与亲密关系：伴侣沟通的七种 EFT 对话*．北京：人民邮电出版社．

曾维希．(2009)．*大学生的生涯不确定感类型与症结研究：生涯混沌论的视角*．重庆：西南大学．

赵军燕．(2013)．*沃尔普心理健康思想解析*．杭州：浙江教育出版社．

中共中央文献研究室．(2003)．*毛泽东传：1949—1976*．北京：中央文献出版社．

周国平．(2023-04-23)．我读书的“三不主义”．搜狐网．

Berglas, S., & Jones, E. E. (1978). Drug choice as a self-handicapping strategy in response to noncontingent success. *Journal of Personality and Social Psychology*, *36* (4), *405-417*.

Burton, C. M., & King, L. A. (*2004*). The health benefits of writing about intensely positive experiences. *Journal of Research in Personality*, *38*, 150-163.

Curtis, R. C., & Miller, K. (1986). Believing another likes or dislikes you: Behaviors making the beliefs come true. *Journal of Personality and Social Psychology*, *51*, 284-290.

Einstein. On Education. [2024-09-03]. http://www.cse.iitm.ac.in/~kalyantv/pdf/on_edu.pdf.

Gelatt, H. B. (1989). Positive uncertainty: A new decision-making framework for counseing. *Journal of Counseling Psychology*, *36* (2), 252-256.

Kleck, R. E., & Strenta, A. (1980). Perceptions of the impact of negatively valued physical characteristics on social interaction. *Journal of Personality and Social Psychology*, *39* (5), 861-873.

Li, R. H. W,, Lo, S. S. T., Gemzell-Danielsson, K., et al. (2023). Oral emergency contraception with levonorgestrel plus piroxicam: a randomised double-blind placebo-controlled trial. *The Lancet*, *402*, 851-858.

Miles, G., Daniel, S. S., Joy, E. B., Michael, A. S., & Joella, L. L. Anger regulation in disadvantaged preschool boys: strategies, antecedents, and the development of self-control. *Developmental Psychology*, *38* (2): 222-235.

Mitchell, K. E., Levin, A. S., & Krumboltz, J. D. (1999). Planned happenstance: Constructing unexpected career opportunities. *Journal of Counseling and Development*, *77* (2), 115-124.

Nummenmaa, L., Glerean, E., Hari, R., Hietanen, J. K. (2014). Bodily maps of emotions. *Proceedings of the National Academy of Sciences of the United States of America*, *111* (2), 646-651.

Pennebaker, J. W., & Beall, S. K. (1986). Confronting a traumatic event: Toward an understanding of inhibition and disease. *Journal of Abnormal Psychology*, *95* (3), 274-281.

Schwartz, R. C. (2013). Moving from acceptance toward transformation with internal family systems therapy (IFS). *Journal of Clinical Psychology*, *69* (8), 805-816.

关联课程教材推荐

书号	书名	作者	定价（元）
978-7-300-32716-7	普通心理学（第3版）	张钦	69.00
978-7-300-33693-0	心理学基础（第2版）	白学军	59.00
978-7-300-26722-7	心理学（第3版）	斯宾塞·A. 拉瑟斯	79.00
978-7-300-32539-2	实验心理学（第3版）	白学军	59.90
978-7-300-30715-2	社会心理学（第4版·数字教材版）	乐国安	68.00
978-7-300-32948-2	发展心理学（第5版·数字教材版）	雷雳	59.00
978-7-300-25588-0	变态心理学（第3版）	王建平	59.80
978-7-300-34011-1	教育心理学：原理与应用（第2版）	刘儒德	59.00
978-7-300-32062-5	人格心理学导论（第2版）	许燕	59.00
978-7-300-32143-1	健康心理学	林丹华	59.00
978-7-300-32939-0	大学生职业生涯规划（第3版）	庄明科 谢伟	45.00
978-7-300-33225-3	助人技术：探索、领悟、行动三阶段模式（第5版）	克拉拉·E. 希尔	99.00
978-7-300-16870-8	朋辈心理咨询：技巧、伦理与视角（第2版）	文森特·J. 丹德烈亚	48.00
978-7-300-29844-3	伯克毕生发展心理学（第7版）	劳拉·E. 伯克	258.00
978-7-300-25883-6	人格心理学入门（第8版）	马修·H. 奥尔森等	118.00

配套教学资源支持

尊敬的老师：

衷心感谢您选择使用人大版教材！相关配套教学资源，请您到人大社网站（http：//www.crup.com.cn）下载，或是随时与我们联系，我们将向您免费提供。

欢迎您随时反馈教材使用过程中的疑问、修订建议，并提供您个人制作的课件。您的课件一经入选，我们将有偿使用。让我们与教材共成长！

联系人信息：

地址：北京海淀区中关村大街31号802室　　翟然 收　　邮编：100080

电子邮件：lgcbfs@crup.com.cn　　电话：010－62511967　　QQ：492788991

如有相关教材的选题计划，也欢迎您与我们联系，我们将竭诚为您服务！

选题联系人：张宏学　电子邮件：zhanghx@crup.com.cn　电话：010－62512127

人大社网站：http：//www.crup.com.cn

心理学专业教师QQ群：259019599

欢迎您登录人大社网站浏览，了解图书信息，共享教学资源

期待您加入专业教师QQ群，开展学术讨论，交流教学心得